《红十字运动研究》2019 年卷

红十字运动研究中心
上海嘉定区红十字会
陕西延安市红十字会
江苏盐都区红十字会
编

池子华　王国忠　宋双印　陈海高　主编

合肥工业大学出版社

图书在版编目(CIP)数据

《红十字运动研究》2019 年卷/池子华等主编. —合肥:合肥工业大学出版社,2019. 2

(红十字文化丛书)

ISBN 978 - 7 - 5650 - 4425 - 0

Ⅰ. ①红…　Ⅱ. ①池…　Ⅲ. ①红十字会—研究　Ⅳ. ①C913. 7

中国版本图书馆 CIP 数据核字(2019)第 034591 号

《红十字运动研究》2019 年卷

池子华　王国忠　宋双印　陈海高　主编

责任编辑	章　建　张　燕
出版发行	合肥工业大学出版社
地　　址	(230009)合肥市屯溪路 193 号
网　　址	www. hfutpress. com. cn
电　　话	总　编　室:0551 - 62903038 市场营销部:0551 - 62903198
开　　本	710 毫米×1000 毫米　1/16
印　　张	23. 5
字　　数	366 千字
版　　次	2019 年 2 月第 1 版
印　　次	2019 年 3 月第 1 次印刷
印　　刷	合肥现代印务有限公司
书　　号	ISBN 978 - 7 - 5650 - 4425 - 0
定　　价	62. 00 元

如果有影响阅读的印装质量问题,请与出版社市场营销部联系调换。

卷 首 语

有人说，世界上有三大国际性组织，即联合国、奥委会和红十字会。对联合国、奥委会，可谓妇孺皆知，而对红十字会，知其详者，恐怕百无一二成。这与研究状况的滞后不无关系。有鉴于此，我们编辑出版《红十字运动研究》（年卷），为有志于研究红十字运动的海内外学者、业余爱好者以及各级红会组织、红十字志愿者提供一个相互沟通、交流的平台，并希望通过这一载体推动中国乃至国际红十字运动研究的深入，为弘扬人道主义、构建和谐社会尽绵薄之力。

《红十字运动研究》（年卷）分：

理论园地：重在探索红十字运动发展规律、红十字会如何参与社会保障事业以及红十字事业自身发展等重大理论问题。

历史研究：力求再现不同时期中国红十字运动和国际红十字运动的历史场景，各国红十字运动的历史及其比较研究，为红十字事业的可持续发展提供有益借鉴。

百家争鸣：不同观点，不同学术流派，相互切磋，百花齐放，百家争鸣，有助于学术研究的繁荣。

工作交流：为各级红十字组织交流工作经验，使研究工作与现实需要真正对接起来。红十字运动与红十字运动研究相互促进，相得益彰。

观察思考：介绍国际及各国红十字运动的最新动态，以广见闻。

图书评论：展示红十字运动研究的最新成果，使读者能够及时了解学术研究动态。对“过期”书刊，也将择要介绍。

文献资料：选登具有重要参考价值的文献资料，各级红十字会的珍藏史料，为研究提供便利条件，以期资源“共享”。

杂文随笔：与红十字运动有关的杂文、随笔。

他山之石：有关研究红十字运动的专论，论域相近或对红十字运动研究有所启发的论文。

竭诚欢迎海内外专家学者、各级红会组织、红十字志愿者踊跃赐稿，我们会根据投稿情况，随时增设新栏目。

池子华

总　　序

150 年前，高举人道主义旗帜，旨在促进人类持久和平的红十字运动在欧洲兴起并迅速走向世界。100 多年来，红十字会为世界和平与发展做出的巨大贡献有目共睹，因而日益受到世界各国、各地区的欢迎，已发展成为与联合国、奥委会并称的世界三大国际组织之一。究其原因，乃其所奉行的七项基本原则——也是红十字文化的内核——涵盖了世界上各种不同文化的共同点，能为文化和制度不同的国家所接受，故而具有强大的生命力。

100 年前，红十字运动东渐登陆中国。在其中国化的发展过程中，红十字会不断吸取中国传统文化的精髓，茁壮成长，逐步形成了“人道、博爱、奉献”的文化内涵，并成为中华文化的瑰宝之一。

百余年来，红十字运动在波澜壮阔的实践中积累了丰富的经验，也留下了许多教训。经验与教训需要上升为理论，也只有理论才能更好地指导红十字事业持续、健康发展。学界、业界对此都进行了持续的关注。

2005 年 12 月 7 日，苏州大学社会学院与苏州市红十字会携手合作，成立全国首家红十字运动研究中心，旨在通过学界和业界的联合，推动和加强红十字运动的理论研究，探究红十字运动中国化的过程与特色，凝练红十字文化价值，探求红十字运动在构建国家软实力和促进中华民族伟大复兴中的地位与作用。同年 12 月 9 日，中国红十字会总会也提出，“确定一批研究课题，组织专家学者开展对国际红十字运动及中国红十字运动的深入研究”[①]。由此，学界、业界共同开展了对红十字运动

① 中国红十字会总会：《关于加强和改进宣传工作的意见》，红总字〔2005〕19 号。

的学术研究与理论探讨。

多年来，红十字运动研究中心除通过专业网站（http：//www. hszyj. net）发布和交流学界、业界动态外，已出版研究成果数十部；帮助一些地方红十字会建立与高校的合作，搭建平台，共同开展研究；举办了首届红十字运动与慈善文化国际学术研讨会；培养了一批专门研究红十字运动的生力军；积累了大量的学术资料。中心主要研究人员还借助在各地讲学的机会，传播重视红十字运动研究的理念。正是在红十字运动研究中心的引领之下，红十字运动研究在中华大地上呈现出生机勃勃的发展态势，并取得了丰硕的成果，“新红学”① 呼之欲出。仅以2011 年为例，各地以纪念辛亥革命100 周年为契机，纷纷整理、编辑出版了地方红会百年史；有的红会还与高校合作组建相关研究中心，等等②。这些方式有力地推动了红十字运动研究向更深更广的方向发展。

当今世界正处于大发展大变革大调整时期，多极化、经济全球化深入发展，科学技术日新月异，各种思想文化交流交融交锋更加频繁，文化在综合国力竞争中的地位和作用更加凸显。2011 年10 月18 日，党的十七届六中全会通过的《中共中央关于深化文化体制改革推动社会主义文化大发展大繁荣若干重大问题的决定》，提出要推动社会主义文化大发展大繁荣。11 月7 日，教育部发布了《高等学校哲学社会科学繁荣计划（2011—2020 年）》，大力提升高等学校人才培养、科学研究、社会服务、文化传承创新的能力和水平。12 月7 日，全国人大常委会副委员长、中国红十字会会长华建敏在中国红十字会九届三次理事会上提出，“要深化理论研究，充分挖掘红十字文化内涵，推进红十字文化中国化，广泛传播人道理念，在全社会推动形成良好的道德风尚”③。红十字“文

① 在2009 年4 月于苏州大学召开的“红十字运动与慈善文化”国际学术研讨会上，红十字运动研究中心主任、江苏红十字运动研究基地负责人、苏州大学教授池子华指出，经过100 多年波澜壮阔的实践发展和学术界呕心沥血的开拓性研究，在人文社科领域构建一门“新红学”——红十字学，条件已经具备，时机已经成熟。见池子华：《创建“红十字学”刍议》，《中国红十字报》2009 年4 月17 日。

② 池子华、郝如一：《2011 年红十字理论研究之回顾》，《中国红十字报》2012 年1 月3 日。

③ 《中国红十字会九届三次理事会召开》，《中国红十字报》2011 年12 月9 日。

化工程”已然成为红十字会总体建设目标之一[①]。进一步加强与拓展红十字运动理论研究，尤其是对红十字文化中国化的研究，已成为历史与现实的呼唤。

有鉴于此，红十字运动研究中心继续发挥高等学校与业界合作的优势，汇聚研究队伍，科学选题，出版一套“红十字文化丛书”，弘扬有利于国家富强、民族振兴、人民幸福、社会和谐的思想和精神，凸显红十字文化在中国文化园地中的地位，使红十字文化在神州大地上更加枝繁叶茂，促进中国红十字事业可持续发展，推动红十字文化的国际交流。

“红十字文化丛书”的出版，得到了中国红十字基金会、江苏省红十字会、苏州大学社会学院、上海市嘉定区红十字会、浙江省嘉兴市红十字会、江苏省盐城市盐都区红十字会等单位的鼎力支持，也得到红十字国际委员会东亚代表处及中国红十字会总会的关心和指导，在此谨致衷心感谢。

池子华

2012年6月于苏州大学

① 池子华：《“文化工程”应成为红十字会总体建设目标之一》，《中国红十字报》2009年12月11日。

目　　录

【理论园地】

【嘉定区红十字会专栏】

【调研报告】

【历史研究】

【学术评论】

【珍稀史料】

【杂文随笔】

理论园地

红十字宣传工作的科学指引和行动指南

——学习贯彻习近平总书记关于宣传思想工作的重要思想

王汝鹏

习近平总书记在全国宣传思想工作会议上的重要讲话，深刻阐述了新形势下党的宣传思想工作的历史方位和使命任务，深刻回答了一系列方向性、根本性、全局性、战略性重大问题，对做好新形势下党的宣传思想工作做出了全面部署，是指导新形势下党的宣传思想工作的纲领性文献。

习近平总书记指出，我国红十字事业是中国特色社会主义事业的重要组成部分，中国红十字会是党和政府在人道领域联系群众的桥梁和纽带。作为党领导下的群众团体，中国红十字会肩负着带领群众跟党走、人道服务惠民生的职责使命。因此，红十字宣传工作也是党的宣传思想工作的重要组成部分。做好红十字宣传工作，要以习近平总书记关于宣传思想工作的重要思想为科学指引和行动指南，切实增强“四个意识”，坚定“四个自信”，锐意改革创新，勇于担当作为，努力提高红十字宣传工作的传播力、引导力、影响力和公信力，奋力开创红十字宣传工作新局面。

一、要自觉承担起使命任务

习近平总书记指出，做好新形势下宣传思想工作，必须自觉承担起举旗帜、聚民心、育新人、兴文化、展形象的使命任务。这一重要论述，指明了新形势下宣传思想工作的新方位和新坐标，为宣传思想工作守正创新提供了根本遵循和方向引领。

作为党的宣传思想工作的重要组成部分，红十字宣传工作要高举中国特色社会主义旗帜，大力推进中国特色红十字事业健康发展。习近平总书记指出，红十字是一种精神，更是一面旗帜，跨越国界、种族、信仰，引领着世界范围内的人道主义运动。要通过红十字宣传工作，让红十字旗帜高高飘扬，让红十字精神深入人心。

要充分发挥红十字会的桥梁纽带作用，多做联系群众、引导群众、组织群众、服务群众的工作，多做统一思想、凝聚人心、反映诉求、化解矛盾的工作，把红十字会服务和联系的对象紧密团结在党的周围；要广泛动员人道资源，汇聚爱心、温暖人心，营造全社会参与和支持红十字事业的良好氛围，壮大正能量，引领新风尚。

要将红十字青少年工作与未成年人思想道德建设和大学生思想政治教育结合起来，培育和践行社会主义核心价值观，提高青少年的思想觉悟、道德水准、文明素养，教育青少年热爱生命、维护尊严、保护健康、发扬人道主义精神，引导青少年扣好人生第一粒扣子，培养能够担当民族复兴大任的时代新人。

要大兴社会主义先进文化和中华民族优秀传统文化，大力传播红十字文化。人道、博爱、奉献的红十字文化与中华民族优秀传统文化一脉相承，与社会主义核心价值体系高度契合，是人类文明的重要体现。弘扬红十字精神、传播红十字文化是发展社会主义先进文化的重要内容，是提高中华民族思想道德素质、推动社会主义精神文明建设的必然要求。

要讲好红十字故事，传播好红十字声音，大力提高红十字会的传播能力，向社会、向世界展现中国红十字会的良好形象，提升红十字品牌的影响力、公信力。

二、要把握正确宣传舆论导向

习近平总书记指出，建设具有强大凝聚力和引领力的社会主义意识形态，是全党特别是宣传思想战线必须担负起的一个战略任务。这一科学论断为做好新形势下意识形态工作指明了方向，提供了根本遵循。红十字宣传舆论工作要紧紧围绕增强凝聚力和引领力做文章，创新传播手段和话语方式，在提高传播质量和水平上下功夫，努力提高红十字宣传的传播力、引导力、影响力和公信力。

要创新宣传理念和运行机制，支持和鼓励有条件的省、市红十字会建立新媒体中心，更好地引导舆论，扩大宣传覆盖面。要广泛建立和积极维护各类媒体资源，开展全媒体合作，实现全媒体传播，让红十字故事“随风潜入夜”，让红十字文化“润物细无声”，让红十字声音“飞入寻常百姓家”。

要努力维护红十字的品牌声誉，旗帜鲜明坚持真理，立场坚定批驳谬误。在大是大非问题上要敢于亮剑、敢于说“不”。各级红十字会党组织要坚持党管宣传、党管意识形态，做到任务落实不马虎，阵地管理不懈怠，责任追究不含糊。

三、要让最大变量成为最大增量

习近平总书记指出，我们必须科学认识网络传播规律，提高用网治网水平，使互联网这个最大变量变成事业发展的最大增量。红十字会虽不能管网治网，但红十字人一定要懂网用网。要紧跟时代发展，树立互联网思维，红十字人道服务、资源动员、信息公开要放在网上，红十字宣传工作的重点也要放在网上。尤其是红十字会的重大活动、重大项目在推进实施过程中，要充分发挥网络媒体时效性强、传播速度快、发布渠道广的优势，及时进行立体式宣传报道，努力实现全媒体融合传播。

要大力推进网上红十字会建设。群众在网上，红十字会就在网上；工作对象在网上，人道服务就在网上。要构建网上网下同心圆，让红十字精神在互联网阵地广泛传播、深入人心，让互联网这个最大变量成为促进红十字事业发展的最大增量。

无论时代怎么变化，总是有人读报、有人读屏，吸引人、感染人的始终是传播的内容。我们要通过各种媒体平台，持续不断提供优质的宣传内容。能够吸引最大数量的受众，能够产生积极良好的传播效果，才是红十字宣传的最大成功。

四、要加强宣传队伍建设

毛主席曾说过，“正确的路线确定之后，干部就是决定的因素”。习近平总书记也曾指出，“在战争制胜问题上，人是决定因素”。领导人的这些重要论述，都在说明人的重要性。红十字宣传工作做得好不好，传播平台、传播手段固然重要，但真正起决定作用的还是人。因此，建设一支政治过硬、本领高强的宣传工作队伍，是做好红十字宣传工作的重要基础和关键所在。

习近平总书记指出，宣传思想干部要不断掌握新知识、熟悉新领域、开拓新视野，增强本领能力，加强调查研究，不断增强脚力、眼力、脑力、笔力，努力打造一支政治过硬、本领高强、求实创新、能打胜仗的宣传思想工作队伍。总书记所说的“脚力”是指深入一线、深入实际的能力；“眼力”是指发现力、洞察力、识别力；“脑力”是指思想能力、分析能力、判断能力；“笔力”是指文字表达能力、作品创造能力。红十字宣传工作者要认真贯彻落实习近平总书记的“四力”要求，切实担当起弘扬红十字精神、传播红十字文化、讲好红十字故事、唱响红十字声音的责任使命。

要重视红十字宣传工作者的教育培养，认真开展增强“四力”教育培训，通过定期组织理论学习、业务培训等方式，帮助他们掌握新知识、熟悉新领域、开拓新视野，增强做好新形势下红十字宣传工作的本领能力，培养造就一支政治过硬、本领高强、求实创新、能打胜仗的红十字宣传工作者队伍。同时，要在媒体圈积极发展和凝聚一批热心支持红十字会工作、热爱红十字事业的红十字新闻宣传志愿者，发挥他们的能力优势、人脉优势和媒体资源优势，扩大传播覆盖面和新闻报道影响力。

“下基层、接地气”是习近平总书记对新闻工作者的一贯要求。要积极组织红十字宣传工作者、新闻媒体志愿者深入人道服务一线、深入灾区、深入社区，贴近志愿者、贴近捐赠人、贴近困难群众，在基层、在活动中发现新闻素材，挖掘感人故事和典型案例，写出更多文风朴实、生动鲜活、吸引人感染人、弘扬正能量、引领新风尚的红十字新闻报道，引导广大红十字宣传工作者做红十字精神的传播者、红十字运动的记录者、人类文明进步的推动者、促进社会公平正义的守望者。

五、要办好红十字报刊和新媒体

红十字报刊和新媒体是红十字会重要的宣传舆论阵地，办好红十字报刊和新媒体是红十字宣传工作的重要内容，对于巩固和加强红十字宣传舆论阵地、促进红十字事业发展具有重要现实意义。

要坚持党管媒体。习近平总书记指出，新闻舆论工作处在意识形态斗争最前沿，好的舆论可以成为促进事业发展的“推进器”、民意的“晴雨表”、社会的“黏合剂”、道德的“风向标”。要牢固树立政治家办报意识，强化政治担当和责任意识，严格落实意识形态责任制，加强日常监管，切实履行管好导向的责任，决不给错误思想提供传播渠道。

要锐意改革创新。要以创新精神办好“一报一刊”（《中国红十字报》、《博爱》杂志）、“两微一端”（微博、微信公众号、手机客户端），实现三网融合（总会官网、人道网、中红在线），建立起传统媒体与新媒体融合发展、立体化传播的大宣传格局。要守好宣传舆论阵地，把握好新闻宣传的时效度，提高办报办刊办网的质量和水平，努力传播好党的声音、红十字的声音。

要扩大红十字报刊覆盖面。重视红十字报刊的宣传发行工作，进一步扩大红十字报刊的覆盖面，力争凡有红十字会的地方就有《中国红十字报》，凡有会员和志愿者的地方就有《博爱》杂志，推动红十字报刊进机关、进学校、进企业、进乡镇、进社区、进医院。

（作者系中国红十字会副会长）

在深化改革中砥砺前行

——中国红十字事业改革史

池子华

中国改革开放40年来，红十字事业突飞猛进，取得了巨大成就，有目共睹。其实，纵观红十字事业110多年的历史发展，不难发现，一部红会史，就是一部改革史。

改革，一个动态的历史过程

改革即改变与革新，是一种自我完善的过程。无论是晚清时期、民国时期，还是中华人民共和国时期，中国红十字会这种自我完善的过程，除了“文革”十年组织机构被撤销之外，没有停止过。

1904年3月10日，为救护日俄战争中的伤兵难民，中英法德美5国联手创造性地成立了上海万国红十字会，中国红十字会由此诞生。中国当时没有独立自主的红十字会组织，仓促间也不可能建立国家红会，借助“外力”显然是明智的选择。正是这种“变通”，才有了中国红十字会的横空出世，成就了中国慈善界“第一伟举”，“慈善事业遂开亘古未有之局”的佳话，也才拉开了红十字事业改革的序幕。

日俄战争救护使命完成，中国红十字会走上“自立”之路，而要自立自强，必须奠定事业发展的基础，为此中国红十字会以兴办医院、造就人才为抓手，进行改革。1909年，由沈敦和经手在上海徐家汇路购地10余亩，设计“建造高大洋房一所”作为总会总医院。一年后的1910年春，医院落成（今华山医院）。医院设施之完善，在上海首屈一指。当年，医学堂在总医院旁拔地而起，中国红十字会有了自己的人才培养基地。

1912年1月1日，孙中山在南京就任临时大总统，庄严宣告中华民国诞生，中国历史开始了新纪元。顺应时局的变化，红十字会加快了改革步伐。1 月 12 日，中国红十字会得到红十字国际委员会的正式承认；2 月 28 日，内政部为中国红十字会“立案”，确立了其合法地位；5 月 7 日至 17 日，第 9 届红十字国际大会在美国首都华盛顿举行，中国红十字会代表团首次走出国门，“亮相”国际舞台，引人瞩目；把握国际国内有利契机，中国红十字会先后于 9 月 29 日、10 月 30 日召开首届会员大会、“统一”大会，通过《中国红十字会章程》《中国红十字会分会章程》，实现规范化管理；建立常议会，完善会内运作机制；首次聘任国家元首担任名誉会长，并使之成为制度性安排；因地制宜，总会设于首都、总办事处设于上海。这些改革举措，保证了战争救护、灾害救助、社会服务工作的开展，组织建设得以快速推进，至全面抗战爆发前夕，全国分会达到 464 处，并拥有 10 多万会员。

事业的发展，要求体制机制的不断优化。1934 年 9 月 24 日至 28 日，中国红十字会在上海召开全国会员代表大会，进行组织机构改组，取消了原来的常议会，由理事会、监事会取而代之。理事会是红十字会的最高执行机关，监事会是最高监察机关，理事会、监事会联席会议是全国会员代表大会闭会期间最高权力机关。监事会的设置，是红十字会在治理结构上做出的重大改革。执行、监督，双管齐下，驱动红十字事业健康发展。

1937 年，全面抗战爆发后，中国红十字会因时制宜，进行非常时期的“非常改革”：一方面，在 11 月 12 日上海沦陷后，集合旅沪各国名流发起组织了国际合作性质的中国红十字会上海国际委员会，设立南市难民区，收容救助数十万难民，这一模式并在南京、汉口等地推行，对国际红十字运动做出巨大贡献，1949 年修订日内瓦公约及其附加议定书时，其中第四公约《关于战时保护平民之日内瓦公约》，就以南市难民区作为范本；另一方面，1938 年初专门组织成立“专负军事救护之机构”的救护总队部，以“中国生命科学之父”林可胜为总队长，统筹全国各战区的战事救护，救护总队部所在地的贵阳图云关，成为全民族抗战救护的中枢。中国红十字会还订定《外籍医生服务办法》，凝聚、整合包括白求恩、柯棣华以及“西班牙医生”在内的一大批国际友人，投身到红十字抗战救护事业之中。

抗战胜利后，红十字会工作重点转移，以“服务社会，博爱人群”为宗旨，广泛开展社会服务，确定改革目标为“使本会一切之事业，变消极性为积极性，变慈善性为社会性，变局部性为普遍性，成为划时代一大转变”。要达成改革目标，需要法律的保驾护航。1947 年 11 月 13

日，中国红十字会在南京举行理事会，通过“请政府颁布《红十字会法》以崇体制案”，第一次明确表达“依法建会”的愿望。虽然《中华民国红十字会法（草案）》（共8章40条）因时局原因“胎死腹中”，但在中国红十字事业法制化进程中具有重要影响。

1949年10月1日，中华人民共和国宣告成立，中国历史进入了一个新的时期。“一切都在向新的转变”，有着45年历史的中国红十字会，也面临着新的抉择。1950年8月2日至3日，中国红十字会协商改组会议在北京召开，这也是新中国成立后第一次全国会员代表大会。“协商改组”本身就是一次前所未有的改革，而且在诸多社会团体中，中国红十字会是唯一被“改组”而不是被“接管”的，因为她是国际性人道组织，在战争救护、灾难救济等工作中发挥着不可替代的作用，人民政府对其充满期待。改组的目的在于“使其组织健全，工作加强，以适应新的需要”。经过协商会议的努力，完成了对中国红十字会的改组工作，选出了具有广泛代表性的新的理事会；通过了周恩来总理亲笔修改的新会章，明确规定中国红十字会为“中央政府领导下的人民卫生救护团体”。改革给中国红十字会带来了新的生机，这是她“转向新生的开始”。根据“预防为主”的卫生方针，以及“动员和组织人民实行自救助人”的救济福利方针，中国红十字会协助各级人民政府，面向人民大众，宣传、推广防疫、卫生、医药及救济福利事业，在国际国内工作中都取得了不俗的成绩。

然而，“十年浩劫”给中国社会造成巨大灾难，中国红十字事业受到冲击，国内工作完全停顿，总会国内工作各部门和地方各级红十字组织机构被撤销。改革进程由此中断，直到1976年10月“文化大革命”结束。1978年12月18日至22日，党的十一届三中全会的召开实现了中国社会的历史性转折。伴随着改革开放的春风，中国红十字事业获得了新的机遇。对红十字会而言，要改革，必须首先重建组织，恢复国内工作。1978年4月10日，国务院批转《关于恢复红十字会国内工作的报告》，至年底先后有广州、长沙、天津、北京、上海、杭州、武汉、南京、沈阳、西安、南宁等11个城市重建红十字会组织，迈出了改革的“初步”。

1979年2月20日至24日，中国红十字会在北京召开了第三次全国会员代表大会。这是一次拨乱反正的大会，是贯彻国务院指示精神，开创红十字会工作新局面的大会。大会确定的改革目标和任务，就是“按照党和政府的要求，结合过去的经验和当前的实际，确定今后的工作任务，竭尽所能，把红十字会的作用，在人民外交和人民救护事业中，充分地发挥出来”，为尽快实现四个现代化，做出应有的贡献。经过几年的努力，红会的组织建设取得显著成绩，急救和输血工作、红十字青少年工作、社会福利事业以及国际交往等方面，也都成效可观。

随着改革开放的不断深入，红十字事业的改革也向纵深推进，“四大”的召开就是一个新的转折。1985 年 5 月 31 日至 6 月 1 日在北京举行的中国红十字会第四次全国会员代表大会，明确提出“以实行人道主义为宗旨”，“以改革的精神，努力发展群众性的卫生救护和社会福利事业，积极贯彻对外开放的政策”，努力“把中国的红十字会办成具有中国特色的社会主义的红十字会”，正式拉开了建设有中国特色的红十字事业的序幕。以组织建设为重点，深化体制改革，尤其是将红十字会从单纯的“人民卫生救护团体”确定为“人民卫生救护、社会福利团体”，这种性质的拓展，使红十字会在人道主义领域有了更广阔的发展空间。

1993 年，是中国红十字事业改革史上的重要节点。年初出台的《中国红十字会九十年代工作纲要》，为建设有中国特色的红十字事业描绘了宏伟蓝图。10 月 31 日，《中华人民共和国红十字会法》实施，开始了“依法建会”的新时期。这是中国红十字运动史上新的里程碑。围绕贯彻《红十字会法》，中国红十字会在会务、业务诸多领域进行改革创新，逐渐形成以“博爱系列工程”（救援工程、生命工程、爱心工程）为基础的建设目标和主打品牌，事业发展蒸蒸日上。

不过，体制问题的困扰越来越突出，长期以来，红十字会由卫生部门代管，与《红十字会法》中“独立自主地开展工作”的法律规定背离，红十字会职能的发挥、人道外交的开展均受制约，如何破解发展难题，理顺管理体制至关重要。这是改革的焦点、重点、难点所在。经过不懈努力，1999 年 12 月 26 日，中央机构编制委员会办公室发出“中编办字〔1999〕136 号”文件，就理顺中国红十字会总会的管理体制做出明确规定，“将中国红十字会总会由‘卫生部代管’改由国务院领导联系”。在此基础上，理顺管理体制在全国范围内铺开，目前仍在推进之中。

改革，收获事业发展“红利”

改革激发活力，促进发展。红十字事业之所以生生不息，得益于改革的“红利”。

"变通"中组建的上海万国红十字会及所属战区各分会，救助日俄战争，历时三载，使46.7万人脱离苦海。他们的业绩赢得社会各界的普遍赞誉，也使红十字更加深入人心。"自立"后以兴办医院、造就人才为抓手的改革，奠定了"中国红十字会之初基"，使红十字会在1911年辛亥革命救护中大显身手，中外瞩目。

进入民国后，改革使红十字会在灾难救济和战争救护中的救援能力大大增强，如1917年对皖北水灾及河北、北京水灾的救济，1929年对西北、华北大旱灾的救济，1931年对长江大洪水的救济，1913年二次革命的救护，1916年护国战争救护，1927年北伐战争救护等，红十字会都发挥了重要作用。1923年9月1日，日本关东大地震发生后，中国红十字会组织26人的医护队扬帆东渡，首次开展大规模的国际人道救援，受到日本朝野和国际社会的广泛赞誉。

全面抗战爆发后，中国红十字会因应全民族抗战救护需要而改革救护体制组建的救护总队部，组织了医疗、医护、医防、急救、X光等队，遍布全国各战区。在各大战役中，红十字会几乎无役不从。据统计，从1938年1月至1945年9月的救护成绩，外科方面：手术119856人次，骨折复位35522人次，敷伤8784731人次；内科方面：住院2142997人，门诊军人2481685人，门诊平民2002996人，预防接种4632446人；其他：X光照相5631人，X光透视52798人，灭虱人数792148人次，灭虱物数3881176件，检验226593人次，特别营养934833人。可谓业绩辉煌，"其伟绩宏效，历八年抗日战事而益显"。历史不能忽视，在抗战史上，红十字会"贡献于国家者殊大"。中国红十字会的国际地位也因此得到显著提高，1945年，蒋梦麟会长当选为国际红十字会协会（红十字会与红新月会国际联合会的前身）副主席。这是中国红十字会会长第一次担任这一重要职务，"深感本会在国际间之地位，业因抗战艰苦光荣之贡献，已具增高"。

中华人民共和国成立后，经过改组，中国红十字会面目一新，事业发展呈现出良好的势头。国内工作方面，医疗服务广泛开展，无论在城市、乡村，还是在治理淮河等重大工程的工地上，都活跃着红十字医防服务队的身影。而在国际舞台上，红十字会更为耀眼。1950年10月16日至21日，国际红十字会协会第21次理事会在摩纳哥的蒙特卡洛召开，出席会议的各国红十字会代表团共57个。中国等12个国家红十字会当选为执行委员会委员，使新中国的五星红旗第一次鲜明地飘扬在国际会议的会场上。1952年7月26日至8月7日，第18届国际红十字大会在加拿大多伦多召开，大会承认新中国红十字会是中国唯一合法的全国性红十字会，由此恢复了中国红十字会在国际红十字组织中的合法席位，“这是新中国在国际组织中恢复的第一个合法席位”。在抗美援朝战争中，中国红十字会先后派出共666人的7支国际医防服务大队，在朝鲜战地救死扶伤。1954年10月30日至11月12日，中国红十字会代表团一行10人在团长李德全会长率领下，对日本进行了为期13天的友好访问，翻开了中日关系史上新的一页；1972年9月，中日关系实现正常化，红十字会的“破冰之旅”功不可没。

改革开放以来，尤其是1993年《红十字会法》实施后，红十字会以“依法建会”为遵循，积极适应社会发展和人道需求，不断推进改革创新，事业发展成绩斐然：“三救”“三献”亮点纷呈，人道外交领域捷报频传，特别是在重大特大自然灾害救助方面，更显示出人道的力量。比如，2008年的汶川特大地震，中国红十字会募集款物总额199亿元，共援建了18万户民房、2000多所学校、5000多所医院和卫生站；重建了康复中心、敬老院、福利院及备灾减灾设施。它们所发挥的作用有目共睹，正如习近平总书记指出的那样，“中国红十字会在重大灾害救援、保护生命健康、促进人类和平进步等方面发挥了重要作用”，“为党、为国家、为人民做了很多好事、善事”。

面向未来，红十字改革再出发

红十字会的历史是不断改革发展的历史。历史证明，没有改革，就没有红十字会的今天。同样，没有改革，也不会有红十字会的未来。

2012年7月10日国务院《关于促进红十字事业发展的意见》（国发〔2012〕25号）、2015年7月9日《中共中央关于加强和改进党的群团工作的意见》的出台，以及2017年5月8日新修订的《红十字会法》实施，要求红十字会进一步推进改革创新，加强自身建设，在人道领域做出新贡献。

适应改革创新的现实呼唤，《中国红十字会总会改革方案》即将下发，这是新时代中国红十字事业改革的新举措，必将续写红十字事业改革史的新篇章。

改革进入“深水区”，涉及红十字会的自身建设、会务、业务的方方面面。面向未来，作为改革主体的红十字人，从历史中汲取智慧和力量，应有如下几点基本认识：

一是要有改革意识和改革精神。改革意识是对改革的重要性、必要性以及对事业发展促进作用的理性认识。没有改革意识，就没有改革的自觉行动和持久动力，改革也就无从谈起。有了改革意识，就要付诸改革行动，就需要一种改革精神，敢于面对事业发展中层出不穷的问题和瓶颈，敢于“啃硬骨头”，甚至挑战自我，战胜自我，百折不挠。改革精神是改革成败的关键，也是自身建设的题中应有之义。

二是要明确改革目标。改革的出发点和落脚点是不断满足日益增长的人道需求。目标明确，改革就有了方向感。在红十字事业发展中，总有这样那样的问题凸显，例如，就目前而言，人道资源动员能力不够强，人道救助和服务能力不足，专业化人才缺乏，组织建设比较薄弱，公信力建设有待加强，会员管理、会费收缴问题有待改进，志愿服务水平有待提高……这些问题的存在，很大程度上跟体制机制有关。这就需要找准症结，突出重点，从实际出发，以“依法治会”为指导，采取切实可行的改革措施，加以破解。

三是对改革的艰巨性要有充分的思想准备。改革是一项系统工程，具有挑战性、艰巨性，不可能一帆风顺、一蹴而就。“攻坚战”“持久战”是改革进程中的“常态”。就拿理顺管理体制来说，自启动至今，将近 20 年了，仍有超过 30% 的县级红会没有理顺，至于其中的艰辛与曲折，更是一言难尽。再如，新修订的《红十字会法》实施后，增设“监事会”作为完善自我监督体系的重大改革举措，要求各级红会依法设立，但在这一规定“落地”的过程中却是困难重重。作为改革者，一定要树立、增强改革的信心和勇气，去面对、克服一切艰难险阻，只有这样，才能取得改革的成功。

2015 年 5 月 5 日，习近平总书记在接见出席中国红十字会第十次全国会员代表大会全体代表时发表重要讲话，对红十字事业寄予厚望：“希望中国红十字会适应新形势新任务，紧紧围绕党和国家中心任务，增强责任意识，推进改革创新，加强自身建设，开展人道救助，真心关爱群众，努力为国奉献、为民造福。”改革是新时代中国特色社会主义建设事业对红十字人提出的时代课题。承前启后，继往开来，不断深化改革，红十字组织才有生机与活力，中国特色红十字事业才可望实现健康持续发展，以更好地“为国奉献、为民造福”。

（作者系红十字运动研究中心主任，苏州大学社会学院教授、博士生导师）

从“增强政治意识”看红十字会“去行政化”问题

张春中

党的十九大全面分析了“全面从严治党”面临的形势和任务，系统总结了近年来特别是党的十八大以来“全面从严治党”的理论和实践，并就新形势下加强党的建设做出了新的重大部署。这充分体现了以习近平同志为核心的党中央坚定不移地推进“全面从严治党”的坚强决心和历史担当，体现了全党的共同心声。学习贯彻十九大精神，各级红十字会必须更加深入地认识和增强“四个意识”，以推动事业的发展。

在“四个意识”中，政治意识是打头的、管总的。讲政治，应自觉从政治高度看问题、办事情，才能真正做到服从大局、围绕核心、自觉看齐。

邓小平同志曾指出，“到什么时候都得讲政治”。作为群团组织及党和政府人道工作领域的得力助手，红十字会无论什么时候、无论什么人都要讲政治，要做“政治上的明白人”。在中央党的群团工作会议上，习近平总书记指出，要保持和增强群团组织的政治性、先进性、群众性，这就向包括红十字会在内的群团组织提出了增强政治意识的明确要求。在中国红十字会第十次全国会员代表大会上，习近平总书记接见全体代表时强调：“我国红十字事业是中国特色社会主义事业的重要组成部分，中国红十字会是党和政府在人道领域联系群众的桥梁和纽带。党和国家高度重视这支力量。”他进而要求：“各级党委和政府要加强对红十字工作的领导和支持，热情帮助解决红十字事业发展中遇到的困难和问题。”

从习近平总书记这些重要讲话和论述来看，红十字会的职能定位已经非常清晰：红十字会是党和政府在人道工作领域的得力助手，红十字事业是中国特色社会主义事业的重要组成部分。红十字会坚持党的领导、增强政治意识，在党和政府领导下开展人道工作是法律赋予的基本职责，只能加强，不能弱化，更不能去除。换句话说，红十字会的中国特色就在于，它应当也必然要在中国共产党的领导下，承接党和政府人道工作领域的部分职能，为党分忧，为民造福。在中国这样一个大国，红十字会不能也不应该成为“散兵游勇”，游离于党和政府的领导之外“单兵作战”，这既不符合中国国情，也不符合国际红十字运动的基本规则。

众所周知，在“郭美美事件”发生后，许多不明真相的网友站在“道德制高点”上对红十字会进行“添油加醋”的指责，特别是一些别有用心的人，在此过程中其“阴暗心理”得到最大程度的满足。“郭美美事件”之后，从网络到民间，要求红十字会“去行政化”之说一时“甚嚣尘上”。据说，在《红十字会法》修订过程中，有的全国人大常委会的委员亦认为，红十字会之所以因为“郭美美事件”陷入信任危机，一方面是因为一些在红十字会发展的过程中遇到的问题还没有解决；另一方面，则在于红十字会是行政体制内的群众团体，既要遵守全国红十字组织统一性的原则，但实际上地方红十字会主要是接受地方政府的领导。正是由于这些问题没有得到很好的解决，红十字会才具有很多“行政化”的色彩，运行效率不高，而且易引发公众“信任危机”。这些委员的话具有一定的道理，红十字会发展中存在的问题没有完全解决，这是事实，但“行政化”和“运行效率不高，易引发公众信任危机”二者没有因果关系；“运行效率不高，易引发公众信任危机”说到底还是自身建设和体制机制方面有待完善的问题，“行政化”并非“病根”和“罪魁祸首”。

诚然，我们理解社会公众对红十字会这一社会组织的殷切期待，更愿意将之解读为对红十字事业发展的关心、关注、关切。而且，红十字会也的确在公开透明、自身建设等方面存在着这样那样的问题，还有许多需要不断完善和改进的地方。我们要看到，在红十字会发展过程中还存在许多问题。例如，管理体制并没有完全理顺，县级红十字会理顺率只有 67.2%，乡镇一级更是没有专门的红十字机构和专职红十字会干部，“底下无腿、基层无人”的问题比较突出。各级红十字会规格、属性不统一，以省级为例，有的是正厅级，有的是副厅级，有的列入党委口，有的列入政府口；有的市县级红会使用行政编制列入群团序列，有的使用事业编制列入事业单位；有的参公管理，有的不参公管理……林林总总，不一而足。这些问题的存在束缚了红十字事业发展的活力，削弱了红十字人干事创业的动力，成为当前红十字事业发展的最大桎梏和瓶颈。

当然，红十字会也并非墨守成规、抱残守缺的社会组织。同所有群众团体一样，红十字会已经纳入中央群团组织改革范围，并已经按照中央推进群团组织改革的要求制定改革方案，对影响红十字事业发展的体制机制问题进行大胆革新，一个令人期待的、更加开放和充满生机与活力的红十字会正在形成。

广大网民和社会公众，应该以更加理性和包容的心态来认识、看待红十字会，从有利于红十字事业繁荣发展的角度，从立法和制度的层面，多提建设性意见和建议，多谋发展良策，为红十字会在人道工作领域切实发挥作用营造更大的空间、创造更加和谐的氛围。这是我们目前迫切需要做的，也是我们愿意看到的。

（作者系山东省红十字会办公室主任）

学习国际红十字运动创始人亨利·杜南推动新时代中国特色红十字事业科学发展

张孚传

2018年是亨利·杜南190周年诞辰。学习亨利·杜南，推动新时代中国特色红十字事业科学发展，应当成为每一名红十字工作者的思想自觉和行动自觉。

亨利·杜南是国际红十字运动的创始人，是红十字国际委员会的缔造者，是日内瓦公约的发起者，是近代以来最伟大的人道主义者。近两个世纪过去了，人类社会发生了巨大而深刻的变化，但亨利·杜南的名字依然在世界各地受到人们的尊重，国际红十字运动依然在全球闪耀着璀璨的人道光芒！

一

1828年5月8日，亨利·杜南出生在瑞士日内瓦一个富裕家庭。青少年时期，他加入了施舍协会，把“空闲时间用于拜访穷人、残疾人、濒死之人，为他们带去救济和安慰”。1859年，亨利·杜南在一次商业旅程中偶然遭遇了索尔费里诺战役，并全身心地组织发起了一场战地救护，这作为国际红十字运动起源的标志性事件而被载入史册。1862年，亨利·杜南出版了《索尔费里诺回忆录》，该书一经问世就震动了世界。法国大文豪雨果给他写信说：“您武装了人道主义，满足了人类自由！”

1863年，亨利·杜南发起成立了红十字国际委员会的前身——“伤兵救护国际委员会”，红十字运动应运而生。他促成了1864年外交大会的召开，并促成了第一部日内瓦公约的签署，红十字运动自此有了国际法的保护。1867年，亨利·杜南在第一届红十字国际大会上首次提出了人道主义原则应扩大适用于战俘。亨利·杜南在破产被迫远离家乡后，辞去了“伤兵救护国际委员会”的职务，但依然痴心于人道事业，他创办红十字刊物、创立共同救济协会、创建秩序和文明共同联盟，继续推行人道主义思想和计划。晚年，亨利·杜南着手撰写《血腥的未来》，揭露欧洲国家的帝国主义，努力从更宏大的视野思考人道与和平问题。

亨利·杜南的一生，是胸怀崇高理想、为国际人道主义事业不懈奋斗的一生。他在《索尔费里诺回忆录》中提出了两项伟大的建议：在各国设立全国性的志愿的伤兵救护组织，平时开展救护训练，战时支援军队医疗工作；签订一份给予军事医务人员和医疗机构及各国志愿者的伤兵救护组织以中立地位的国际公约。此后，亨利·杜南自费到欧洲许多国家访问，宣传自己的主张，并为促进战地救护工作的组织实施争取支持和援助。他向世人疾呼：“在和平安定的时期成立一些救护团体，让那些热心、忠诚并完全可以胜任的志愿者为战时的伤员服务，这难道不可能实现吗?”亨利·杜南的一生饱尝颠沛流离的艰辛、贫病交加的煎熬，但他初心不改、矢志不渝，为国际人道主义事业不懈奋斗，成就了伟大人生。

亨利·杜南的一生，是坚如磐石、为追求人的解放而不畏牺牲的一生。七八岁时，亨利·杜南目睹了身戴镣铐的奴隶在戒备森严的看管下装卸货物，他深深为之触动，发誓要在有生之年让这些奴隶获得自由。1863 年，亨利·杜南发表《伊斯兰国家的以及美国的奴隶制》，呼吁废除各种形式的奴隶制。1871 年，巴黎公社失败后，亨利·杜南冒着生命危险，设法帮助了许多公社成员免于罹难。1873 年，亨利·杜南加入英国及海外反奴隶制协会，在世界联盟的范围内再次进行反奴隶制的斗争。1875 年，亨利·杜南在伦敦发起召开旨在“最终完全废除买卖黑人和奴隶贸易”的国际大会，并发表了《关于黑奴贩卖现状的陈情书》。亨利·杜南在一生中从来没有停止过反奴隶制、争取人的自由的斗争。

亨利·杜南的一生，是殚精竭虑、为追求世界和平而不息战斗的一生。1864 年，亨利·杜南出版了《战场上的慈善》，倡导和平，呼吁人类远离战争。而这份随着时事进展不断修订增补的刊物，被视为自 1869 年起定期发表的《红十字国际评论》的前身。1870 年，普法战争爆发后，亨利·杜南在自身处境十分艰难的情况下，仍然组织红十字组织开展战地救护，坚持写信给法国当局，提请他们遵守日内瓦公约的有关条款，为保护平民和伤兵奔走呼号。1897 年，亨利·杜南在《致远东国家》中以一个欧洲和平主义者的名义呼吁：“出生于任何种族和国家、持任何宗教信仰和言论的亚洲人，请求他们与欧洲和平主义者们一起，为了全世界的和平进步兄弟般地共同努力。”1901 年，亨利·杜南获得了首届诺贝尔和平奖，也收到了一份当之无愧的颁奖赠言：“没有人比您更配得到这一荣誉，因为是您在 40 年前发起了在战场上救护伤员的国际组织，没有您也许就永远不能取得这个 19 世纪最至高无上的人道主义成就。”

亨利·杜南被誉为“国际红十字运动之父”。他是品德高尚的伟人，也是有血有肉的常人。他热爱生活、热爱自然，富有理想、真诚朴实。他在为红十字事业的奋斗历程中经受了个人命运浮沉荣辱，他和“国际红十字运动之魂”莫瓦尼埃长达近半个世纪的意见分歧，冲破了时空的限制，冲破了偏见的约束，谱写了坚韧与执着、苦难与辉煌的命运交响曲。

二

亨利·杜南给我们留下的最有价值、最具影响力的宝贵财富，就是他倡导和实践的伟大运动——国际红十字运动。这一运动犹如壮丽的日出，驱散了战争带给人类的阴霾，照亮了人类寻求和平与安宁的道路。

国际红十字运动由红十字国际委员会、红十字会与红新月会国际联合会、国家红十字会或红新月会三个部分组成。红十字国际委员会由亨利·杜南等人所缔造，红十字会与红新月会国际联合会是亨利·杜南国际人道主义思想的必然产物，国家红十字会或红新月会是从亨利·杜南极具远见卓识的“两项建议”之一演化而来。国际红十字运动之所以能够穿越时空，超越不同的种族、民族、宗教、国界，跨越人世间的种种藩篱，是由于亨利·杜南把人道的理念、群众的力量、包容的基因和创新的精神完美地融合在一起，构成了运动的独特禀赋和气质。

国际红十字运动是一项伟大的人道主义运动，契合了人类以人为本的共同价值追求。亨利·杜南所倡导的国际红十字运动，以其内在与外化的对人类苦难关切、同情并及时施以援手的人道理念、精神力量和积极有效行动，回应了世界不同文化亘古以来保护人的生命、崇尚人的尊严的共同诉求。国际红十字运动的人道内核，契合了人类以人为本的共同价值追求，在历史的长河中焕发出旺盛的生命力，在时代的潮流中洋溢着蓬勃的生机。

国际红十字运动是一项伟大的群众性运动，唤醒了世界各族人民关爱他人的个体生命自觉。亨利·杜南说过，“人道救助行动唯一可行的办法就是转向公众”。当卡斯蒂廖内参与战地救护的妇女们纷纷仿效他，大喊着“大家都是兄弟”的时候；当《索尔费里诺回忆录》所记录的萦绕于心的记忆和悲天悯人的情怀唤醒了整个欧洲的良知，并获得众多且积极的反响的时候；当今天全世界千百万红十字工作者和志愿者活跃在武装冲突地区和最易受损害群体当中，为保护人的生命和健康、维护人的尊严而努力工作的时候，个体生命自觉浇灌下的关爱行动绽放出了美丽的花朵，孕育出了丰硕的果实。

国际红十字运动是一项包容并蓄的运动，满足了多元文化需求，凝聚了最广泛的力量。红十字运动的标志，是红十字运动的象征，体现着当今世界的人道与同情。红十字运动标志的历史演变，生动诠释了国际红十字运动是包容并蓄、开放合作的运动。从 1864 年，“红十字”标志被正式写进第一部日内瓦公约；到 1876 年，红十字国际委员会为保护更多的伤兵而同意土耳其使用“红新月”标志；再到 1929 年，伊朗采用的“红狮与太阳”标志得到日内瓦外交会议承认；直至 2006 年，第 29 届红十字国际大会审议通过了启用“红水晶”标志的第三附加议定书，以便于接受更多基于各种因素考虑而不想使用“红十字”或“红新月”标志的国家成为国际红十字运动的成员。一个半世纪以来，在对待标志这个问题上，红十字人以其务实灵活的态度，在坚持红十字运动标志严肃性的前提下，兼顾包容性，承认标志的多样性；在坚持红十字运动统一性的前提下，尊重差异性，追求运动的普遍性。国际红十字运动实现了“把各种人聚集到自己的旗帜下”的愿景，在全世界范围内最大限度地弘扬着人道主义。

国际红十字运动是一项创新发展的运动，始终站在时代前沿。任何富有生命力的事物都不是一成不变的，都是随着实践的变化而发展的。一部国际红十字运动发展史就是亨利·杜南以及后继者们不断根据时代、实践、认识的发展而推动运动不断发展的历史，是不断主动做出适应性调整的历史，是不断创造性地修正、完善运动原则和法律体系的历史。国际红十字运动的原则历经几代红十字人多次修订，直至 1965 年确立了现行的七项基本原则；日内瓦公约从一部发展到四部并形成了 3 个附加议定书，其间不断修订、扩大和补充。这些无一不是国际红十字运动与时俱进、开拓创新的生动写照。日内瓦公约缔约国从 12 个壮大到 196 个，更是国际红十字运动创新发展的最直接体现。

红十字运动诞生 150 多年来，在世界上得到广泛传播，蓬勃发展。在人类发展史上，没有一种运动像红十字运动那样在国际上产生了如此广泛而深刻的影响。

三

红十字运动不仅深刻改变了世界，也深刻影响着中国。19 世纪 80 年代，红十字运动传到我国台湾。1894 年甲午战争后，开始在中国大陆传播。1904 年，日俄战争的枪炮声催生了中国第一个地方性红十字组织——东三省红十字普济善会。随后，中国红十字会的前身——“万国红十字会上海支会”诞生。日俄战争结束后，“万国红十字会上海支会”随之解散，中国人开始独立自办红十字会。自此以来，我国红十字工作者积极投身于中国人民求生存、求解放的艰难奋斗历程，开展战地救护，组织难民收容，赈济救助灾民，留下了一串串不可磨灭的足迹。新中国成立以后，中国红十字会主动服务国家建设大局，积极取得红十字与红新月国际大会承认，作为中国唯一合法的全国性红十字会，是新中国在国际组织中第一个恢复的合法席位，打开了新中国通向国际舞台的一扇大门。改革开放以来，我国红十字工作者坚持将红十字会工作与中国改革开放的具体实际结合起来，积极服务经济社会发展大局，在参与“三救”“三献”、国际人道救援和开展民间外交等方面发挥了不可替代的作用。进入新时代，我国各级红十字会积极履行群团职责，主动服务人民日益增长的美好生活需要和人道需求，成为发展中国特色社会主义事业的一支重要力量。

实践证明，亨利·杜南倡导的红十字运动早已扎根中华民族传统文化的土壤，早已赢得中国亿万人民的支持，早已实现了“中国化”，它的科学性和先进性在中国得到了充分检验，它的群众性和实践性在中国得到了充分贯彻，它的开放性和时代性在中国得到了充分彰显！

四

红十字运动历久弥新，亨利·杜南永远为世人敬仰！新时代，我们仍然要学习亨利·杜南，磨砺意志、拓宽视野、提升能力、勇于创新，更有力量、更有自信、更有智慧地坚持和发展新时代中国特色红十字事业，为全面建成小康社会和实现中华民族伟大复兴做出新的贡献。

学习亨利·杜南，就要学习他爱人如己的情怀。20 岁时，亨利·杜南“用每周日下午的时间，为日内瓦监狱的犯人们念诵与旅行、历史、基础科学有关的内容”。临时救护所内，他半跪在地上，为索尔费里诺战场上受伤的士兵喂水喝。我们要学习亨利·杜南爱人如己的情怀，以服务群众为天职，视群众如亲人，做到想群众之所想、急群众之所急。

学习亨利·杜南，就要学习他宽阔宏大的视野。亨利·杜南身处日内瓦，心怀整个欧洲，放眼全世界。作为一名瑞士人，他偶然在意大利遭遇一场战役，却成就了一项遍及全球的伟大事业。我们要学习亨利·杜南宽阔宏大的视野，不拘于一时一地一事，跳出红十字会看红十字会，学会在时代和全局的视野下谋划红十字事业的发展。

学习亨利·杜南，就要学习他天才构想的创见。1862 年，亨利·杜南提出的“两项建议”，直接促成了红十字运动的诞生，并确立了 150 多年来红十字运动的发展轨迹。亨利·杜南的同时代人，一度认为他的设想根本不可能实现，而事实却一再印证了亨利·杜南的伟大。我们要学习亨利·杜南天才构想的创见，善于打破思维定式，不囿于当下，不故步自封，前瞻性、创造性地思考工作，提出新举措，闯出新路子。

学习亨利·杜南，就要学习他勇于实践的担当。红十字运动没有高深的理论，实践性是它的全部生命。亨利·杜南是实践者的典范，红十字国际委员会的创建、法国红十字会的成立、日内瓦公约的签署，都是他不懈努力的实践成果。我们要学习亨利·杜南勇于实践的担当，直面挑战，破解难题，干在实处，走在前列，勇立潮头，切实扛起新时代红十字人应有的责任。

学习亨利·杜南，就要学习他善于动员的能力。亨利·杜南没有任何官方身份，却游走在各国政府之间，先后筹备召开了准外交大会、外交大会，推动红十字运动步入了国际轨道。亨利·杜南是一名天生的公关大师，军官、教士、历史学家、哲学家、银行家、上流社会女性都云集在他的周围，倾听他的见解，拥护和支持他的行动。我们要学习亨利·杜南善于动员的能力，广泛与人交往，声明主张，争取合作，凝聚力量，真正让红十字事业成为每个人共同的事业。

学习亨利·杜南，就要学习他敢于斗争的品格。亨利·杜南富有抗争精神，他疾呼：“在一个有着诸多进步与文明的年代里，我们也不会幸免于战争，因此，加快步伐，用人类的文明去防止或至少减轻战争的恐怖，难道不是当务之急吗?”他发出《柏林通函》，顶住尖刻的批评，竭力争取让“医务人员”和“受到承认的志愿救护者”享有中立地位。亨利·杜南一直致力于反对奴隶制的斗争。晚年，他还将女权事业纳入了自己新的斗争范围，并反对军国主义。我们要学习亨利·杜南敢于斗争的品格，面对诘责不自弃，面对挫折不气馁，面对失败不退缩，推动红十字事业向更高水平、更深层次发展。

学习亨利·杜南，就要学习他甘于奉献的精神。亨利·杜南为红十字事业献出了毕生的精力和全部的财富。家业兴旺时，他仗义疏财，自掏腰包，为人道主义事业奔走；穷困潦倒时，他节衣缩食，隐居民间，却从未放弃对红十字运动的追求。我们要学习亨利·杜南甘于奉献的精神，以弘扬人道精神为己任，以改善最易受损害群体的境况为己任，兢兢业业，默默工作，不谋私利，淡泊名利，远离功利。

学习亨利·杜南，就要学习他追求和平的执着。亨利·杜南憎恶战争，倡导保护，不懈努力于把战争对人类的伤害降到最低程度。他崇尚和平、热爱和平，一生致力于人类和平进步事业。我们要学习亨利·杜南追求和平的执着，积极传播人道理念，积极参与民间外交，积极支持国际救援，积极响应“一带一路”倡议，为构建人类命运共同体贡献红十字人的力量。

学习亨利·杜南，就要学习他尊崇文明的思想。1868 年，亨利·杜南积极参加《国际世界文丛》的创办工作，他在给母亲的信中写道：“这涉及组织和出版一套尽可能完整的所有时代、所有国家的流传下来的经典丛书……埃及古代文化、中国古代文化、印度古代文化。”亨利·杜南还积极推广成立类似世界图书馆的机构。他是全球各种文化相互尊重的倡导者和传播者。我们要学习亨利·杜南尊崇文明的思想，在参与红十字国际交往与合作中坚持和而不同，尊重世界文明多样性，以文明交流超越文明隔阂、文明互鉴超越文明冲突、文明共存超越文明优越，为推动建设相互尊重、公平正义、合作共赢的新型国际关系贡献红十字运动的力量。

中国红十字会是国际红十字运动大家庭的重要成员，也是国际红十字运动的一支重要力量。今天，我们学习亨利·杜南，既是为了向人类历史上最伟大的人道主义者致敬，也是为了更好地推动新时代中国特色红十字事业的科学发展，在人道领域树立起中国负责任的世界大国的形象，为国际红十字运动贡献中国智慧、中国样板、中国方案。

习近平总书记指出：“红十字不仅是一种精神，更是一面旗帜，跨越国界、种族、信仰，引领着世界范围内的人道主义活动。人道主义事业是全人类共同的事业，相信红十字精神将不断发扬光大。”奋进道路上，我们要铭记亨利·杜南的名字和精神，让红十字运动倡导的人类社会美好前景在中国大地上生动展现出来，在世界范围内生动呈现出来！

（作者单位：浙江省红十字会）

下活新时代人道资源动员这盘棋

——湖北省红十字会人道资源动员工作探索

涂文涛

党的十九大报告指出：完善公共服务体系，保障群众基本生活，不断满足人民日益增长的美好生活需要。社会服务领域基本公共服务的目标是满足特殊困难群体生存发展的基本需求，这与红十字组织着力改善最易受损害群体境况的宗旨高度契合。习近平总书记在接见中国红十字会第十次全国会员代表大会代表时要求，“增强责任意识，真心服务群众”。增强责任意识落实到行动上，就是要大力动员人道资源，帮助更多困难群众和弱势群体。

人道资源是红十字事业的“富矿”与动力源，人道资源动员是红十字事业发展的“源头活水”。当下，只有下活人道资源动员这盘棋，才能有力助推红十字事业的发展。

以搭建专业平台为纲

纲举目张。人道资源动员要有好的理念引领、好的组织架构、好的动员队伍，但关键是要有好的平台。一个专业化的平台，能够为人道资源动员奠定坚实的基础。

搭建人道资源动员平台。近年来，湖北省红十字会以提升社会化、专业化、国际化水平为目标，加强制度建设、信息化建设、教育培训和互动交流，走出去、请进来，着力搭建人道公益募捐、人道救助服务、志愿组织活动和国际交流合作四个平台，对人道资源动员起到了较大的推动作用。

精心策划人道公益产品。湖北省红十字会一方面深耕“博爱家园”“博爱卫生站”“博爱送万家”“景区红十字救护站”等现有项目；另一方面，借鉴省外、国外经验，聚焦特定领域，探索全新公益产品模式，先后推出或参与“爱相守”关爱农村留守儿童志愿服务活动、“博爱心语”爱心企业家座谈会、“生命相髓”见面会、“众筹扶贫大赛”等新公益项目，打造湖北红十字人道公益产品库，以“传统媒体+新媒体+自媒体”的模式加以推介。

着力培植人道公益品牌。品牌建设必须遵循其建设规律与路径，各级红十字会只有把核心业务、特色工作融入公益项目建设中，才能在项目策划中培植新品牌，在项目实施中提炼工作亮点，实现差异化发展，做到“人无我有、人有我优”。

人道品牌是红十字事业发展的无形资产。近年来，湖北省红十字会弘扬“博爱”、护佑“天使”、孝敬“老人”、助力“圆梦”、精准扶贫、“救”在身边，不断巩固提升人道公益品牌。

专注于对捐赠人的服务。湖北省红十字会落实“五个服务”：反馈服务，及时向捐赠人反馈捐赠款物使用情况，邀请捐赠人回访、探访；查询服务，完善省红十字会捐赠信息平台，提供捐赠及执行信息便捷式查询服务；捐赠服务，建立完善捐赠大厅，提供专业、热情、周到的捐赠服务；宣传服务，邀请社会媒体，在省红十字会门户网站开设《博爱档案》专栏，讲述捐赠故事，传播博爱精神；答谢服务，举办“博爱之夜”答谢晚会，褒奖爱心组织、企业和公益达人，为杰出爱心企业颁发奖牌。

以完善体制机制为要

人道资源动员是一项系统工程，有一套与时代格局匹配的体制机制，才能推动其良性前行。

完善制度法规。无规矩不成方圆，建立一套完善、可操作的筹资制度体系，是推动人道资源动员工作持续有序开展的基础。在政策上，早在2012年，湖北省红十字会便争取省委、省政府在全国率先出台《关于加强新时期全省红十字会工作的意见》，明确了建立可持续筹资机制的具体要求；省政府出台《湖北省人体器官捐献救助基金使用管理办法》，随后又制定了《湖北省人体器官捐献管理中心执行湖北省人体器官捐献者家庭困难救助基金细则（试行）》。在规划上，省红十字会两度联合省发改委发布《湖北省红十字事业发展五年规划》，就人道资源动员等工作提出全省的顶层设计。在制度上，省红十字会先后就款物捐赠、捐赠者激励、捐赠物资需求征询、合作接待等方面制定、完善制度。

建立四级网络。全省建立了省、市（州）、县（市、区）红十字会和社区红十字服务站四级工作网络；与基层红十字会签订目标责任书，下达筹资及签订战略合作协议指标；发展艺术家、驻汉爱心企业党群部门人员、主流媒体志愿者代表组建“博爱心语志愿服务队”。

承接政府购买服务。政府购买服务是红十字会募捐筹资的重要渠道。湖北省红十字会在开展“三救三献”、募捐筹资、志愿服务等核心业务中积极承接项目，不断提升承接公共服务的能力，激发人道公益事业内在活力；聚焦红十字运动宗旨，重点在关爱“一老一少”、防灾减灾、“三献”困难者救助、生命健康安全教育等领域承接项目，开展具有红十字特色的服务工作；厚植红十字会专业化、社会化、国际化优势，探索承接公益慈善领域公共服务的有效方式，完善机制，主动作为，促进人道公益事业健康、有序、快速发展，改善公共服务供给。

提升公信力。湖北省红十字会坚持把握好四个关键词：“公开”，建立募捐筹资信息系统，向社会公布募集款物使用情况，向捐赠方反馈相关信息；“规范”，制定重要事项行动计划和实施方案，构建长效机制，打造“严谨、规范、高效、专业”的红十字队伍，提升人道资源动员能力和人道服务水平；“第三方”，引入第三方伙伴，对基层红十字会年度工作目标进行督导、检查，对人道项目进行审计和绩效评价，优化工作流程，强化内部管理；“故事”，讲好红十字故事，传播红十字好声音，打造看得见、有感觉、敢放心、广传颂的红十字“四维”公信力。

落实六项监管。遵守捐赠人意愿，落实捐赠款物；落实《湖北省红十字会捐赠物资需求征询规定》；遵循募捐款物分配方案集中决策制度；签订由捐赠方、基层红十字会和受捐方参与的三方协议，确责、履责、追责；落实向捐赠方反馈项目执行情况；严格落实筹资项目绩效管理。实现每一个红十字项目、每一笔善款、每一笔物资都能经得起历史与时间的检验。

以创新宣传传播为魄

人道资源动员不是依靠组织的健全和队伍的庞大取胜，而是依靠人道精神、文化、宗旨的迷人魅力征服他人。因此，传播工作尤为重要。

探索传播有效途径。新时代红十字事业发展尤其要探索利用平面媒体、新媒体、自媒体、社交媒体等多种形式扩大宣传。近年来，湖北省红十字会在省电视台公共频道开设《博爱荆楚》电视专栏，让红十字服务的报道每周日晚都有呈现；官方微信公众号“博爱荆楚”在腾讯平台建立同名企鹅号，并实现信息发布一键同步；先后举办“人道的絮语”“水墨故事　人道荆楚”“因爱不凡·朗读者”三届红十字故事汇；连续两年举办“博爱之夜”答谢晚会，央视新闻+直播观看共17.2万人次，有4788人点赞；与省电视台联手举办“万众一心、风雨同行”大型赈灾晚会；在世界红十字日开展“首届最酷小红人挑战赛”；在99公益日，湖北省红十字基金会利用社交媒体策划“爱心接力”公益直播活动；还与相关机构联办2017年度“为爱行走·益动江城”大型徒步公益活动、“守护大病儿童，我们携手与共”主题公益讲座和互助活动。

构建宣传大格局。湖北省红十字会努力构建“三联”机制：与文明办、团委、教育等部门联动，建立红十字志愿服务运行长效机制；与政府有关部门联促，争取对红十字志愿者的奖励政策；与宣传部、文明办等部门联赞，弘扬人道、博爱、奉献精神。同时，印发“意见”指导全省红十字会系统构建“全方位、多层次、立体化”的大宣传格局。

加强宣传策划工作。湖北省红十字会争取党委宣传部、文明办、网信办的支持，邀请主流媒体，捕捉故事、挖掘故事、创作故事、传播故事；探索与科研院所互挂牌子，合作开展红十字文化课题研究和教育培训；打造党报专栏+电视专栏+电台专栏的“专栏”叠加模式。

打造人道宣传品牌。近年来，武汉市“博爱江城”微信公众号，吸引了百万“粉丝”；襄阳市讲述人体器官捐献典型事迹的大型纪录片《生死接力》，感动无数网友；荆州市《好人开讲》之“人道暖流”在当地掀起红十字热。

多维度打造暖新闻。聚焦爱心组织、公益达人、志愿者和“三献”人物，吸引媒体以大视野、大策划、大报道、大手笔讲述红十字故事。壮大新闻宣传志愿服务队、新闻发言人队伍和人道信息员队伍，完善省、市、县三级宣传网络。突出“世界红十字日”“世界急救日”“国际志愿者日”等重大节庆日，组织主题宣传、专题宣传，借智借力、主动发声。

以创新筹资模式为尺

人道资源是为红十字人道救助工作和人道服务工作所提供的财力、物力、人力等各种资源的总称。

从当前工作形态看，人道资源动员呈现在五个方面：生命救助资源，指“三献”资源；赈济帮扶资源，指“三救”资源；志愿服务资源，指广泛开展富有红十字特色、聚焦人道传播、保护生命与健康、服务社区治理和促进文明和谐的志愿活动；公益活动保障资源，指向社会借智借力，包括争取款物支持、创意与策划支持；争取政府资源，精心设计既便于政府购买又便于公众参与的人道公益项目，当好政府人道领域助手、政府购买服务的合作伙伴。

随着人道资源被重新定义，原有筹资模式难以适应和满足新时代红十字事业的发展需要，必须要观念更新、模式创新、宣传出新。

探索“协议模式”。聚集闲置的社会人道资源，动员和凝聚社会爱心力量，激发社会责任投向红十字人道领域，主动与社会组织、企业、媒体建立长期友好合作关系。湖北各级红十字会通过举办“博爱心语”爱心企业家座谈会，广泛签订人道公益战略合作协议，扩大人道资源的“朋友圈”。

探索“互联网+公益”模式。利用网络技术手段，针对特困群体开展募捐救助。近两年，通过湖北省红十字基金会为主的平台进行捐赠的群众超过 15 万人次。2017 年“扶贫日”期间，全省各级红十字会抓基础、建网络，抓重点、重成效，广泛发动，促进社会爱心力量向贫困地区、贫困人口整合。

探索“主题模式”。设计人道公益项目，解决特定方面的人道诉求。通过爱心引领，营造社会口碑，推动形成社会化、多元化筹资格局，有效动员更多社会力量支持参与红十字人道事业。

探索“平台模式”。致力于探索形成可在全省范围复制和拓展人道资源动员工作的牢固平台。基于省红十字基金会网络筹资管理平台，向基层各级红十字会分享公募权，让他们获取理念、运行经验及团队人力等支持。

近年来，湖北还相继策划了“圆梦助学”“关爱失智老人”“红筷行动”等项目，建立了“燚公益博爱基金”，为人道资源动员工作发挥了探索与牵引作用。

对红十字会而言，筹资既是一项法定职责，又是一种工作形态，还是一种人道思想。只有全面推进组织体系、运行机制、监督方式、筹资模式、管理工作、传播工作改革创新，激发红十字事业发展的内生动力，才能形成制度完备、机制科学、模式创新、管理顺畅的人道资源动员工作格局，实现凝聚人道力量、整合各方资源、沟通协作推进、共建人道平台。

（作者单位：湖北省红十字会）

抓好舆论宣传　释放人道能量

张春中

信息宣传工作是舆论工作的基本抓手。在信息化高度发达的今天，红十字会是在“聚光灯”下工作。就个人而言，应该“多做少说”；对于单位而言，既要埋头苦干，也要“抬头吆喝”。这是争取社会支持、更好推动工作的现实需要。笔者认为，当前和今后一段时间，各级红十字会要以抓舆论宣传工作为切入点和突破口，实现红十字事业快速发展、健康发展和科学发展。抓舆论宣传工作，必须着重抓好以下三点。

一、抓信息宣传，抢占舆论高地

拿破仑有言：“一支笔杆子胜过两千条枪。”曾身陷“水门事件”的尼克松更有体会：“三份不友好的报纸比一千把刺刀还可怕。”这都说明了信息宣传工作的重要性。

一要加强重点宣传。奥巴马在第二届总统任期就职仪式上曾讲道：“作为美国公民，有义务塑造我们的时代辩题，不仅是通过我们的选票，而且要为捍卫悠久的价值观和持久的理想发声。”作为红会人，自然也要为捍卫红会悠久的文化和价值观而发声。这就要求我们要注重加强与主流媒体的合作，借助高端媒体的辐射面和影响力，强化宣传效果，提高知晓度，以起到事半功倍的效果。我会注重加强与省级以上主流媒体的合作，宣传信息除在我会网站、简报和“山东红会微信群”发布外，还充分发挥省级红会承上启下、沟通便捷的优势，将优秀信息向省级及以上主流媒体推介，达到了一个拳头出击提升影响力、遍地开花扩大覆盖面、集中宣传助推“博爱齐鲁”的良好效果。在总会新闻报道量全国分省排行榜上，我省长期位居前列，“中国人道网”投稿量则始终高居全国第一，“山东故事”“红会声音”影响广泛。

二要推动典型宣传。榜样的力量是无穷的。推动典型宣传，既是时代要求，也是红会着眼“凝聚人道心、共筑中国梦”的长远目标。红十字会是精神文明建设的生力军，宣传典型、树立榜样，弘扬真善美、传播正能量，是红会义不容辞的职责。因此，红会必须持续开展本系统的先进事迹和优秀典型推荐宣传活动，讲述红会故事，唱响红十字好声音，强化宣传效果。近年来，我会在全省范围内持续开展红会系统先进典型宣传推广活动，借助省及省级以上主流媒体，对济南市十佳优秀公务员、济南市红会秘书长刘成海，淄博市服务群众好书记、市红十字会秘书长王胜增，无棣县红会博爱家园建设等优秀典型和先进事迹进行全面深度报道。还以我省第34届、第40届南丁格尔奖章的获奖者李桂美、刘振华为榜样，进一步挖掘其先进事迹并通过主流媒体及我会网站进行宣传推广，在社会上倡树奉献精神和文明意识，引起强烈反响。

三要完善阵地建设。宣传阵地既是红会的“根据地”，也是红会人的“精神家园”。一方面，我们必须做到守土有责、守土负责、守土尽责，重视并加强阵地建设；另一方面，还要适应现代技术迅速发展的状况，积极推进传统媒体与新兴媒体的融合，拓宽宣传渠道，让红会的人道理念在全社会深入人心。我会向来重视省红会网站宣传平台的管理工作，实现了捐赠款物和工作信息的及时发布，并及时回答网友关切，与百姓的沟通交流更加顺畅；建立“山东红会微信群”，全省各市红会常务副会长和省红会机关各室办负责人加入，促进了工作交流、提高了工作效率、节约了办公成本；每年定期制作、更新我会宣传片，使之在内容上始终保持与时俱进；通过创新设计制作年报等方式，不断拓展发送渠道，扩大阅读群，收到良好宣传效果。

二、抓新闻发布，传播红会声音

艾森豪威尔讲过：“1美元的外宣费用等于5美元的国防费用。”这从一个侧面反映了对外宣传的重要性。新闻发布是对外宣传和舆论工作的重要平台。定期举行新闻发布会，是推介红会工作、回应社会关切、加强沟通交流的有效机制。做好新闻发布工作要注意以下三点。

一要形式多样。新闻发布工作必须坚持“统一领导、归口管理”的原则，按照“权威、及时、准确、灵活”的要求开展工作。新闻发布的形式不一而足，可以因事、因时采取新闻发布会、新闻吹风会、新闻背景通气会、媒体座谈会、网络发布等多种方式进行。

二要精心筹备。要研究分析外部舆情，对需要发布信息、澄清事实或加强宣传的新闻事件，提请新闻发言人对外发布信息。要梳理内部工作情况，就本单位相关部门提出的新闻发布需求对外发布信息。要拟订新闻发布工作计划、策划方案，会同相关业务部门起草新闻发言稿。要协调相关部门和单位参加发布活动，邀请相关新闻媒体采访报道。面临重大问题、敏感问题，涉及全局性、综合性的信息，要提交执委会审定后再由新闻发言人对外发布，以保持口径一致。

三要跟踪评估。新闻发布会结束并不是新闻发布工作的终点，接下来要继续做好跟踪评估。要跟踪媒体报道情况和社会舆论反应，开展新闻发布效果评估，向新闻发言人反馈信息，提出工作建议。我会建立了新闻发言人制度，每年以“5・8”世界红十字日或重大活动日为时间节点，重点发布山东红会工作成绩，集中传播发展规划、服务内容、文化理念等核心价值观，同时针对社会舆论关注的热点和难点问题，及时发布权威信息，进行答疑解惑。2017 年底，针对我省红十字蓝天救援队队长王骁宙支援菲律宾救灾事迹等举行专题新闻发布，形成了省级媒体竞相报道的良好态势，社会反响强烈。

三、抓网络舆情，引导公众认知

抓网络舆情目前已成为舆论工作的主渠道和“命脉”。网络舆情形成迅速，对社会影响巨大，被公认为是继报纸、广播、电视之后的“第四媒体”。网络舆情突发事件如果处理不当，极有可能误导公众认知，进而诱发民众的不良情绪，引发群众的违规和过激行为，对社会稳定造成严重威胁。目前，网络已成为反映社会舆情的主要载体之一。2011 年的“网络事件”，更让我们对网络舆情的蔓延速度和影响程度有了刻骨铭心的认识。抓网络舆情，必须做到以下三点。

一要快速反应。俗话说，“真理还没有穿上鞋子，谣言已经走遍全世界”。这形象地说明了谣言传播速度之快。网络舆情一旦发生，要在第一时间亮明旗帜、针锋相对、坚决澄清、拨乱反正、还以清白，绝不能等待观望、避重就轻、虚与委蛇，让谣言持续发酵，否则必将处处被动、难以收拾，结果是声誉受损、回天乏力。“网络事件”发生之初，我省部分不明真相的媒体转发、刊载有关红会的负面消息。对此，我会迅速上门找到相关媒体负责人，耐心向其讲明“网络事件”的真相，赢得媒体理解，并通过他们为红会“拨乱反正”。之后，山东省内各媒体便再无相关不实报道。

二要讲究策略。要建立健全与党委政府及宣传、网络、公安等部门联动的舆情处置工作机制，按照统一领导、分级负责、属地管理的原则，及时启动应急预案，“一把手”牵头负责应对处置舆情。要准确把握国内舆论的结构特点，敢于应对、善于应对，借助各种媒体，用事实说话，澄清不白之冤。必要时可请专家学者出来发表意见，客观公正地讲清道理，把国际通行的规则和惯例告诉社会公众。同时也不能护短，有错误有不足就坦率承认、迅速改正、严肃处理。

三要掌握主动。提高管理和应对网络社会的水平，增强主动性、掌握主动权、打好主动仗，帮助网民和群众划清是非界限、澄清模糊认识。2017 年，有一网名为 booking521 的网民曾在“天涯论坛”两度发帖，举报曲阜一“红会冠名医院”长期闲置、浪费公共资源。我会迅速与当地党委政府及相关部门取得联系，由官方第一时间发帖做出解释，澄清该医院早已取消红会冠名，并解释闲置原因，赢得了广大网民的理解。

（作者系山东省红十字会办公室主任）

构建监事会制度模式的边际性问题

孟纬鸿

自2017年5月8日正式实施的新《红十字会法》中，共有18个条款涉及重要修改或补充，其中增设监事会机构、优化内部治理结构是最受业内外关注的制度设计。按要求新法施行后需要换届的地方各级红十字会都要同步选举产生监事会机构，但目前在操作层面上尚无统一模式，而且全国3000多个地方红十字会在组织架构、管理模式等方面也不尽相同，特别是县一级的红会基础还很薄弱，多数不具备设立执委会的条件，面临的制约更多。如何在新法的总体框架下，科学设置监事机构，构建全新的监事会制度模式，以进一步完善内控机制、优化治理结构，确需处理好一些边际性问题、厘清相互关系。

一、治理结构的优化及其管理学意义

设立监事会是优化红十字会治理结构的重要举措，也是监事会制度模式的科学化、法定化。《国务院关于促进红十字事业发展的意见》明确指出：有效的监督是红十字事业健康发展的重要保证，要建立法律监督、政府监督、社会监督、自我监督相结合的综合性监督体系。新《红十字会法》对此做出法定性规定，要求“各级红十字会设立理事会、监事会”，明确“理事会、执行委员会工作受监事会监督”。可见，在各级红十字会增设监事会，既是红十字会健全自我监督机制、促进治理结构科学化的本质要求，又是对国务院《意见》精神的法律固化，属于国家治理体系和治理能力现代化战略的题中之义。

按照管理学原理，任何一个管理系统都是由决策机构、执行机构、监督和反馈机构等部分构成，一个完整的管理过程必须是一个连续封闭的“回路”。红十字会治理结构同样必须是一个完整的管理系统，决策中心（会员代表大会）是治理体系运行的逻辑起点，其指令一方面下达

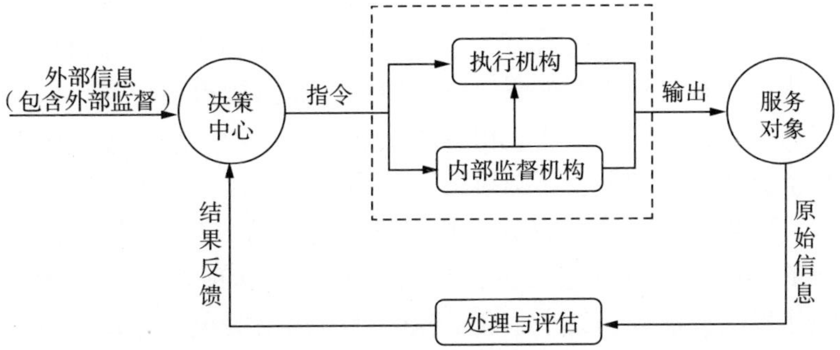

给执行机构（理事会、执委会）予以执行，同时又发送给监督机构（监事会）以监督执行情况，并统一作用于服务对象；执行结果输出反馈给决策中心，决策中心根据运行结果，结合外部信息（如新部署、新要求，以及外部监督信息的反馈），对管理系统进行校正与优化，再发出新的指令，进入新一轮管理循环。这样，红十字会的管理运行活动就形成了一个封闭的回路，在此回路中管理活动循环往复运行，系统整体功能得以有效发挥，并不断优化。因此，构建新的监事会制度模式是遵循管理原理的科学设计，这是其本质内涵，也是红十字会内部治理结构科学化的有效路径，必须坚定不移地加以推进。

二、监事会职能配置与内控机制的法定化

按照《红十字会法》对监事会的总体设计，监事会由会员代表大会选举产生，监事会职责应主要体现于以下三个层面：一是对会员代表大会负责，向会员代表大会报告工作，并接受会员代表大会监督；二是列席理事会、常务理事会、执委会的会议，并对会议议题、程序和决议决定的合法性、有效性提出质询或建议；三是履行闭会期间的监督职责，这是监事会履职的重点难点所在。这种监督职责具体包括监督理事会、常务理事会和执委会遵守法律法规、红十字会章程、相关制度规定，执行会员代表大会决议；审核理事会年度决算，检查财务及其公开情况，考察评估重点项目和重要活动，以及对红十字会工作提出批评意见和建议，协调处理违规问题，等等。这些都应是过程性的监督。

显然，监事会制度是红十字会自我监督职责的法定化，属于内控机制的完善和补充，并非对包括法律监督、政府监督、社会监督等其他监督形式的替代或排斥，更不同于此前探索建立的“社会监督委员会”。它属于综合性监督体系的自我监督部分，这是一个必须厘清的关键性边

际问题。因此，这种内控机制既是全过程、全覆盖的，同时又是有边际的；既是独立职能，又不可孤立运行。自我监督必须与社会监督、政府监督和法律监督等外部监督既厘得清职责，又衔接得住责任，这是需要处理好的关系，需要探索建立相应的制度与流程。此外，监事会在做好内部日常监督的基础上，还必须做好外部对接工作，如撰写年度监察工作报告，通告理事会并向有关业务主管部门报告；检查财务会计资料，或委托依法设立的独立第三方机构对财务收支和项目执行情况进行审计；对违反法律法规、红十字会章程的理事提出罢免等建议；向上级主管机构及其他有关部门反映所辖红十字会的异常情况，或同时提出相关建议等。

三、监事会的产生及其办事机构的设置

由会员代表大会依法选举产生的监事会无疑属于各级红十字会的内控机构，但目前新《红十字会法》对监事会制度模式尚未做出具体规定，只笼统地明确监事会监督理事会、执委会工作，在监事会的工作职责、履职方式、组织构成等方面都缺乏具体指引。现实中，地方各级红十字会的组织规模、人员构成、管理水平不尽相同，特别是县级红十字会有的体制还不顺，机构不健全，人员编制严重不足，日常运行都有困难，如何设立规范有效的监事会机构？因此，监事会机构设置需要适当分层，分类指导，但总体上为确保监事会监督职能有效履行，特别是过程性监督常态化，各级都必须配置监事会专门办事机构或工作人员。

为确保监事会机构顺利设置并有效履职，需要在以下方面进一步明确：一是在构建模式上，设立总会和省、市、县各地方红十字会，乃至基层组织的、分层级的属地化监事会制度体系。二是在隶属关系上，各级监事机构按所在层级承担主体监督责任，上级对下级履行业务指导职责，以利于全行业在监督工作上的统一性、标准化。三是在组织架构上，县级及以上地方红十字会必须设立监事会及其工作机构，要内设专门机构、有专职人员，其中县级不少于1名专职人员，地市级需增设监事会办公室，配备1名专职副监事长和1~2名专职工作人员。要以新法施行为契机，积极争取机构编制和组织人事部门，核定相应机构编制，配备专职人员。四是在职责履行上，重在内控、监在过程，特别是闭会期间的监督，要细化职责、建立制度、完善机制、规范流程、强化过程、形成常态。

四、监事会制度模式与党内监督的融合推进

通过构建监事会制度模式，形成法律监督、政府监督、社会监督、自我监督相结合的综合性监督体系是优化红十字会治理结构的法定要求，与此相对应的党内监督则是指党的组织和党员干部自身的监督，是各项监督形式中最基本的、第一位的监督。而如何把党内监督与红十字会综合监督体系在更高层面上融合推进，更是“全面从严治党”的战略布局在红十字会系统的有效落实。《中国共产党党内监督条例》对党内监督做出顶层设计和制度安排，旨在从制度机制上推进党内监督制度化、规范化、程序化。随着红十字会管理体制的理顺，各级红十字会机关党组织不断健全，党员干部占比也相当高。在这里，监事会的监督对象与党内监督对象有很大的重合度，监管目标也具有同向性，监督方式都是全程性、常态化的，因而工作上也必须融合推进。必须把监事会制度模式与各级红十字会机关党的工作，特别是党内监督工作、党组（党委）主体责任、纪检组织监督责任等有机结合，并统一于“全面从严治党”全过程。

按照机关党建“服务中心、建设队伍”的基本功能定位，把党内监督八个方面的具体内容与红十字会监事会制度模式相互融合渗透，一方面不断强化机关党员干部的教育教化，坚持教育、制度、监督三者并重，构筑反腐防线，强化党员干部对理想信念的坚定性、对党纪法律的敬畏心，提高内心纯洁，激发内心自觉，最大限度地激发党员干部的个人潜能和奉献意识，并外化为干事创业的强大力量，最终实现机关作风、效能的整体优化；另一方面，监事会在具体监督工作上，要主动对接，如发现党的领导干部违反党规党纪，需要党组织处理的，应及时向有关党组织报告，财务审计中发现党员干部涉嫌违纪问题线索，应当向同级党组织报告，必要时向上级党组织报告，并按照规定向相关纪律检查机关移送问题线索，等等。

构建监事会制度模式是一项法定性任务，更是一项探索性的工作，需要进一步研究探讨的问题还很多，期待着将要出台的《中华人民共和国红十字会法释义》和重新修订的《中国红十字会章程》对监事会的组织架构、机构编制、工作职责、履职方式，以及不同层级监事会机构设立模式及相互关系等有更明确的指引，以保证全行业的规范统一。

（作者系江苏省南通市红十字会党组成员、秘书长）

红十字组织参与基层治理的实践与思考

郑　杰

中国红十字组织是从事人道主义工作的社会救助团体，是党和政府在人道领域联系群众的桥梁和纽带。2018年以来，绍兴市红十字会确定“红十字组织参与城乡基层治理”这一调研课题，并通过设计问卷对全市进行分层抽样调查和走访。通过实地调研和数据分析，我们认为，红十字会“三救三献”的职能与基层治理“三治融合”的要求相互补充、相得益彰，构成了红十字会参与城乡基层治理的重要依据和条件。

一、参与城乡基层治理的主要优势

绍兴是全国最早建立红十字组织的地市之一，红十字会机构改革起步早、力度大，理顺体制十分彻底，组织构架基本健全，人员配置相对较强，加之不断积累的人道工作品牌，已经得到了全市群众的信赖和支持。

（一）组织体系较为健全

2007年，市级红十字会从卫生行政部门独立，定性为正县处级群团部门。2010年，在全省率先彻底理顺县级红十字会管理体制。目前，已形成市和区、县（市）、乡镇（街道）“三位一体”的组织架构体系，建成乡镇（街道）红十字会118个，建会率100%，发展成人会员32374人，累计发展各类志愿服务组织257个。

（二）人道资源实力雄厚

人、财、物是重要的红十字人道资源，是提高基层群众“三感”的重要支撑。绍兴红十字会自独立以来，累计建立救助项目100余个，募集爱心资金逾亿元，救助近10万人，一大批因病因祸因残致贫返贫的基层群众受益。仅2018年“博爱送万家”项目，全市就投入355.96万元，使3614名陷入困境的群众获益，化解了不少贫困所致的矛盾。

（三）社会群众认同度较高

群众“知晓度”是参与社会治理的前提和条件，绍兴市群众对红十字会了解程度较高。调查显示，全市城乡居民对红十字会的知晓率达85.83%；79.17%的群众认为参加红十字会的活动有益于关爱他人、奉献爱心；62.50%的群众表示愿意成为红十字会会员或志愿者；70.83%的居民表示愿意通过红十字会进行募捐救灾。因此，绍兴市红十字组织的社会认同度较高，参与城乡基层治理具有深厚基础。

（四）人到服务成果丰硕

红十字会按照立足基层、重心下移的要求，在开展乡村振兴、创建和谐社区、推动创建平安社会中创造了不少工作品牌。一是探索“美丽乡村—博爱展示带”建设。已成功建成6条展示带，营造新时代“博爱家园”，努力打造农村红十字工作的“新样本”。二是探索形成城市社区红十字“文化圈”。在全省率先建成城市中心“红十字文化主题公园”，并在其周围建设红十字模范校、社区红十字服务站，通过参与居家养老服务中心、融入党群服务中心，形成社区红十字“文化圈”。三是将红十字会参与养老服务的试点落实在基层。推荐选出91家基层养老机构作为红十字会参与养老基地，并建立5个示范基地、20支敬老志愿服务队，设立了两个100万元的博爱助老基金、博爱大病救助基金。

二、当前存在的主要问题

绍兴市红十字会参与城乡基层治理还处于实际探索阶段，不少好的工作经验成果没有系统总结、梳理和推广，缺少由“盆景”向“风景”转变的引导和推动机制。

（一）工作创新仍显不足

红十字工作“上面热热闹闹、下面冷冷清清”的现象普遍存在，不少乡镇红十字组织自主开展活动少，被动应付上级任务多，更谈不上主动参与基层治理等工作。调查中发现，红十字会参与城乡基层治理的手段主要局限在重要时间节点的宣传活动与单一的志愿服务等方面。

（二）基层基础仍然薄弱

当前，绍兴市建有村级红十字组织的只占全市 2400 个行政村的 5%，且大多数基层组织的主观能动性不足。调查发现，仍有约 15% 的居民不了解红十字组织；有约 14.17% 的群众认为，影响开展红十字活动的因素在于周围缺少平台、没有氛围。

（三）群众自觉参与热情仍待激发

近年来，绍兴市群众参与红十字活动的热情在不断高涨，但付诸行动的不多。调查显示，有 79.55% 的群众认为由于工作繁忙等因素影响成为会员或志愿者，甚至 22.73% 的人认为无兴趣加入。这说明绍兴市群众参与红十字工作的自觉性、主动性仍有待激发、引导。

（四）政策优势仍显不够

从全国、全省的顶层设计来看，尚缺少红十字组织参与基层治理工作的刚性指导意见和政策措施，缺少可以借鉴的模式。现有的政策文件往往是原则性强、大而全，缺少可操作性和具体化的条款，不够接地气，特别是缺少多部门合作、上下协调一致的联动共享机制。

三、意见建议

（一）加强政策扶持

一是完善顶层设计。争取将“红十字参与城乡基层治理”纳入加快推进城乡基层治理体系建设的重要范畴，与工、青、妇组织一视同仁。积极与牵头部门、兄弟单位或其他社会组织密切联系，把此项内容纳入指导性文件（如市农办将应急救护取证培训纳入“千万农民素质提升工程”、将红十字工作列入“乡村振兴三年计划”）。二是注重规范引导。对于参与城乡基层治理的各类红十字组织，均要严格按照《红十字会法》和章程进行严格管理，特别是要加大对项目资金运作进行监管，进一步提升红十字会的公信力。三是建立激励机制。对志愿者通过免费购买保险、积分奖励、定期走访慰问等形式加以关爱，积极推荐并为之争取各类先进和荣誉称号，以充分调动志愿者的各种积极性，形成共治、共建、共享的合力。

（二）夯实基层基础

建议采取分类指导、分层推进的方法。一是对经济条件、工作基础较好的村（社区），严格按照《红十字会法》和章程的规定，组建红十字会，配备1名以上专兼职人员，定期开展与“三救三献”核心业务有关的活动，因地制宜创建红十字会参与城乡社会基层治理的样板。二是对经济条件一般、工作基础一般的村（社区），鼓励通过发展红十字会员、志愿者等形式，逐步推动红十字组织和志愿服务团队建设，支持多村（社区）联合组建红十字基层组织，逐步推进红十字会参与城乡基层治理的活动。三是对经济条件和工作基础薄弱的村（社区），加强指导，注重扶持，可通过帮助申请“博爱互助金”项目、定期开展扶危济困和志愿帮扶活动等，让群众在获得中感知红十字会参与基层治理的工作。

（三）完善服务载体

一是巩固传统阵地。完善“美丽乡村—博爱展示带”的博爱家园和红十字“文化圈”等阵地优势，通过红十字进文化礼堂、党群服务中心、志愿服务博爱乡村行、参与养老服务等举措，有效实现资源下沉。二是探索多元化载体。空巢老人、留守儿童、各类残疾者等特定群体是当前基层社会治理的重点和难点，可以围绕这些特定人群，创造更多群众喜闻乐见的工作方式，如开展志愿帮扶、健康讲座、项目救助、心灵关怀等，为困境群体解难。

（四）推动合作共享

红十字会参与城乡基层治理要始终坚持党建引领、社会参与、全民协同。一是借助党群服务中心、社区服务中心、文化礼堂等阵地，将红十字工作站、服务站和救护培训、“三献”工作有机融入，提供有形服务载体。二是注重加强与其他群团、社会组织的联系联合，通过平台共建、资源共享、发展共谋等，推动红十字人道力量“落地生根”。三是积极打造红十字会参与城乡基层治理品牌，围绕特殊群体关爱、群众心理疏导、乡风文明倡导、和谐氛围营造等培育扶持一批先进典型，宣传推荐一批成功案例，形成红十字会参与城乡基层治理的经验典范。

（作者系浙江省绍兴市红十字会党组书记、常务副会长）

嘉定区红十字会专栏

依法建立全国首个区级“红十字会监事会”的实践与思考

王国忠　王舒艺

2017 年 9 月 5 日，上海市嘉定区红十字会第五次会员代表大会审议通过了《上海市嘉定区红十字会监事会设立办法（试行）》和《上海市嘉定区红十字会监事会工作规则（试行）》。以此为标志，自新修订的《中华人民共和国红十字会法》于 2017 年 5 月 8 日正式实施以来，全国首个依法选举产生的区级红十字会监事会就此诞生。

《红十字会法》从立法层面明确了红十字会要设立监事会的法规要求，但对如何建立监事会，则留下了诸多的空白。嘉定率先在全国“设立监事会”，是对《红十字会法》的积极落实和响应，是一个“拨开迷雾”的全新探索，是“由零到一”的历史性突破，也是智慧、勇气和力量的综合体现，更是理性思考和勇于探索的完美结合。

一、对设立监事会的价值思考

价值是对行动、行为的指导和引领。勾勒、筹建和实施嘉定区红十字会监事会的过程，是价值思考完善的过程，是凝聚嘉定人智慧、勇气和力量的过程，是敢为天下先、争当“第一人”和勇于实践的过程，其主要的内在动力和外在驱动表现在以下 4 个方面。

（一）学习贯彻《红十字会法》，推进组织和制度创新

新修订的《红十字会法》于 2017 年 5 月 8 日正式实施，新法对红十字会内部治理结构做出了新的法律规定，明确要求各级红十字会设立监事会，形成理事会、执委会和监事会权责分开的新的治理结构。增设监事会，是红十字会内部治理结构的一项重要改革，是推进红十字会组织和制度创新的一次探索实践。新法的颁布，为嘉定区红十字会探索、

创新治理结构提供了坚强的法律保障。

（二）深化改革面临历史机遇，公众期盼红会创新治理

上海既是中国红十字会的发源地，又是改革开放排头兵。当前，基层红十字会的组织建设与快速发展的红十字事业尚不能完全适应，尤其是内部治理结构和监督体系还不够完善，社会公众对红十字事业有着更高的要求和期待。2015 年 11 月，上海全面启动群团改革试点，上海市红十字会作为第二批 9 家群团改革试点单位之一，出台了《上海市红十字会改革实施方案》，将着力构建法律监督、政府监督、社会监督和自我监督相结合的综合性监督体系，这就为嘉定红十字会全面深化群团改革、探索创新治理结构指明了发展方向。

（三）领导高度重视大力支持，为依法制度创新提供支撑

嘉定在探索设立监事会的过程中，离不开中国红十字会总会和上海市红十字会的支持帮助，郭长江副会长代表总会亲自参加嘉定区红十字会第五次会员代表大会，并在讲话中提出希望嘉定探索监事会工作的有效机制，发挥好监事会的监督作用。翁铁慧副市长专题听取嘉定探索试点监事会工作的设想，鼓励我们先行先试，并给予了大力支持。市红会更是给予了全过程的悉心指导。此外，区委区政府高度重视区红会监事会的设立，统筹组织、纪检、编办、审计、财政、民政等各方面力量，通过一系列的制度创新，依法完成监事会的设立。

（四）适应时代和事业需求，完善红会内部监督机制

当前，基层红十字会的组织建设与日益发展的红十字会事业还不完全适应，尤其是内部治理结构和监督体系还不够完善。在新形势下，社会公众对红十字会有更高的要求和期待，公众对红十字会的“不信任感”客观存在，2011 年发生的“网络事件”对红会声誉的损害是重要原因。中国社会发展已经进入新时代，公众对公益事业的关注度和参与度日益提高，新媒体特别是自媒体的普及让各种质疑的声音有了“放大器”，严峻的挑战对中国红十字会的公信力建设提出了更高要求。

二、筹建监事会的过程和方案简述

设立红十字会监事会是一项全新的工作，自 2017 年 6 月起嘉定区红会开始启动该项工作。首先，在设立监事会前需要预先思考并澄清的问

题包括：设立红十字会监事会有哪些必备条件；红十字会监事会与现有其他监事会的区别；监事长的合适人选；监事长如何提名推荐、由谁委派、如何管理；首届监事会中的其他监事人选由谁提名推荐；如何体现权威性、专业性、代表性；为什么红十字会监事会需要专职监事；届中监事长、监事会成员如何增补；监事会的组织构成、工作职责、履职方式、监督方式、监督内容；监督会日常工作向谁汇报等。

在思考明晰上述问题后，嘉定区红十字会进入了拟定设立方案、依法选举产生监事会并同步完善人员配备环节。

（一）集合上下智慧，几易其稿确定方案

嘉定区红十字会根据《红十字会法》关于优化红十字会治理结构、健全红十字会监督机制的有关要求，初步拟定了试点设立监事会的实施方案，向总会、市红会、区委区政府进行了专题汇报，并多次与区委组织部、区编办等相关单位进行沟通。在获得了各级领导的明确指示后，区红会汇集了多个部门的意见建议进行修改调整，最终形成了《上海市嘉定区红十字会监事会设立办法（试行)》，对监事会的机构设置、产生方式、主要职责、议事规则、工作经费等 8 个方面予以明确，这就为监事会的成功设立提供了制度保障。

（二）无记名投票选举，依法产生监事会

2017 年 9 月 5 日，嘉定区红十字会召开第五次会员代表大会。191 名代表以无记名投票的方式，选举产生了由 5 名监事组成的嘉定区红十字会监事会。会议审议通过了《上海市嘉定区红十字会监事会设立办法（试行)》和《上海市嘉定区红十字会监事会工作规则（试行)》。

（三）遵循人员配备原则，形成监事会若干制度

按照“依法设立、党管干部、专兼结合、内部监督”的原则，经区委批准成立的嘉定区红十字会监事会由 5 人组成，设监事长 1 名、专职监事 1 名、兼职监事 3 名。监事会下设办公室，设于区红十字会机关，由专职监事负责日常工作。其中，监事长由区委提名推荐，职级与区红十字会常务副会长同级。嘉定区红十字会的首任监事长柏永明，先后在司法、纪检、审计等部门工作，担任过嘉定区纪委副书记、监察局局长、审计局局长，以及上海嘉定出口加工区发展有限公司监事会主席。首届监事会的其他监事人选由区红十字会常务理事会提名推荐，3 名监

事分别为人大代表、捐赠人代表和政府部门代表，均为热心红十字事业，具有良好公信力，且具备财会、审计、法律、民政救助等相关专业背景人员。以后的继任监事人选由上一届监事会提名推荐。同时规定，理事、理事近亲属和红十字会财务人员、核心业务工作人员不得担任监事。监事任期与理事任期相同。监事任期届满，可以连选连任。监事会成员若发生变动，由监事长提名增补监事人选，报区红十字会会长同意后，提交监事会会议审议通过。

三、监事会的主要做法和阶段性成效

新生事物具有旺盛的生命力。嘉定区红十字会监事会以社会大众的关注、关心和关切作为工作动力，积极有效地开展工作，已逐步显现出阶段性成效。

（一）开展主题培训，提升监事素质

全体监事的第一堂课是学习新修订的《红十字会法》。在苏州大学社会学院开展理论业务培训，专题学习新修订的《红十字会法》，邀请中国红十字会理事、红十字运动研究中心主任、苏州大学博士生导师池子华教授做专题讲座，并就红十字会依法设立监事会的相关要求、工作职责、工作思路、监督范围、监督方式等问题进行了热烈的交流讨论。监事会成员来自各行业，对红会工作了解不深，因此，监事会专门组织全体监事听取红十字运动的起源与发展、红十字会的核心业务和工作开展方式以及红十字会社会公信力的重要性等报告，通过学习了解，可以使他们进一步明确监督的意义和监督的重点。

（二）完善制度建设，规范监事守则

首届监事会的一项重要任务是建立严格的工作制度，保证各项工作不偏离制度的框子。监事会监督的目的是加强、提升红十字会的社会公信力，以此为宗旨，区红十字会监事会明确了如下制度：

一是明确监事会职责。监事会遵循“操作前制度在前、操作中公开透明、操作后有复核”的工作思路，对理事会贯彻落实《红十字会法》等法律法规情况进行监督；对理事会执行会员代表大会决议的情况进行监督；对理事会财政资金、人道基金使用管理和项目实施情况进行监督。

二是明确监督原则。合法性原则，依据《红十字会法》《中国红十字会章程》及相关法律、法规依法实施监督；及时性原则，发现危害或可能危及财政资金、人道基金运行安全的问题，及时提出预警和报告；有效性原则，落实财政要求，遵循捐赠单位、捐赠人意愿，突出重点，讲究工作方法，提高工作效率；不干预原则，不参与理事会日常工作，不干预理事会的管理决策。

以加强红十字会社会公信力为目标，在实际监督工作中又必须坚持透明性原则、可追溯原则、过程监督原则。透明性原则，人道资金（包括人道救助项目财政专项资金和红十字会人道救助基金），以及人道物资的进出、来源、用途及管理制度要在监督平台上全部公开；可追溯原则，人道资金、人道物资流向及业务操作重要环节要留下痕迹并建立档案，做到有据可查；过程监督原则，对人道资金、人道物资的使用管理和相关项目实施情况进行全过程监督。

三是明确监督方式。监事会通过列席会议、听取汇报、查阅资料、进行审计等方式开展监督工作，将监督结果及时报告区政府分管领导、区红十字会会长，并向理事会和会员代表大会报告。

四是明确会议制度。监事会在区红十字会会长的领导下开展工作，监事长主持监事会日常工作，其他监事按内部分工履行职责。监事会每半年召开一次工作会议，必要时可召集专题或临时会议，依法履行监督职责。监事会会议坚持民主集中制原则，监事会决议应经半数以上监事表决通过，并形成会议纪要。理事会在召开涉及监事会监督内容的会议时，需请监事会成员列席参加，并做好会议记录。

（三）实施有效监督，有作为有地位

2017 年 9 月监事会成立后，监事会和理事会多次召开会议沟通交流，协商明确工作目标，确定监督理念、监督思路，商议下一步具体的工作路径。成立至今，区红十字会监事会联合会纪检组共同针对人道救助基金及财政经费中用于人道救助项目的相关经费及各类制度进行跟踪监督，以“制度+科技”的方式开展监督，在四个方面有所成效：

一是助力制度完善，强化内部管理。监事会协助制定、出台人道救助项目管理规范文件，例如 2018 年上半年出台了《上海市嘉定区红十字会人道救助项目管理规范（试行）》文件。同时，逐步协助不断完善相关规章制度，包括信息公开制度、审计审核制度、档案管理制度等。

二是助推健全网络公示，强化公开透明。2018 年，区红十字会在原有

基础上扩大公开公示范围，在区红十字会政务网站上推出“公开公示”专栏，包括“救助规范、爱心榜、项目公示、审计公示”4个子栏目，将人道救助项目的制度及项目执行中的资金来源、发放、评估、审计过程全部公示，真正实现了过程全透明。每月10日，由专职监事监督平台信息的公开情况，对于未及时公开的内容，提醒相关业务条线及时更新。

三是联手开展项目督查，强化执纪监督。2018年，区红十字会监事会联合会纪检组对重点开展的9个人道救助项目进行监督，对每个项目梳理出了资金流程图，寻找项目实施过程中必须监督的关键环节，季度性监督9个人道救助重点项目的资金使用情况，制定《区红十字会人道救助基金预算落实执行情况表》，以年初听取资金预算、计划，年末听取执行情况通报的方式，定期对项目资金的运行情况进行把关。在及时明确第三方审计单位及审计要求、方案的基础上，尽快将《嘉定区红十字人道救助基金审计办法》落地生根，落实对每个项目的审计。

以“社区困难重度失智老人”项目为例，其大体的操作路径为：规范“社区困难重度失智老人”项目的审批制度，规定申请表必须逐级明确需签字的干部人选，层层压实责任。在资格审查中，村居红会干部签字后，必须由街镇红会干部进行实地查访，确认情况属实后报街镇红会分管领导签字、盖章，最后交区红会项目负责人审核全套材料后由区红会党组书记、常务副会长认定最终救助资格。同时，区红十字会结合对街镇的“大调研大走访”，针对该项目进行实地抽查；在检查项目执行情况的同时，听取受助对象的意见、建议。项目负责人定期下街镇进行项目督查，查看护理用品使用、发放情况，审核抽查新增对象。

四是联合听取情况通报，强化规范管理。监事会联合会纪检组共同跟踪人道救助项目执行情况，阶段性听取情况通报。监事会成立至今，已听取了理事会工作，人道救助基金收支、管理和使用，《区红十字会人道救助项目管理规范（试行）》文件的制定，公开公示平台建设及《审计办法》的制定和落实等情况通报。

建立红十字监事会，是新时期红十字事业的发展和创新；嘉定的红十字监事会工作刚刚起步，仍然处于摸着石头过河的探索阶段。谨以此文，希冀引发更多的红十字事业工作者，在实践探究中形成更多可复制、可辐射、可推广的工作经验，集聚成更加厚实的理性思考。

（作者分别是上海嘉定区红十字会常务副会长、区红十字会干部）

价值考量彰显优势　分析问题集聚智慧

——浅谈“博爱家园”建设

王国忠　欧贺然

博爱是平等遍及众人的爱心，博爱是广泛地关爱所有人；博爱是一种美德，博爱是广施爱心的一种表达方式。

“博爱家园”是博爱表达方式的科目化、系列化和目标化，是新时期红十字会工作的创新举措。本文以“价值考量彰显优势　分析问题集聚智慧”为题，着重对建设“博爱家园”的价值考量、红十字会在共建“博爱家园”中的组织优势和在前行发展中面临的问题、对“博爱家园”建设的若干思考等方面加以概括和提炼，以求在提高认识中激励自我、在分析问题中完善自我、在引发思考中集聚智慧，为红十字事业在新时期的健康发展做出更多、更大的贡献。

一、对建设“博爱家园”的价值考量

（一）人道救助创新项目

“博爱家园”是中国红十字会在城乡社区开展的以“推动社区治理、提升社区能力、促进社区发展”为目标、以“防灾减灾、健康促进、生计发展、人道传播”为主要内容的人道救助创新项目。

（二）使更多群众受益

“博爱家园”项目的总体目标是推动社区治理、提升社区能力、促进社区发展。通过在社区建立红十字基层组织和志愿服务队伍，建设防灾减灾基础设施，设立博爱生计发展基金，普及防灾减灾、自救互救、逃生避险、卫生健康等知识，传播“人道、博爱、奉献”的红十字精神，增强社区自我发展的综合实力，使更多群众受益。

（三）细化目标明要求

上海市红十字会在推进“博爱家园”建设中细化了目标要求。建设“博爱家园”是红十字关爱走进社区、走近百姓，进一步提升街镇红十字会的服务等级，深化红十字服务总站和红十字服务站的服务内涵，夯实红十字会基层组织基础的一个创新举措；建设“博爱家园”旨在积极整合社会资源，有效发挥社区、校区、院区、园区等的“社区联动”功能，实现红十字工作在社区的“一站式”服务，切实增强社区居民对红十字工作的获得感。

（四）形成新的增长点

以“博爱家园”为新型的平台载体，广泛传播红十字理念、弘扬人道主义精神，扎实开展“三救”“三献”核心业务，促进基层红十字工作者素质和能力的有效提升，形成红十字事业新的增长点。

（五）增强组织活力

依托“博爱家园”建设，健全组织架构，进一步增强基层红十字组织的活力；发挥、发展各个村居的特点，开展拥有特色的人道服务项目，使“博爱家园”成为一个以弘扬“人道、博爱、奉献”精神为共同信念，文明和谐、安全有序、急有所应、困有所助的宜居家园；通过建立共同生活的家园，使崇尚“人道、博爱、奉献”精神、从事人道主义工作的社会救助团体——红十字会更加深刻地植根在社会公众的心中。

二、红十字会在建设“博爱家园”中的组织优势

各级红会组织是党领导下的群团组织，红十字会已成为党和政府在人道领域联系人民群众的桥梁和纽带。我国的红十字会组织既有国际性的特点，又具有民族性的优势，红十字事业已成为中国特色社会主义事业的重要组成部分。

（一）世界公认的人道主义旗帜

习近平总书记在接见参加红会“十大”的代表时指出，红十字会是有着悠久历史传统和文化的国际性人道组织，已经有150多年的历史，红十字组织是全世界影响范围最广、认同程度最高的国际组织。红十字

是一种精神，更是一面旗帜，跨越国界、种族、信仰，引领着世界范围内的人道主义运动。

（二）我国红十字会拥有作为和地位

我国红十字会是国内历史最悠久的人道组织，有着 110 多年持续发展的历史；尤其是近年来，在重大灾害救援、保护生命健康、促进人类和平进步等方面，中国红十字会发挥了重要作用，涌现出郭明义等一批优秀红十字志愿者，为党和国家、为人民做了很多好事、善事，在有作为中厚实了地位。

（三）法律、法规提供保障支持

2017 年新修订的《中华人民共和国红十字会法》明确指出，中国红十字会是从事人道主义工作的社会救助团体，以发扬人道、博爱、奉献精神，保护人的生命和健康，维护人的尊严，促进人类和平进步事业为宗旨。法律、法规为红十字事业的持续发展、创新发展提供了支撑和保障。

（四）不可替代的特色工作

作为党和政府人道领域服务困难群众的助手，在救灾、救护、救助、造血干细胞捐献、遗体（器官、角膜）捐献以及志愿服务等方面，红十字会发挥了不可替代的作用，这是其他群团组织无法比拟的，也是我们从事红十字工作的信心所在和价值体现。

（五）亮点、特点积聚新特色

各级红会组织紧紧围绕“以人民为中心”的总体要求，以服务人民大众为宗旨，通过宣传红十字运动基本知识、普及卫生健康知识、举办初级应急救护培训、主动服务和改善民生、聚焦关爱生命主线、开展人道主义救助活动和积极参与社会治理等体现红十字宗旨的活动，在开展“三救”“三献”等核心工作的过程中，凸显红会工作亮点，彰显红会工作特点，打造和积聚红会工作的新特色。

三、建设“博爱家园”中面临的问题

新时代对红十字工作提出了新的目标要求：服务内容要加以扩展、工作要求进一步提高，由过往的保护群众生命、动员社会人士奉献爱心、宣传红十字文化等，增加到如今的保护健康、保障尊严、服务爱心人士、保障群众知情权、加强信息公开等，门类众多、品种齐全，红十字工作需要与社会发展、群众需求相呼应。在我们与奉贤区联合开展的“群团改革背景下基层红十字组织发展活力研究”的信息分析中，也佐证了如下面临的问题。

（一）人道资源匮乏，人员多为兼职

面广量大的基层红十字组织中，实际从事红十字工作的人员少之又少，基本上是一人身兼多职，有的只是挂个名而已，人道资源匮乏是不争的事实。尤其在最基层的村居社区，居委会的工作人员就是红十字工作人员，很难有精力和时间用于考虑红十字会的日常运行、培训演练、志愿者活动等常规工作，更不要希冀有所创新和突破。

（二）经费捉襟见肘，制约面上工作

红十字会的经费纵向虽有增长，但与其他群团组织相比横向增长比例不足，与社会发展和民众的要求不相匹配，整个盘子的经费往往只能顾及街镇层面，很难顾及村居基层红十字服务站。缺乏有效的经费支撑，制约了面上工作的开展，心有余而力不足，即使有好的想法，也难以组织实施。

（三）活动阵地缺失，冲淡一腔热情

调查中发现，约有三分之一的街镇在本辖区公共场所内没有固定像样的红十字文化宣传场所，形成了由于无场所而不宣传、由不宣传而更无场所的不良循环。静态的文化宣传阵地尚且如此，动态类的主题活动、志愿者和会员活动更难有固定的专门场所，往往是临时借用场地，或活动地点一变再变，使得许多工作人员的一腔热情被冲淡，可见提高红会活动的质量缺少应有的硬件支撑。

（四）方法简单粗糙，磁性吸引力差

由于基层红十字组织的干部往往身兼数职，对工作缺乏研究，存在着方法简单粗糙的倾向；组织开展活动和采用的方式往往显得单一呆板，呈现出表面性和应付性，缺乏应有的朝气和发展活力，由此造成对广大群众的磁性吸引力差。

（五）工作随波逐流，活动质量不高

一些基层干部自身认识也不到位，存在应付、畏难情绪，加上经费、场地等客观条件制约，有不敢想、怕做事的心态；工作或是随大流，或是蜻蜓点水，即使组织动态的主题活动，也往往是“跟班式”地“走过场”，完成任务了事，活动质量不高，影响力有限。

四、对“博爱家园”建设的若干思考

组织结构和体系为持续、有效开展工作提供保障，为工作的有序性、有效性、发展性和创造性提供支撑，因此健全红十字会的组织体系是推动红十字事业持续有效发展、促进“博爱家园”建设的首要方略。

（一）理顺工作体制，剔除行政化倾向

一是形成独立体制。“独立”是群团组织七项基本原则之一；结合群团改革要求，积极剔除行政化倾向，努力形成政府主导、红会自主、部门协同、社会参与的工作体制；完善红十字会内部决策机构，依法依章地增强红会工作的独立性。在此基础上，采取灵活多样的形式，争取社会各界的广泛参与，形成整体合力，共同推进基层红十字工作。

二是转变服务职能。基层红十字组织要围绕自身功能定位和职责要求，积极参与社会治理与民生服务，把红十字事业与以改善民生为重点的社会建设结合起来，把红十字“三救”“三献”核心业务与精准扶贫帮困结合起来，积极承担更多的符合红十字宗旨的社会管理职能，拓宽服务内容，增强参与社会管理的能力，为后续发展提供更广阔的舞台。

（二）完善管理机制，增强发展原动力

一是健全激励机制。从增强基层干部的工作积极性、基层工作开展的原动力入手，畅通红十字会工作人员职业发展通道，建立优秀干部的培养、交流机制，有计划地安排专职干部到党政部门、企事业单位、基层一线接受考察锻炼，创设成长交流的平台。

二是健全培训体系。充分运用各种教育培训平台，有计划、有步骤、分层次地开展各类培训，使广大基层红十字组织工作人员尽快掌握新形势下红十字工作的新特点、新技能，推动基层队伍的职业化、专业化建设，厚实一线工作的人力资源。

三是确立工作导引。作为区级红十字组织，要尽快完善规章制度，加强顶层设计，对基层红十字组织提供决策依据，加强服务指导，确保机构运行顺畅。

基层红十字会在自觉贯彻落实上级制定的各项规章制度中，要加强自身的制度化、规范化建设，尤其在创新工作评价机制、科学合理制定绩效考核指标体系和开展项目或工作满意度测评等方面，力争率先有所突破。

（三）创新组织设置，扩大工作覆盖面

一是创新组织设置。根据产业特点、人群结构等灵活设置组织机构：依托行业协会，以行业管理形式建立基层红十字组织；围绕产业链条，在产业集群集聚的生产基地、商务楼宇、经营市场等场所，各单位共建基层红十字组织；在发展不平衡的地区，城市社区与农村社区、农村社区与集体或国有企业、龙头企业与小企业之间，结对建立基层红十字组织等，实现红十字组织的“全覆盖、无空白”。

二是规范标准建设。要加强镇、街道、社区红十字服务总站和村居红十字服务站的规范化、标准化建设，为社区红十字工作提供必要的工作场所，打造基层红十字工作和帮助社区困难群众的服务平台。

三是整合基础资源。在场地资源有限的情况下，要整合打造群团组织活动阵地，加强党群资源统筹和功能整合，在街镇社区公共服务中心、村（社区）便民服务中心等场所，设置红十字服务窗口；在新建社区，要努力争取上级红会、同级政府和社区的支持，开辟专门、固定的活动场所。

四是扩大组织覆盖。除了传统的体制内机关企事业单位、城乡社区以及学校外，重点聚焦新领域、新业态、新群体、新阶层，要动态跟进非公经济组织和社会组织集中的区域，依托楼宇、园区、商圈、市场、景区等载体，加快设立基层红十字组织，努力实现组织覆盖横向到边、纵向到底。

（四）叠加功能优势，强化服务指导性

一是形成主题系列。联合学校、消防、社会组织设置的生命健康安全体验馆，组合为系列性主题体验馆，叠加其功能优势；将街镇服务总站、社区服务站、志愿服务基地等连接起来，使参加救护培训、获得卫生健康和养生知识、参与热点问题讨论、爱心奉献、人道救助等融合在

一起，在叠加整合中彰显优势，凸现红十字会活动的综合价值。

二是强化服务指导。上级红会要主动承担责任，发挥枢纽和桥梁作用，重心下移，加强服务指导，制定服务指导清单，切实为基层红十字会打造帮助社区困难群众的服务平台。

（五）躬拾服务资源，突出红会生命线

服务困难群众是红十字工作的生命线，要满足人民群众日益增长的对美好生活的向往和人道需求，必须坚持深入基层、贴近群众，必须坚持改革创新、需求导向，在提高群众的获得感和满意度的过程中进一步增强基层红十字组织的发展活力。

（六）机制模式创新，依托依靠信息化

一是推进社会化机制。动员社会力量，整合社会资源，吸引社会力量参与主题式、科目化活动；撬动企业、个人和社会组织的人力、资金等资源，通过开展主题鲜明、易于操作、富有特色的活动，打造社会化服务品牌，增强红十字工作的服务效能。

二是推进“互联网+”。推动红十字服务和互联网信息技术的深度融合，利用网站、微博、微信等现代互联网交流工具，打造红十字文化传播和人道服务综合业务、信息公示、互动交流的平台，逐步实现基层红十字工作的数字化、信息化，提高工作便捷度、信息透明度，打造网上网下相互促进、有机融合的工作新格局。

三是推进网格化机制。依托村居撤并的有利时机，梳理调整站点布局结构，改善和消除供需错位、效能低下的现象，增强红十字会在新形势下的工作活力。

价值思考是红会工作的驱动力，组织优势是红会工作的保障力，面临的问题提升了红会工作的破解力，若干思考是红会工作的推动力。建设“博爱家园”是发展红十字事业的新举措，这是国家的需要、人民的需要、时代的需要，也是建设和谐社会的需要。驱动力、保障力、破解力、推动力，“四力”叠加联动，凝结为合力，崇高的红十字事业，明天必将更加灿烂辉煌。

（作者分别是上海嘉定区红十字会常务副会长、区红十字会干部）

牢记职责使命　创新救护培训工作

朱　琴　欧贺然

红十字运动起源于战地救护，开展应急救护培训，普及应急救护、防灾避险和卫生健康知识，增强群众自救互救能力，组织志愿者参与现场救护等，既是红十字会的传统工作，也是《红十字会法》赋予各级红会组织的一项崇高义务和重要职责。

走进新时期、步入新时代，嘉定区红十字会牢记职责使命，认真开展群众性应急救护、现场应急救护知识的普及和培训工作，积极创新培训模式，面对重大自然灾害和突发意外事件有应急预案，面临交通事故、火灾、溺水、触电等意外伤害以及心脑血管疾病有应对措施，防患于未然，宣传教育、普及培训抓在前，开展现场应急救护培训、增强群众防灾避险和自救互救能力做在前，积极为家庭幸福、经济发展、社会和谐提供支撑保障。现以“牢记责任使命　创新救护培训工作”为题，在总结梳理以往工作经验的基础上，分析存在的问题，提出若干理性思考，以求教于各位同仁。

一、救护培训的路径特点

现场应急救护培训、增强群众防灾避险和自救互救能力，是时代和现实的需要，是具有充分性和必要性特征的工作，而将理念转化为行动、置于操作层面来考量，嘉定的操作路径和主要特点表现在以下方面。

（一）救护培训，教师为本

师资规格决定着培训的质量品质。拥有一批优秀的、乐于奉献的救护培训师资是红十字会开展救护培训工作的重要基础。从政治品德、专业素养、教学技能等方面，不断加强师资队伍建设，切实调动师资的积极性，使救护培训队伍始终充满青春活力和朝气是嘉定一以贯之的做法：一是定期组织开展全区救护师资教研培训活动，每年开展3次以上教研活动，并建立微信群，及时开展教学研讨，方便部署全区救护培训工作；二是在市红会领导、专家的大力支持下，我们连续两年举办了嘉定区救护师资初训复训班，近70名学员参加初训，经过考核基本合格通过，师资延续成功注册；三是注重平时联络关怀工作，如不经意间给教师发个节日微信问候，不定期组织一些小型联谊互动活动等，在浓浓的人文情怀和互动中，体现出对教师的尊重和对其付出劳动的认可。

（二）持证培训，覆盖面广

持证救护员培训不仅是培训的一种质量规格，而且是培训有效性、功能性和被认可性的本质体现。历年来，在市红会的组织指导下，我们切实落实年度计划，扎实、有序开展救护培训。2018年，市红会下达我区培训救护员的任务数为760名，目前已完成救护员培训1325人，超额率为74.34%。救护培训覆盖了机关、社区、企业、学校、“两新组织”等全区各个行业，通过以行业为抓手，挖掘和拓展培训对象，先后为供电局职工、旅游局导游、交通运输职工、区纪委机关、跑步联盟等开展持证救护员培训活动，效果显著。例如，区纪委机关十分关注这种主题式培训，一期结束后紧接着又举办了一期，将获得救护员证作为一种荣誉和拥有专业知识及技能的象征；党员干部还挤出时间，到区红会生命健康安全体验馆担任志愿者，为社区群众提供指导和服务。

（三）顺应需求，开拓创新

区红会进机关、入社区、到企业、赴学校、前往“两新组织”等，开展持证救护员培训工作，更多地表现出主动性、目标性和组织安排化的特点，但对于除此以外的其他行业，包括一些自由职业者，显然不能依照上述方式开展培训活动。虽然没覆盖这部分人员，但他们也是应急救护技能培训的需求者，也是红十字会必须惠及的对象。对此，我们以网络微信报名的方式推出培训班，开放式开展培训，满足广大群众需求。例如，采用在“嘉定红十字”微信公众服务号上开通急救培训报名软件的形式后，社会公众报名踊跃，2018年3月已组织开展两期，有100多人报名参加培训，学员来自各个层面，其中60余人通过培训获得了救护员证书。每期网上报名推出50个名额，往往在“秒杀”之间就报满了，这是我们始料不及的。采用网络微信报名的形式参加培训，满足了社会零散学员接受培训的需要，既是一种很好的普及宣传，有利于普及推广急救理念，也使红十字急救培训更加深入基层群众，凸显了红十字会工作的普及性、群众性和实用性的特点，为红会工作的创新提供了有益的经验。

在开展开放式培训期间，我们还招募了90多名AED志愿者，对其开展了主题式、系统性、专业性培训。这些充满青春活力、热情四射和极具奉献精神的社会志愿者，成为开展红十字工作的好帮手。

二、正视现状　分析问题

当前，我国公民在急救技能方面的综合素质、整体水平与社会经济发展水平呈现出诸多的不适应。对于承担应急救护培训主要职能的红十字会来说，应急救护培训不能只停留在“有没有”的层面，而应顺势而为、乘势而上，向“好不好”和高质量、高规格方向发展。为此，我们必须正视客观现实，积极寻找突破瓶颈的方法，推动应急救护培训工作在新时代健康、持续地发展。

（一）达成共识，仍有距离

应急救护培训工作具有前置性和预防性的特点，对于普通民众而言，重大自然灾害和突发意外事件是听得多、见得少，事未临头，公众感受不到切肤之痛，从而表现出对救护工作知晓率低、对现场急救重要性认识不足和内在需求积极性不强烈等情形。应急救护培训工作又不同于经济部门和涉及民生、服务窗口的单位，显得那么直观明了、立竿见影和重要迫切。从深层次来考量，社会各界和大众对应急救护培训的价值意义和紧迫性的认识还是不足的，认为培训是红十字会一家的事，其他单位给予支持是在尽情分，参与帮忙的也不多。由于社会公众对应急救护培训工作认识上的偏差，直接影响了培训工作的力度、深度和广度，资源整合往往不能完全到位，培训工作出现虎头蛇尾的现象时有发生，突出表现在参训人员“我要学”的比率还不高。

（二）培训质量，仍需提高

应急救护培训最显著的三大特点是操作性、普及性和实用性。操作性是应急培训的一种过程，普及性是应急培训的科目容量，实用性是应急培训的价值体现。多年来，红十字会在开展救护培训过程中，逐渐丰富了培训内容，形成了较完善的培训机制，加之采用的是无偿培训模式，照理说其培训的质量是无可非议的。但由于应急培训的科目容量比较大、内容多，而与之不相匹配的是所占用的时间比较短，加上重教师示范演示、轻学员动手实践，直接影响了培训的效果。再者，由于实用性的价值体现少之又少，在多次经历“狼来了”的听觉感受后，逐渐冲淡了学员的求学积极性。所有这些在一定程度上制约了培训质量的提高。

（三）红会优势，急需改善

红十字会开展救护培训，履行的是法律职责，是一种历史使命和责任担当。进入新时代，在改革创新发展的新征途上，红十字会“一枝独秀”地支撑开展救护培训的局面已逐渐被打破，红十字会原有的培训优势逐渐被削减，境内外的培训机构以其先进的培训理念、技术和管理手段纷纷加入了竞争行列，希冀分享这块蛋糕。尤其是救护培训的最大优势在于师资规格，具有医学背景或从事医务工作的人员担任应急培训的教师自然是最佳的选择，但这需要以充足的经费作为支撑，红十字会在这方面的竞争优势显然急需改善。

三、勾勒愿景　引发思考

应急救护培训是嘉定红十字会“三救三献”工作中最具活力、最有影响力、最富特色的工作，其普及性、群众性、实用性的特点仍然张扬着旺盛的生命力，尤其是急救培训所包含的知识和技能，通俗易懂、简明实用，是智慧和技巧的融合。我们要铭记红十字的责任和使命，充分发挥、发展红十字会固有的、内在的和潜在的如下三条基本优势：一是应急救护培训是红十字会的法定职责、核心业务，任何部门、机构都无法替代其在国家层面中的法律地位和植根在大众心目中的定式印象；二是红十字会开展救护培训是一个长期的积累过程，已经形成了模式和经验，有固定的师资、有系统的教材、有培训经费和器材、有考核措施和合法颁发的合格证书等，足以影响社会各界和公众加盟参加红十字会举办的应急救护培训活动；三是公众对应急救护培训的认识存在空隙，普及率低，就全国而言，参加过救护培训、掌握救护技能的人群仅占1%不到，这正是说明红十字会开展救护培训前景广阔，具有不可度量的潜在发展价值。正确把握上述三条基本优势，坚定信心，展望应急救护培训未来发展的图景，红十字事业一定会更加绚丽多彩。

勾勒红十字会的发展愿景，我们既需要弥补短板，也需要发扬优势，更需要探索创新。

（一）把握全局，加强顶层设计

充分认识新时期救护培训工作的特点和现状，从全局的视角分析利弊得失，居安思危，顶层规划，全局考量，整体设计，健全长效机制，既有全盘考量的计划，又有分步实施的策略，还有根据反馈及时调整完善的后续跟进措施。

（二）模式创新，引入社会参与

进一步扩大群众普及培训的参与面，让更多的群众得到必要的救助，尽可能减少伤害，共享美好生活，一直是各级红十字会的愿望和不懈追求的目标。但限于现有师资不富有、不充分，心有余而力不足的现象一直困扰着各级红十字会，因此，创新运作模式，引入社会第三方组织共同参与其中，扬长避短、优势互补、叠加优势，是解决现有师资问题的一条捷径。

（三）做强常规，做大延伸培训

应急救护培训走进机关、学校、社区已成为一种常规性、基础性的普及工作，做好、做强、做实以旅游导游、公交司乘人员、公安系统干警、消防人员、保安公司安保人员、电力行业操作员、社区工作者和物业管理人员等为主体的救护培训工作对嘉定红会来说已轻车熟路。做大延伸培训，是一个值得探索的课题，我们主要通过微信公众服务号报名系统，面向公众开放救护培训，采用“滚雪球”的形式满足社会发展的需要。

（四）多路开端，探索普及培训

在继续深入学校、机关、企事业单位、科研院所、社区等区域，大力普及应急救护知识和技能的基础上，区红会还利用节庆纪念活动，发挥热点效应，探索普及培训的新思维、新路径，使培训活动既呈现出有效性，又突出广泛性，这是值得推崇的策略。一是发挥主流媒体的作用。充分发挥红十字会官网、微信公众服务号等新媒体的作用，发挥社区、商区、园区的电子屏、宣传版面、小报等的叠加功能。二是掌控重要时间节点，如“5·8”世界红十字日、世界急救日等，精心准备、精细组织，开展通俗易懂、便于民众学习掌握的应急救护培训活动。三是整合各类资源，开展普及活动。利用区内其他行业、单位开展各种群众性活动及日常团体活动的有利时机，采用“穿插”的形式，将宣传红十字文化和普及应急救护知识自然地“镶嵌”其中。以区红十字会现有的两个生命健康安全体验馆为引擎，将消防部队的消防体验馆、红十字狼牙救援队的消防体验馆和全区教育系统的学校安全体验馆组合为一个集团整体，有计划、分阶段地开展体验式系列普及培训活动。积极创造条件，在全区各街镇建立生命健康安全体验馆，或在镇及街道红十字总站内增添生命健康安全体验设备，面向辖区群众，开展近距离体验式普及培训活动，从根本上做强、做实红十字服务总站，进一步增强红十字服务阵地的吸引力。

（五）注重管理，强化培训督查

建立由区红十字会、教育和医疗卫生等部门相关负责人与专家组成的培训督查组，注重培训的过程管理。培训督查组作为一种管理机构，具有服务、指导、督促和评估功能：一是在全区统一教学计划、统一教材课件、统一质量标准、统一考核发证；二是有针对性地开展红十字会救护师资的教育培训活动，组织参观学习和专题教学研究，开展星级师资评选，激发激励教师的荣誉感；三是服务培训单位，应邀现场指导开展培训活动；四是联合举办各类应急救护的演练、评比和表彰活动，助推应急救护培训活动的持续开展；五是通过传媒手段，在各类媒体宣传成功施救案例，启迪更广泛的社会公众参与学习培训的积极性；六是通过实地走访、调查问卷和座谈咨询等形式，督查社会团体、街镇及社区开展应急救护培训的情况，掌握典型事例，推进平衡和持续发展。

应急救护培训是整个社会安全稳定的一个重要内容，是人们在学习、生活和工作中规避风险的一个正确选择，是以人力、财力和物力的投入换取社会稳定和大众安全的举措，是一种有备无患的生活方式，既是有价的，但更是无价的。应急培训只有起点，没有终点；应急培训永远在路上、永远处于进行时，不松懈、不松劲，持之以恒地抓好应急救护培训是我们神圣的职责和使命。让我们一起努力，不忘初心、不辱使命地辛勤工作，为建设“平安中国”做出更大的贡献。

（作者分别是上海嘉定区红十字会副会长、区红十字会干部）

嘉兴市红十字会专栏

弘扬红船精神，就是要弘扬开天辟地、敢为人先的首创精神，将首创精神融入红十字事业的破浪前行中

新时代面临新的机遇与挑战，抓住机遇、迎接挑战、顺势而为、化危为机，需要我们发扬首创精神，敢于创新和突破。红十字运动在中国已有110多年的历史，新中国成立以后特别是改革开放以来，中国特色红十字事业快速发展。但随着工作的深入，一些制约红十字事业持续健康发展的基础性问题逐步显现。就嘉兴而言，当前最突出的问题是基层组织还有很多空白点，基层组织网络缺失，不能适应网格化管理、组团式服务的要求，基层组织发挥作用的路径和方法不够多，会员的管理服务、会员的准入和退出等基础性工作缺乏规范等。这些问题不解决，红十字会工作就接不了地气，就可能会浮在面上、流于形式，也就很难将中央群团改革的增强政治性、先进性、群众性目标要求落到实处。那么，基层组织怎么建？会员管理如何规范？有关制度如何建立？眼下这一领域的理论和实践成果尚比较缺乏，需要在探索中创新、在实践中突破。

市红会在广泛调查研究的基础上，紧紧抓住浙江省红十字会基层组织建设和规范会员管理试点工作的机遇，提出了《基层组织建设三年行动计划（2018—2020）》。这一行动计划坚持问题导向，着重解决为什么要建、怎么建、建了干什么、怎么干等问题，并提出了明确的年度预期目标，即2018年村（社区）红十字会建会率20%、2019年建会率50%、2020年实现全覆盖。

全市红十字会系统积极行动，试点先行，稳步推进，充分发挥基层首创精神，勇于探索，取得了可喜的进展并积累了一批初步成果。2018年以来，新建村（社区）红十字会103家，建会率达到23.01%；新发展会员9801名、志愿者8137名；村（社区）一级募集博爱救助金215.6万元；村（社区）新增红十字救灾备灾点29个，计2493平方米。平湖市红十字会在省红十字会试点工作调研指导组的指导下，率先探索建立了市级会员服务中心、镇（街道）级会员之家、村（社区）级会员工作室的三级会员管理服务体系，并拟订了相应的工作规则，研究出台了会员入会标准、入会程序、会费收缴办法、会员退会办法等有关制度；与此同时，积极探索建立市直机关红十字工作委员会。这些制度和

体系从无到有，填补了基层组织工作领域的理论和实践空白，必将对嘉兴市红十字会系统推进红十字事业深入发展产生积极而重要的影响。

弘扬红船精神，就是要弘扬坚定理想、百折不挠的奋斗精神，将奋斗精神体现在红十字事业发展的每一个步伐中

一部党史就是一部闪耀着马克思主义光辉的奋斗史。唯有矢志奋斗，才有光辉伟业。红十字事业的发展需要我们红十字人在红船精神的感召和激励下不懈地奋斗和付出。习近平总书记指出："红十字是一种精神，更是一面旗帜，跨越国界、种族、信仰，引领着世界范围的人道主义运动。"新时代中国特色红十字事业责任重大、使命光荣。发展红十字事业，在全社会大力弘扬"人道、博爱、奉献"的红十字精神，在构建人类命运共同体的进程中发挥积极作用，这些都要用奋斗的精神、奋斗的姿态、奋斗的行动来实现。

作为红船旁的红十字组织，我们要围绕中心、把握民情、回应需求、精准发力，努力干在实处、走在前列、勇立潮头；我们要保持政治定力、职业定力，攻坚克难，不懈奋斗。的确，现在我们在人、财、物和工作环境等方面还有不少困难，但这不是退缩的理由，而是前进的动力。我们要坚定地扛起肩负的职责和使命，负重拼搏，勇敢前行，以满足人民群众日益增长的美好生活需要为落脚点，突出生命主线，彰显红会职能，让"人道、博爱、奉献"更深地融入社会主义核心价值观和城市文明的建设中，让嘉兴这座城市更有爱心和温度。

奋斗精神必须体现在行动中，要按照市委书记张兵同志提出的"案不积卷、事不过夜、马上就办、办就办好"的要求，只争朝夕，把红十字工作一项一项落到实处，让"三救""三献"更显风采。例如，针对全国各地前来南湖瞻仰红船的游客数量骤增、景区安保压力加重的实际，市红会千方百计克服困难，及时组建了专门服务南湖景区游客的"红船水上应急救援志愿服务队"，每天派出 5 ~ 10 名具备专业水上救援能力的志愿者会同港航和景区相关部门执行不间断常态化巡逻，努力保障游客安全，受到群众普遍赞誉；针对市委市政府迎接建党百年推进的"百年百项"重点工程，主动会同市发改委为"百年百项"工程建设者开展应急救护培训，送服务到工地；针对突发事件中无法承担巨额医疗救治费用的特定对象，市红会本着生命至上的精神，研究出台《重大突

发事件应急救助办法》，力求第一时间送上应急救助资金和精神抚慰，例如2017年、2018年，市区的两例爆燃事故重度烧伤者均获得救助而幸运地挽回了生命；针对目前市民中普遍存在的自救互救意识和能力不足的现状，积极争取生命教育体验馆建设试点，该项目被列为“浙江省富民惠民安民行动计划”重点项目，在市政府领导和有关部门的支持下正有序推进。项目将运用新科技和互动体验式设计，可以让广大市民在身临其境中提升“尊重生命、关爱生命”意识和自救互救、防灾避险能力。只要我们牢记使命和职责，实干奋进，红十字会就可以做更大的事业、做更多的贡献。

弘扬红船精神，就是要弘扬立党为公、忠诚为民的奉献精神，将奉献精神植根于红船旁红十字铁军的建设中

红十字事业是一项崇高的事业，“人道、博爱、奉献”的红十字精神是人类共同的精神财富，它与红船精神在本质上是相融的。党的宗旨是全心全意为人民服务，红十字的宗旨和原则是为人道事业志愿奉献。做好红船旁的红十字工作，必须打造一支在红船精神引领下的甘于奉献、善于奉献的红十字铁军队伍。

市红十字会党组把队伍建设作为一项突出的工作来抓，从学习入手，创设“每周一学”，系统整合党组理论学习中心组、党支部学习、领导干部上党课、单位内部业务学习等学习形式，系统学习习近平新时代中国特色社会主义思想和党的十九大精神、习近平总书记南湖重要讲话精神、红船精神、红十字精神文化理论、红十字历史典型和先进人物事迹等，努力筑牢思想基础。从制度入手，研究制订党建、党风廉政建设、意识形态工作年度计划，落实责任制，出台关于加强党组自身建设的意见，提出“八个带头”，在弘扬红船精神中做表率、讲奉献。从实践入手，在实践中历练队伍。例如，2018年的纪念“5·8”世界红十字日系列活动，时间紧、任务重、规模大，很多活动还是首次举办，党组既给大家交任务、压担子，又统筹协调，同志们放弃了很多休息时间，在干中学、在学中干，圆满完成了各项任务，社会反响良好，红会干部的能力素质也得到了提升。

最近，市委发起“社情民意大走访、‘八八战略’大宣讲、思想观念大解放”活动，尽管2100多户的走访任务对一个不足10人的小机关

来说任务很重，但是大家感到这既是市委交给我们的任务，更是一次深入基层了解社情民意、宣传红十字精神、锻炼干部的好机会。尽管有的同志家住县城、有的同志孩子小需要照顾，但大家都不讲困难，以饱满的工作热情，齐心协力地投入活动中，不管白天还是晚上，认真开展走访宣讲。有的同志讲，尽管很辛苦，但是很有收获，体会了群众工作的重要性，也增强了机关团队的凝聚力、战斗力。

红船精神是中国革命精神之源，是新时代引领我们不断前进的强大精神动力。嘉兴红十字人将秉持“创新不忘初心、奋斗牢记使命、奉献铸造铁军”的坚定和执着，不断开创新时代具有中国特色、嘉兴特点的红十字事业新局面。

（作者系浙江省嘉兴市红十字会党组书记、常务副会长）

发挥基层组织作用　提升红十字会服务群众能力的实践与思考

夏国强

服务群众是红十字基层组织建设的核心任务。围绕加强基层组织建设，提升红十字会服务群众能力，近年来各地开展了一系列工作，取得了一些成效，但同时也遇到了一些问题，亟待解决。

一、当前基层组织建设及服务群众能力的现状

（一）建会工作得到普遍重视，覆盖面迅速扩大

2015 年 7 月，党中央召开群团工作会议，习近平总书记发表重要讲话，强调各群团组织要结合自身实际，紧紧围绕增强“政治性、先进性、群众性”，直面突出问题，采取有力措施，敢于攻坚克难，注重夯实群团工作基层基础。2018 年 1 月，浙江省红十字会下发了《关于实施“红十字强基工程”大力推进基层组织示范化建设的意见》，嘉兴市和海宁市也先后出台了《关于印发大力推进基层组织建设三年行动计划的通知》，基层组织建设覆盖面迅速扩大。以海宁市为例，2010 年 1 月，在周王庙镇率先建立镇级红十字会并召开全市现场观摩会，至 2015 年 10 月全面完成辖区内镇、街道红十字会建设。2016 年 2 月，海宁市红会出台并下发了《关于推进村（社区）红十字会组织建设的实施方案》，全市村（社区）红十字会建会工作启动，当年建立村（社区）红十字会 18 个；2018 年，又出台《关于印发大力推进基层组织建设三年行动计划的通知》，截至 2018 年 9 月，村（社区）建会已超过 50%。

（二）服务群众能力参差不齐，总体还有待加强

红十字会基层组织建立后，很多基层红十字会在上一级红十字会的指导下，不断完善各项制度，拥有了会员和志愿者队伍，并在服务群众

方面有一些举措。以海宁市为例，镇（街道）、村（社区）红十字会成立后，以红十字服务站建设、“红十字博爱救助金”制度落实、红十字志愿者队伍建设为主要抓手开展各项工作，推动红十字人道工作扎根基层、服务百姓。从实际运行的情况看，各村（社区）红十字会发挥作用情况参差不齐。例如，硖石街道西山社区红十字会依托爱心联盟、温馨港湾等社会组织，将专业服务引入社区，将公益理念植入社区，通过需求常态化对接，先后参与了“微爱童行、因爱而居、送爱空巢之家”等20多个服务性项目，累计开展志愿活动20余次，既满足了居民群众多元化、个性化、专业化服务的需求，又提升了公益服务类社会组织参与社区治理的水平和能力。2017年，该社区红十字会还参与了“121爱回家”关爱失智老人项目。项目通过为全市4个街道400名有走失危险的老人发放可携带信息的爱心手环，通过志愿者的结对帮扶，为特殊老年群体提供物质救急与精神抚慰等全方位的暖情服务。像西山社区红十字会这样运行情况良好、有服务品牌的村（社区）红十字会全市还有几个，但是总体比例不高，大部分村（社区）红十字会由于资金来源不稳、专业人才缺乏、工作氛围不浓等多方面原因，工作长效机制不完善，服务群众作用的发挥不明显。

二、发挥基层组织作用是提升红十字会服务群众能力的重点

基层红十字会在按照工作规范完成各项职责时，应当利用其贴近群众的独特优势，重点在志愿服务活动、救护培训、爱心救助等方面更好地服务群众。

（一）发挥基层红十字会作用，推动红十字志愿服务活动更加全面广泛

志愿者队伍是红十字工作的灵魂，红十字会基层组织必须培养一批有真才实学的红十字志愿者队伍。红十字志愿者不在人多，而在于体现红十字特色，能有效发挥作用。红十字会基层组织要招募有一技之长又热心红十字事业的志愿者，例如，充分发挥医务人员、救护培训师资等群体的优势，可以从中选拔一批红十字志愿者，并让他们感受到以成为红十字志愿者为荣。另外，要发挥情况熟、底子清的优势，实施基层红十字志愿服务“一镇一品”“一村一品”战略，努力打造和培育具有广泛群众基础、深厚红十字底蕴、浓郁地方特色和鲜明时代特征的基层志

愿服务品牌。

（二）发挥基层红十字会作用，推动红十字应急救护培训更加有序高效

从海宁市的情况看，2017 年，市红会与市经济和信息化局联合出台了《关于开展企业员工应急救护培训的通知》，通过各镇、街道红十字会会同经济建设服务中心，对企业员工应急救护培训需求进行统计，并根据各企业上报培训人员情况，合理安排好培训批次，确定具体培训时间，由市红十字会委派老师开展培训。对需培训员工人数达到 40 ~ 50 人，又有合适培训场地的，也可以上门到企业开展培训。这一举措运行 1 年多以来，既保证了培训的有序进行，又方便了企业员工就近参加，取得了很好的社会效益。2018 年，市红会通过镇、街道组织的救护培训达到 36 期，培训人数 1500 多人，得到了广大培训人员的好评。

（三）发挥基层红十字会作用，推动红十字爱心救助工作更加贴近群众

红十字基层组织工作人员生活在广大群众之中，熟悉基层情况，更加了解哪些人真正需要救助，因此发挥其作用，可以让红十字爱心救助工作有的放矢，更好地扶助困难人员。以海宁市为例，一方面全市“博爱送万家”活动以及博爱公益项目都通过基层红十字会摸排确定救助对象，例如市“爱心病房”博爱公益项目重点关注尿毒症患者，目前已累计救助 70 多人，全部通过基层红十字会对情况进行审核。另一方面，基层红十字会自行设立博爱救助金，全市 12 个镇、街道均设立了博爱救助金，在已成立的 123 个村（社区）红十字会中有 30 个村（社区）也设立了博爱救助金，对需要救助的人员进行救助。例如，马桥街道新塘村红十字会目前有 80 名会员和 500 多名志愿者，村内 17 家企业全部加入，两年多来仅村民捐款就达 10 多万元；为了确保资金使用的公开透明，村里成立了“红十字博爱救助金管理小组”，村民都可以监察资金的用途和去处。新塘村红十字志愿服务站设立在当地一家企业内，主要为当地残疾人提供生活照料、康复护理、文化娱乐、职业培训等服务。进入村里的红十字志愿服务站后，这些残疾人逐渐从需要专人监护看管的人，变成了能自食其力并能给家庭带来稳定收入的人。村级红十字会发挥着越来越大的作用，在让困难群体得到帮助的同时，也很好地提升了社会风气。2018 年 8 月，省级媒体以“村庄里的温暖驿站”为题对新塘村红十字会进行了报道。

三、发挥基层组织作用以提升红十字会服务群众能力的建议

基层红十字组织要更好地服务群众，需要多方努力，形成合力，打通红十字会服务的“最后一公里”。

（一）完善保障机制，夯实工作基础

一是人员保障。基层红十字工作要“有人干”，因此建议上级红十字会和编办等部门充分协调，在乡镇（街道）层面设立相应的职位，这样既可以调动工作人员的积极性，又可以解决基层工作人员身兼数职的问题；在村（社区）层面，参照省人力资源和社会保障厅、省财政厅、省民政厅在街道社区开发基层公共服务公益性岗位的办法，设立专职人员，真正做到组织建设纵向到底，人员配备也纵向到底。

二是阵地保障。红十字会基层组织很重要的任务是搭建好爱心公益平台，健全设施网络，改善基础条件，同时用好、管好设施，使其真正发挥作用。要大力推动乡镇（街道）红十字工作站、社区红十字服务站等基层服务阵地建设，提升红十字会服务民生的能力。在场地资源有限的情况下，整合打造群团组织活动阵地，加强党群资源统筹、功能整合，在街镇社会公共服务中心、村（社区）便民服务中心等场所，设置红十字服务窗口，配备功能先进、适合红十字服务工作开展的器材，如急救器材、救护培训器材、红十字宣传器材等。同时，运用移动互联网技术，积极打造“网上红十字基层组织”，开展红十字文化传播，拓宽人道资源动员渠道，构建网上网下有机融合、互促共进的人道服务新平台。

三是财力保障。红十字会基层组织面向公众提供的是公益服务。这种公益服务显然是非营利性的，因而其成本自然不能由基层组织自身来解决，而必须由公共财政来保障。一方面上级红十字会下拨一定的经费，可以通过表彰“红十字示范镇（街道）、村（社区）”的形式发放，或者通过项目的形式下拨；另一方面，需要上级政府及红十字会的政策支持，通过财政部门出台文件，明确乡镇（街道）财政将红十字会工作经费纳入年初的预算，形成制度化的财力投入，以保证红十字事业发展需要。

（二）完善指导机制，提供有力支撑

一是出台考核办法，以考核促指导，使基层组织明确工作目标和努

力方向。通过出台年度目标考核细则及示范创建办法等，对红十字会基层组织的工作进行目标管理，并根据考核结果给予相应的奖惩，以达到激励先进、鞭策后进、促使前进的目的。

二是健全培训体系，以培训强素质，使工作人员提高思想素质和业务能力。基层红十字会干部是红十字会工作的主体，他们的能力、素质决定了红十字会工作的水平。因此，县（市、区）红十字会要充分运用各种教育培训平台，有计划、有步骤、分层次地开展各类培训，每年至少举办一期基层红会干部及骨干会员培训班，聘请有关领导专家进行红十字理论知识业务培训。同时，省、市红十字会可适时举办较全面、高水准的基层干部培训班，使广大基层红十字会干部掌握新形势下红十字工作的新特点，提高工作主动性，优化工作方式方法。

（三）完善交流机制，营造良好氛围

一是例会制度。县（市、区）红十字会每季度召开乡镇（街道）红十字会负责人工作会议，乡镇（街道）红十字会定期召开村（社区）红十字会工作会议，交流经验，沟通情况，及时研究解决工作中出现的新情况、新问题。

二是联系制度。建立“机关干部联系基层红会”制度，由县（市、区）红十字会全体干部每人联系一个片区，并负责指导该片区乡镇（街道）、村（社区）开展红十字工作。同时，全面落实以人民为中心的发展理念，问计于民、问需于民，探索创新自下而上与自上而下相结合的人道需求调查和项目形成机制，策划推出一批困难群众真正欢迎、能有效汇聚社会爱心的人道公益项目，以提升红十字会服务群众、服务民生、服务全市发展大局的能力。

红十字会基层组织是红十字组织的生命力所在，既要建好，又要管好、用好，以便让更多的群众认识、认可并参与红十字活动，让爱心不断传承。

（作者系浙江省海宁市红十字会常务副会长）

关于实施“红十字光明行”项目的实践与思考

李良观

2017 年，“湖南爱眼公益基金会”向平湖市红十字会捐款 100 万元，用于开展“红十字光明行”平湖市红十字会博爱项目。该项目率先在新仓、林埭、广陈、独山港 4 个镇开展了眼疾普查，筛选出 200 位患有眼疾的农村困难家庭老人作为帮助对象，并由上海市睛亮爱尔眼科医院（以下简称“金山爱尔”）实施了复明手术，受到了广大困难患者的一致好评，社会效益非常明显。

2018 年 3 月，平湖市红十字会 2018 年“红十字光明行”项目在平湖市政府举行签约和捐赠仪式，由“湖南爱眼公益基金会”捐赠 120 万元，用于帮助平湖范围内约 270 名贫困白内障、胬肉患者。这一品牌项目在双方的共同努力下，成功得以延续。

平湖市副市长、市红十字会会长方晓烈这样评价“红十字光明行”项目：“湖南爱眼公益基金会不但提供了资金支持，而且金山爱尔手术质量非常好，我们的困难群众一分钱不用掏，社保基金一分钱不多掏，患者还能在金山来个半日游，真的是为老百姓办了一件大好事。”

实际上，这一项目的顺利开展，也是平湖市红十字会借力社会资源和专业力量，以项目推动发展来破解人手不够、资金不足等瓶颈问题的重要探索。

一、主要做法

一是注重党建引领。由于地域相近、风俗文化相通，沪郊金山与浙江平湖此前一直有着天然的“毗邻互通关系”。从 2017 年 3 月份开始，上海金山和浙江平湖探索建立起“毗邻党建”合作共建平台，并且共同发布两地重点合作项目。

2017 年 8 月，经过两地社保、医疗等部门的积极商议和对接，浙江平湖市与上海金山区成功进行了医保联网，平湖的老百姓可以在金山区的几家医院直接刷卡看病。

在这样的背景下，在参与两地党建活动的过程中，平湖市红十字会得知金山爱尔有这样的公益基金后，主动与院方对接，并且到医院实地考察。最终，以党建为媒，双方在互信的基础上，共同决定在平湖开展“红十字光明行”项目。

二是强化项目带动。“红十字光明行”项目交出的一份成绩单显示，通过一台台复明手术“擦亮”了那些身患白内障老人的眼睛，恢复了视力，也点燃了他们对未来美好生活的希望。目前，“红十字光明行”已经成为平湖很多镇里的重点民生实事项目，成为推动民生福祉提升的重要载体和抓手，也成了平湖红十字会的一个品牌项目。

通过设立这样一个公益项目，带动了宣传、筹资、救助等红十字工作的开展。这也给我们一个新的启示：把每一项工作都变成项目来实施，以项目带动工作机制的创新、工作思路的转变、工作合力的形成、工作措施的落实。

三是夯实基层基础。为了保障项目的顺利进行，把项目帮扶资金切实用到困难群众身上，平湖市红十字会充分发挥基层红十字组织的作用，组织红十字志愿者走村入户，帮助进行先期筛查。有些社区红十字会等还积极邀请金山爱尔的专家到社区授课，组织贫困患者集体乘车到上海金山就诊等。

通过动员社会爱心企业捐资支持项目、相关单位共同执行项目、媒体宣传和监督项目、志愿者参与项目，夯实了基层基础，构建了红十字会社会化工作机制。

四是提升服务水平。红十字会不是政府机关，要承接好企业、政府以及国外有关组织援助的公益项目，特别需要提升服务能力。一方面，以规范、公开、透明的方式运作项目，及时公开救助信息等，让企业的爱心全部用到最需要帮助的困难群众身上；另一方面，全流程参与救助活动，为受助的困难群众提供力所能及的帮助，让他们切实享受到上海优势医疗资源，把实事做实，把好事做好，让群众真正感受到党和政府的温暖。

二、存在问题

一是宣传力度还不够。宣传力度不够，不仅不能使老百姓知晓项目开展给他们带来的实惠，而且在项目实施的过程中对于如何才能得到他们的支持带来了不小的难度。虽然该项目的具体内容在相关镇、村都有所宣讲，但由于重视程度不够，许多群众对此还不是特别的了解。另外，主动联系、对接媒体还有欠缺。

二是部门联动还不够。部门联动不够，不仅使“红十字光明行”项目出现“单打独斗”的现象，而且也会影响项目开展的相关环节，无法达到事半功倍的效果。在项目开展过程中，有些环节如果能够联系相关部门一起开展，效果可能会更好，可见在主动服务上还要下功夫。

三是社会影响还不够。社会影响力不够，不仅是红十字会工作难以开展的“瓶颈”问题，也是制约红十字会发展的关键问题，直接关系到红十字会的生命力。只有不断扩大影响力，才能使红十字事业焕发勃勃生机。特别是对爱心企业和社会热心人士的宣传表彰力度还不够，因此要大力激发他们扶贫济困、敬老助残的爱心行动，让爱心行为受人敬仰，引人追随；要让更多知名人士和热心社会公益事业的新闻媒体人员加入红十字会志愿者队伍，发挥他们的特有作用。

三、几点建议

一是进一步加大宣传力度。力度决定推进速度，提高红十字会的影响力就要切实加大宣传力度，在深度和广度上全面推进。既要利用专栏、板报、横幅、分发材料、编制简报、文艺晚会等常见的传统形式，又要搭建网络、手机等通信平台，做到宣传到边、工作到底、效果到位；也可以学习上海金山的经验，在操作过程中，请医院专家到各村（居）以科普讲座的形式，为平湖市民进行眼科健康知识普及。

二是进一步培育宣传典型。在实施爱心行动过程中，我们努力挖掘爱心行动的典型事件，加强培育和宣传，通过树立典型，生动形象地诠释爱心行动的深刻内涵和精神实质，潜移默化地影响人们的思想观念、价值判断和道德情操。在实施“红十字光明行”项目过程中，我们及时邀请新闻记者对项目的进展进行宣传报道，让大众对红十字事业有了更进一步的了解。正是通过这些典型事迹的宣传报道，不断有爱心志愿者加入项目中来。我们还加大与相关部门的联系联动，例如，在项目开展过程中，加大与卫生部门的联系，共同开展筛查普查；加强与社会保障等部门的联系，为居民就医报销提供更加便利的服务。

三是进一步坚持公开透明。社会公信力是红十字会的生命线，公开透明是提升红十字会社会公信力的重要保证。一是加快推进信息化建设，将现代信息技术作为提升透明度的有效手段，进一步提高红十字会的知晓率、认同率和参与率，提升科学管理和信息公开水平；二是严格执行信息公开制度，做到资金募集、财务管理、分配使用等捐赠信息公开透明，切实保障捐赠人和社会公众的知情权、监督权，及时、全面、真实、准确地向社会发布相关信息，及时回应社会关切；三是主动接受社会监督，进一步完善社会监督员制度，邀请审计部门对社会捐赠款物进行审计，接受上级部门工作督查，拓宽监督渠道，虚心听取意见建议。“红十字光明行”项目在实施过程中，主动接受社会监督，赢得了社会的理解与信赖。

（作者系浙江省平湖市红十字会常务副会长）

红十字基层组织建设的问题及对策

——以嘉兴市秀洲区为例

郭林尧

当前，我国正处于发展的重要战略机遇期，社会矛盾凸显，发展中不平衡、不协调、不可持续问题会集中显现，迫切需要进一步加强和创新社会管理。为此，需要发挥红十字会等社会组织的积极作用。

中国红十字会总会《关于加强红十字会基层组织建设工作的指导意见》指出，进一步建立和完善机构健全、职责明确、运作规范、工作高效的基层红十字会组织，夯实红十字事业发展基础尤为重要。嘉兴市秀洲区红十字会在推进基层组织建设中，注重抓基层、打基础，充分发挥基层红十字会在联系群众、服务弱势群体等方面的作用，逐步扩大基层组织覆盖面，增强基层组织活力。

一、红十字基层组织建设现状

秀洲区红十字会在区委、区政府的正确领导和市红会的精心指导下，结合秀洲区域优势与特色，找准红十字事业发展的方向和定位，注重抓基层、打基础，积极推进基层组织建设。5 年来，秀洲区 5 镇 2 街道、23 个公办学校、10 个基层医疗单位实现了红十字组织全覆盖。

2018 年，秀洲区红十字会作为省级红十字强基工程的试点单位，坚持“成熟一个、发展一个”，在打造示范基层组织样板的基础上，进一步推动基层组织建设的步伐：下发了“秀红〔2018〕1 号”文件，制订了 3 年行动计划；举办基层组织建设工作培训班，明确目标，落实责任，在全区各村（社区）有序推进红十字基层组织建设。

同时，以实施乡村振兴战略、建设美丽乡村为契机，优先在王店镇建林村、新塍镇潘家浜村等 3 个省级“美丽乡村”建立红十字基层组织，增设志愿服务站和红十字文化长廊，开展应急救护培训及“两捐”

知识讲座，将“人道、博爱、奉献”的红十字精神进一步融入城乡每一个角落。目前，全区已建有村（社区）红十字基层组织 90 家，村（社区）的红十字建会率达到 64%；拥有红十字会员 15632 人，团体会员单位 8 家。

二、红十字基层组织建设存在的问题

秀洲区红十字会在有序推进基层组织建设、强化基层组织队伍方面取得了一定的成效，但是在整体推进基层组织建设延伸工作的过程中仍存在一定的问题。

（一）经费不足，制约红十字基层组织的快速发展

目前，全区所有的基层红十字会都没有专项经费。虽然各镇（街道）、村（社区）以及学校每年也拿出一部分经费用于红十字会活动，但经费的短缺使基层红十字会工作的开展受到很大的限制。虽然红十字进社区、进企业、进学校的活动有所成效，但由于宣传推广和力量整合不够，没有形成多元化、灵活化的局面，红十字特色不鲜明，社会影响力有限，很多群众不了解身边的红十字工作，爱心人士捐款、捐物较少，筹资力度不够，工作开展受限。

（二）层次不一，制约红十字基层组织的服务能力

红十字事业的发展与工作队伍素质不高之间的矛盾较为突出。在日常工作中，由于工作人员视野较窄，工作的创造性、创新性不够，所产生的社会影响不能达到预期的效果，从而很大程度上制约了群众参与红十字工作的主动性和积极性。在作用发挥上，一些红十字会员入会流于形式，对红十字组织认识不清，对自身职责认识不清，开展特色活动少，没能充分发挥志愿服务效应。在应急救护上，由于志愿者们大都是企业员工、学校教师和社区群众等，医学基础起点较低，对突发灾害、意外事件等整体救护服务能力不够专业化。

（三）编制受限，制约红十字基层组织的开拓创新

全区所有镇（街）、村（社区）及学校红十字会工作人员都是身兼多职，从而牵制了许多精力。虽然区红十字会布置给基层的任务都能保质保量地完成，但是由于所兼职务的限制，工作难分主次，处于被动应

付的局面。同时，由于对红十字业务工作掌握得少，工作繁忙，并且缺乏必要的学习与培训，开展工作就不能适应新的形势，缺乏开拓创新精神，动员能力不强，推一推动一动，工作不积极，红十字事业仍难以形成广泛而深远的影响，可持续发展的基础和能力较弱。

三、红十字基层组织建设发展的对策

（一）营造基层组织良好工作氛围，促进和谐发展

一是领导重视，确保工作顺利开展。应把红十字会工作纳入各单位、部门、领导班子的目标考核范围内，这样才能引起各单位主要领导的重视，推动工作的开展。二是试点先行，稳步推进工作延伸。试点先行，让基层红会组织建设学有榜样，干有目标；要以项目化的形式，鼓励基层红会开展活动，以增强红会工作的吸引力和创新力；要加大对红会工作的宣传，制作宣传画、宣传品并结合大走访活动发放到群众手中，提高大众对红会的知晓率；规范建会程序，制作统一版面上墙，会员入会自愿，并建好会员、志愿者台账。三是加强指导，切实解决实际困难。区、镇两级要加强对村（社区）红十字组织建设的指导和支持，帮助红十字基层组织解决工作中的实际问题，并制定红十字基层组织建设的实施方案，明确责任目标，营造良好的工作氛围，确保红十字基层组织建设延伸工作顺利进行。

（二）加强基层组织干部队伍建设，促进稳步发展

红十字会工作涉及面广，红十字事业要持续健康的发展，在具备健全的组织机构的同时，必须要建设一支热爱红十字事业、乐于奉献、勇于开拓、精通业务、素质过硬的基层红十字会干部铁军，才能上下联动互动、形成整体合力以共谋发展。要选取热爱红十字事业、德才兼备的优秀干部担任基层红十字会的带头人，通过强化学习专业知识、理论、法律法规，培养一批通世情社情、懂经营管理、善宣传策划、强协调沟通、重执行落实的红十字会干部；同时加大红会干部培训力度，提升红会干部的专业化水平，使之建设成为一支乐于奉献、勇于开拓、精通业务、技术过硬的基层红十字会干部队伍，形成共谋发展的新局面。

（三）突出基层组织志愿服务特色，促进蓬勃发展

建立健全“按专业、分领域、有特色”的志愿者队伍和“统一规

划、分级负责、自主管理”的志愿者服务体系，紧紧围绕红十字会的宗旨，紧紧抓住人道精神传播、保护生命与健康两个重点开展工作。重新登记和注册红十字会员和志愿者，建立准确的数据库。重点结合“世界急救日”“世界红十字日”等重大节日，开展多样化、多元化的助困、助学等特色志愿服务，激发志愿者的潜力和活力。在红十字会参与养老服务试点工作中，以志愿者队伍为基础，以优质的医疗服务为支撑，通过“敬老爱老志愿者服务队”和“阳光心理志愿者服务队”，开展“温暖夕阳红　巡回敬老院”的公益项目。在红十字引领青少年思想道德建设中，以继续创建省级红十字达标校、示范校为抓手，不断巩固学校主阵地，完善以工作委员会为主导、学校红十字会为基础、红十字青少年为主体的组织网络体系。

（四）加大基层组织经费扶持力度，促进持续发展

一是积极争取上级政府及红十字会的政策支持，通过财政部门出台文件，明确镇（街道）、村（社区）、学校财政将红十字工作经费纳入年初的预算，以保证红十字事业可持续发展的需要。二是上级红十字会下拨经费，通过表彰“红十字社区示范点”的形式发放，或者通过项目的形式发放，如“阳光成长”“温暖夕阳红”等项目验收合格后拨给资金，这样既推进了工作的开展，又使基层得到一定的经费保障。三是发动爱心人士捐款捐物。加大宣传力度，提高红十字会的社会知名度，增强全社会对红十字工作的认同感，发动更多的爱心人士捐款、捐物，帮助更多的困难人群。同时，对于捐赠款物的接收和使用，对于每笔款项都要及时在区计卫局网站上进行公示，以保障捐赠人和社会公众的知情权、监督权。

（作者系浙江省嘉兴市秀洲区红十字会常务副会长）

盐都区红十字会专栏

突出人道供给　参与社区治理

陈海高　王金海

习近平总书记强调，基层是一切工作的落脚点，社会治理的重点必须落实到城乡社区。作为党委政府在人道领域的重要助手，红十字会工作重心也必须深入基层，在社区、村居发挥作用。近年来，盐都区红十字会主动融入大局，积极参与城乡社区治理，深化人道服务供给侧改革，扩大有效供给，在推进社会治理、促进良好社会秩序的形成中做出了积极贡献，取得将盐都区创建成"全国社区红十字服务工作示范区"、区红十字会先后被表彰为"全省红十字应急救护百万培训工作先进集体"和"全省红十字养老照护服务工作成绩突出单位"等显著成绩，赢得基层群众普遍欢迎，走出了高质量发展新路子。

一、紧扣共建共治共享的社会治理要求，强化职能发挥

红十字会参与社区治理，是深入贯彻和具体落实党的十九大报告所指出的"加强社区治理体系建设，推动社会治理重心向基层下移，发挥社会组织作用，实现政府治理和社会调节、居民自治良性互动"的要求。而要精准发挥作用，首要的是将红十字会组织向社区延伸，队伍向社区扎根，这样才能保证红十字工作向社区推进，精准把握社区矛盾问题和群众需求，相应地开展工作。为此，盐都区红十字会坚持把推进基层组织建设进街镇、进社区作为重要工作来抓。

（一）建强基层组织

规范街镇级红十字会建会程序的 7 个不可或缺的步骤：（1）学习《红十字会法》和章程；（2）提出理事会、常务理事会人选；（3）党政联席会议讨论通过；（4）以党政办名义向区红十字会提出申请；（5）区

红十字会批复；（6）召开成立大会并由区红十字会授旗、授牌、授印、授徽；（7）聘请名誉会长。在建强街道、乡镇红十字会的基础上，继续推进基层组织向下延伸，建立社区、村居红十字服务站。

（二）明确工作要求

深入开展创建活动，推进街镇红十字会、社区红十字服务站达到“六个有”的基本要求：（1）有固定的工作场所和必要的工作设施；（2）有相对固定的兼职工作人员；（3）有切合地方实际的工作制度；（4）有一定经费保障；（5）有稳定的志愿者和会员队伍；（6）有会牌、会旗、会徽、会印（区红十字会统一制作）。会牌和制度必须上墙。

（三）落实基本任务

结合盐都实际，通过考核推进，落实基层组织 8 个方面工作任务：（1）建立健全台账资料；（2）传播红十字运动知识；（3）筹资和救助；（4）组织无偿献血和招募造血干细胞采样志愿者；（5）开展志愿服务；（6）实施应急救护培训；（7）发展会员；（8）创建工作特色。

通过持续深入的基层组织建设，目前，盐都全区共建立了 20 个镇（区、街道）红十字会、132 个村居红十字会、49 家企业红十字会、40 个社区红十字组织，且围绕共建共治共享的社会治理要求，紧紧贴近群众，有效开展各项人道服务工作。

二、坚持红十字会工作宗旨，提升有效供给

社区和群众欢迎能够带来支持和帮助的组织进驻，为此，盐都区红十字会坚持“不添麻烦只添彩，不争利益只争光”，紧紧围绕社区所需、群众所盼、红会所能，积极提供人道供给。

（一）帮助社区完善应急救援体系，提供紧急救援

区红会在福才社区综合楼建设了盐都区红十字会备灾救灾中心，建立应急救援队伍，完善灾害应急预案，指导镇（区、街道）加强社区、村居应急救援工作。对内，先后为区内遭风灾的秦南镇陈祁、大同和龙冈部分村居有效开展现场救援和向上争取援助工作；对外，积极动员社区群众参与救援，先后为四川汶川、青海玉树、四川雅安、云南鲁甸等灾区提供人道援助。2016 年，“6・23” 阜宁风雹灾害发生后，社区群众

积极参与募捐，累计捐款超过18万元。

（二）帮助社区完善健康保障体系，提供应急救护

融入平安社区建设，依托社区红十字服务站，实施“公益性应急救护百万培训”项目，为群众集中开展初级救护员和群众性普及培训工作，社区居民每年获益3000人次以上。潘黄街道卫生服务中心的徐静在2013年成功为一名患病市民实施了心肺复苏，被评为“江苏好人”。

（三）帮助社区完善扶贫帮困机制，提供人道救助

充分发挥社区红十字服务组织的作用，对社区老弱病残等身处困境的人员，通过“博爱送万家”活动登门慰问、资助医疗学习生活费用、发放博爱联系卡等多种方式，提供精准人道救助。每年受益在3000人次左右。

（四）帮助社区完善文明创建体系，提供志愿服务

充分发挥红十字志愿服务队作用，在社区文明创建活动中，突出无偿献血、造血干细胞采样、募捐筹资等人道业务工作，多层次、全方位推进社会公德、职业道德、家庭美德和个人品德建设，先后涌现出一大批模范典型。社区红十字服务工作成功助力盐渎街道福才社区被评为“全国最美志愿服务社区”。

（五）帮助社区完善核心价值体系，提供人道传播

运用多种大众媒介，多措并举，在社区广泛传播“人道、博爱、奉献”的红十字精神和红十字博爱文化，促进社区关爱生命、扶危济困、敬老助残、助人为乐道德风尚的形成，增强群众公益意识，激发民众向善热情。

三、做好社区人道服务工作规划，加强平台建设

社会治理需要关口前移、重心下移，盐都区红十字会着力适应新形势，切实加强社区人道平台建设，搭建好不断凝聚人道力量、密切联系群众、服务群众、提升自我的优质平台。

（一）搭建好人道资金筹集平台，提高救助实力

坚持“政府政策引导、红会主体担责、相关部门协同、社区共同参

与”的原则，建好人道资金筹集平台，并不断尝试通过举办博爱作品展、建立“存本用息”冠名基金、开通网络筹资通道、接受委托定向捐赠和服务社区结对资助等募捐方式，筹资渠道逐步宽广。近几年，盐都区年均筹集善款300多万元。

（二）搭建好志愿服务参与平台，激发爱心力量

积极推进“互联网+红十字会”，立足社区，利用网络搭建平台，激发社区群众踊跃成为志愿者，有效参与无偿献血、造血干细胞采样与捐献、募捐筹资、社区结对服务、应急救护、养老照护等志愿服务工作，增强社区造血功能，丰富社区人道供给。

（三）搭建好部门协同合作平台，壮大供给总额

主动将红十字工作和社区党建、综治、老龄、妇女等工作有机结合，设计好群众欢迎的人道服务项目，共用社区阵地，丰富人道资源，在社区困难职工、留守儿童、妇女、老人、残疾人等权益保障和需求服务上互通有无，合力供给，共享阳光，化解矛盾和难题，提升社区群众幸福感和红十字的品牌效应。

（四）搭建好理事单位和社会力量参与平台，优化人道供给

着力协调发挥公安、教育、卫计、共青团等理事单位的作用，积极与社会公益组织合作，搭建平台，便于他们参与社区红十字服务，弥补红十字会在社区平安建设、困境学生关爱、健康教育促进等供给方面的不足，凝聚人道力量，服务社区群众。

四、彰显地方红十字会工作特色，真心关爱群众

红十字会工作包容性很强，活动内容丰富多彩，但影响却是“润物细无声”，需要在持之以恒的基础上不断创新。在加强和创新社会治理过程中，必须彰显工作特色。盐都区红十字会坚持走“彰显盐都特色、引领区域发展”的路子，在做好传统业务工作的同时，坚持务实创新，注重项目引领，着力塑创红十字品牌，彰显红十字社区人道服务供给工作特色，真正让群众感受到红十字会工作的温度，感受到红十字会平台的热量。

（一）成立旧衣物接收中心，化解社区居民捐衣难

盐都区于2014年率先在全市成立旧衣物接收中心，常态化接收旧衣物，由社区志愿者清洗整烫、消毒分类包装，按需发放给需求地区或者困难群众，方便社区群众奉献爱心、帮助他人。

（二）设立“红十字博爱超市”，推进社区贫困户脱贫

全区5年内按需建设9家博爱超市，每年动态资助不同类型的困难家庭近千户。5年落实资金300多万元，每年组织博爱送万家700多户。

（三）依托社区博爱家园，推进养老照护服务

积极推进博爱家园建设，推进志愿服务、救护培训、人道救助、募捐筹资、博爱文化传播等红十字“5+X”工作进社区。在博爱家园基础上，实施志愿者与有需求的老龄人员结对，推进养老照护，为社区老人提供生活照料、康复保健、文体娱乐、精神慰藉、安全援助等特色鲜明、有效可持续的人道服务。2018年4月，盐都区代表省、市接受总会督查，并受到充分肯定；2018年6月，代表江苏省出席在福建厦门举行的“第八届海峡两岸红十字博爱论坛”并做专题发言。

（四）实施博爱助学助医，让社区特定人群感受人道关怀

全区5年共帮扶困难学生542人，近70万元；救助白血病、尿毒症、红斑狼疮等重大疾病患者3000余人，350多万元；慰问精神病患者、麻风残老人员300人次，30多万元；实施“明亮眼·都有爱”红十字光明项目，每年投入10多万元，为200名贫困白内障患者免费复明手术，落实兜底治疗经费，增强了社区群众的幸福感受。

（五）参与“防艾”工作，助力社区健康工程

设立“红丝带”博爱慰问基金，关爱身处困境的艾滋病病毒感染者和病人，支持“艾友”互助小组健康促进活动。成功争取总会网上红十字会建设项目支助，实施“关艾网络行动”，加强反歧视宣传，激发动员社区群众共同参与，携手“防艾”，共创健康和谐生活。

此外，加强与红十字运动研究中心的联系，设立盐都研究基地，重点加强社区红十字工作方面的理论研究。近期，盐城市2017年度社科应用研究立项课题、2017年医学科技发展计划项目结题论文《盐都区红

十字会养老照护志愿者团队在养老照护中的效果分析》在《江苏卫生事业管理》杂志上发表，成果评定正在申报之中。

通过红十字工作走进社区、深入家庭、积极参与社区治理的一些探索和尝试，我们深刻体会到，有人群的地方就有人道需求，红十字会完全可以在保障社区公共服务、公共管理、公共安全中更好地发挥职能作用。在新时代，面对社会主要矛盾的变化和社区治理工作的要求，红十字会要充分发挥党和政府人道领域联系群众的桥梁纽带作用，围绕中心，服务大局，紧扣运动宗旨，切实强化基层组织和服务平台建设，着力聚焦社会关注和群众关切，着眼社会所需、红会所能，凝聚人道力量，创新服务举措，精准为社区基层群众提供人道服务，为进一步加强和完善城乡社区治理做出应有的积极贡献。

（作者单位：江苏省盐城市盐都区红十字会）

乡镇红十字会开展人道救助服务工作的调查报告

谢如成

党的十九大报告明确指出：加大城乡统筹发展力度，大力实施乡村振兴战略，全面实施精准扶贫工程。新形势下，随着“人道、博爱、奉献”的红十字精神的大力弘扬和普遍传播，广大社会弱势群体对红十字会社会救助的期盼愈来愈迫切，对红十字会各项救助服务的要求也越来越高，传统的红十字会救助服务工作已经不能适应新时代的需求。笔者长期生活在农村，工作在最基层的乡镇红十字会救助服务岗位，对基层红十字会工作的现状有所了解，现对乡镇红十字会救助服务工作做简要表述。

一、调研时间、对象及方法

调研的时间：2018 年 2 月 1 日到 2018 年 9 月 25 日；

调研对象：盐城市盐都区秦南镇 28 个村居及相关单位；

调研方式：网络调查、实地调查。

二、基本概况

（一）秦南镇总体概况

盐城市盐都区秦南镇位于盐城市西部，是国家级重点建设小城镇、盐城市 50 强重点镇、国家高空作业之乡、国家疏浚打捞之乡、江苏省狮舞之乡、盐城市新农村建设示范镇。全镇总面积 128 平方公里，总人口 8.9 万，下辖 25 个行政村、3 个居委会。S233、S231、盐淮高速、朱沥沟二级航道穿镇而过，水陆交通便捷。

（二）秦南镇红十字会工作开展情况

1. 组织领导得到加强

镇党委、政府重视红十字会工作，并与区红十字会保持密切联系，依法和章程成立由镇党委书记兼名誉会长、镇长任会长、分管镇长任常务副会长、社事办主任兼任秘书长、相关职能部门和企业负责人任理事的秦南镇红十字会理事会，并设立镇红十字会工作办公室、红十字志愿服务工作站，具体负责和协调全镇红十字会日常工作。

2. 职责分工比较明确

镇红十字会办公室具体负责辖区内红十字博爱文化传播、救助金筹集捐募、特困群体救助帮扶、红十字志愿服务、应急救护培训、博爱超市监管、无偿献血和造血干细胞捐献组织与服务、重大灾害救助和上报等工作，各理事成员单位按照协调配合、各有侧重的工作要求，有序开展各项红十字会工作。

3. 工作网络相对完善

按照区红十字会要求，结合镇域实际，搭建镇、村红十字服务网络，在村居设立红十字会兼职信息员，定期进行培训和学习，把各村居红十字救助、服务等工作列入农村综合目标考核内容，强化两级红十字组织工作的落实。

4. 人道工作常态开展

突出博爱文化传播，年均发放红十字宣传资料 5000 余份，重大节日开展形式多样的咨询、演出、志愿服务活动；积极配合区红十字会开展红十字示范学校创建活动，创建成功省、市级红十字示范学校 3 家；重点开展募捐筹资工作，凝聚人道力量，鼓励和引导镇机关工作人员、企业、社会组织、爱心人士等通过募捐等方式参与博爱救助金募集，共同助力社会扶贫工作，每年募捐资金均在 20 万元左右；以医疗救助项目为载体推进精准扶贫工作，常年对辖区内的白血病、尿毒症、红斑狼疮三大疾病患者进行资金救助和节日慰问，年均在 80 人次以上，救助资金 15 万元以上；持续深入开展红十字会“博爱送万家”活动，自 2009 年以来，已累计投入 30 多万元款物，直接受益人数达 300 多人次，使困难群众切实感受到党和政府、社会大家庭的温暖；每年组织机关干部、教师开展无偿献血活动，年献血量均在 30000 毫升左右；每年组织各类志愿服务活动 12 次以上，年均组织救护培训 1000 人次以上，发放博爱超市救助卡 150 张，救助资金近 10 万元；组织志愿者和机关干部结对帮扶280对，常年精准扶贫800人次以上；关爱留守儿童，组建月光爱心妈妈志愿服务队，常年关爱帮扶留守儿童200人次以上。

三、农村基层红十字会救助服务存在的问题

秦南镇红十字会在镇党委政府的领导和区红十字会的支持下，积极开展人道服务工作，取得了积极的成效，但也存在以下问题：

一是红十字会倡导的“人道、博爱、奉献”精神的弘扬还存在盲区，在一些青壮年外出务工、留守老人儿童众多的村居普及还不够，红十字会在基层群众中的知晓度还不高、影响力还不强。

二是群众对红十字会人道服务工作认识有偏颇，社会参与扶贫救助和志愿服务的氛围不浓。一些社会组织和普通群众认为扶贫救助和志愿服务工作是政府的事，与己无关，参不参与无所谓；也有一些人责任意识淡薄，怕担当责任、有畏难情绪，参与服务活动缺少执着和坚持。

三是红十字会救助金募捐难度较大。乡镇一级主要还是依靠机关、事业单位工作人员捐出工资所得，社会力量参与人道募捐的巨大潜力没有充分激发出来，同时存在着募捐筹资金额比较小、募捐筹资的理念不够成熟、活动形式比较单一等问题。受经济形势下行压力影响，在企业宣传发动募捐筹资工作也有一定困难。

四是帮扶救助和志愿服务的方式比较单一。目前，帮扶救助方式多采用给钱、给物的直接帮助，重“帮”轻“扶”，“授鱼”而非“授渔”，从根本上助力脱贫还存在较大难度。

五是受不良、不当生活方式和环境因素影响，区域内重大疾病的发病率较高，群众医疗负担重，对红十字会救助服务的期望值不断增长，但红十字会募集的救助金有限，不能满足弱势群体迫切的、持续增长的救助需求。

六是红十字会救助服务与慈善会、民政救助、扶贫办等社会救助机构的融合存在难度，互联互通还没有实现，多头受理、重复救助情况依然存在，救助的针对性和覆盖面受到一定影响。

四、乡镇基层开展红十字救助服务的建议

一是强化红十字精神的宣传，营造全社会参与救助服务的良好氛围。党委、政府要鼓励和支持红十字会依法和依照公序良俗开展扶贫济

困、赈灾救孤、扶老助残、助学助医等人道救助和志愿服务活动，树立标杆、提供示范，营造全社会积极参与扶贫济困的良好氛围。要多开展贴近群众的红十字精神主题宣传活动，加大红十字救助服务先进事迹、最美人物的宣传，大力营造扶贫向善、济困光荣的社会风尚。同时，积极传播红十字博爱文化、展现红十字人道风采、推动社会价值认同，进一步增强红十字事业的感染力。

二是创新红十字会救助服务方式。把红十字会日常工作与精准扶贫融合推进，配合党委、政府实施扶贫攻坚战略，依法参与推进精准扶贫、精准脱贫工作。红十字会在实施救助服务项目过程中，要始终注重弘扬“人道、博爱、奉献”的红十字精神与“扶危济困、守望相助”的中华民族传统美德，培育友善互助的人道情怀和健康向上的社会风尚，让救助服务的社会成效得到更多彰显。

三是发挥红十字会在人道领域的政府助手作用。着力做好重大自然灾害及其他突发事件的救援、救助准备工作，积极推进红十字应急救护培训，广泛动员社会资源，大力募集博爱救助金，尽最大可能对患有重大疾病的农民和儿童实施医疗救助。要发挥红会精神文明建设生力军的作用，大力宣传红十字事业发展进程中涌现出的先进人物和感人事迹，弘扬红十字精神。

四是积极开展丰富多彩的红十字活动。以开展红十字救助服务项目为抓手，做靓红十字品牌项目，拓展红十字救助和服务渠道，着力将对特困人群开展的人道救助与防灾减灾、应急救护、大病救助、送温暖等直接惠及民生的公益活动融合推进，以更加丰富的形式向贫困群众提供物资、资金和心理服务。

五是全面提升红十字会工作的公信度。致力于研究和做好红十字会公益形象宣传，唤起社会公众爱心，赢得社会支持。突出捐赠活动公开透明，尊重捐者意愿，建立公示和监督制度，健全红十字会经费审查监督机制，及时反馈募捐资金使用、社会服务情况，接受各方面的监督。

六是扎实开展特色志愿服务行动。充分发动红十字会兼职工作者、会员、志愿者和社会各界人士参与红十字志愿服务行动，结合个人实际，开展大走访大座谈活动，宣传红十字会志愿服务原则，宣传红十字会法律法规及“三救三献”核心业务，主动结对帮扶弱势群体，助推精准扶贫；积极围绕救助服务调研、关爱留守儿童、推进养老照护、支持助教支医、助力乡村振兴、支持文明创建、传播人道理念、提供心理咨询、指导院前救护等活动，以亲民、利民、惠民的务实服务为红十字会增光添彩，为服务者和被服务者提升思想境界，共建和谐幸福新家园。

五、结束语

红十字会救助服务工作是红十字会组织、专兼职工作者、会员、志愿者的业务工作，也是事关地方大局、事关群众切身利益、关系社会文明程度的重点工作，是一项综合的社会系统服务工程，强化红十字救助服务工作没有终点，永远在路上，任重而道远。

我们坚信有各级党委和政府的高度重视、有红十字人和人道精神感召的志愿者的不懈努力和不尽追求、有全社会的积极参与，红十字救助服务工作一定会蒸蒸日上，红十字事业一定会更加灿烂辉煌。

（作者系江苏省盐城市盐都区秦南镇红十字会秘书长）

乡镇红会有作为　精准服务助发展

——盐城市盐都区龙冈镇红十字会工作感悟

宋全生

龙冈镇位于盐城市区西郊，辖 2 个街道办事处、1 个果树良种场、35 个村（居、管理区），面积 100 平方公里，人口 9.82 万，经济和社会发展一直走在全市镇（区、街道）前列，先后被评为“苏北经济综合实力 50 优乡镇”“江苏省百家名镇”“江苏省文明镇”“国家生态公园试点镇”“全国百佳历史文化名镇”，龙冈华都森林公园和桃花园 4A 级景区更是享誉海内外。

龙冈镇人道工作的起步时间相对比较早，1988 年 6 月 13 日，建立了镇红十字会。多年来，在镇党委、政府的坚强领导和市、区红十字会的精心指导下，镇红十字会秉承人道宗旨，以争创红十字先进乡镇为目标，以强化组织标准化建设为抓手，以塑创红十字业务品牌为主线，扎实开展备灾救灾、救护培训、募捐救助、志愿服务、人道传播、示范创建、生命工程等重点工作，成效突出，镇红会成为“同仁齐心、领导放心、群众舒心、社会关心”的人道基层组织，连年受到区政府表彰，2013 年被评为“盐城市先进乡镇红十字会”；2016 年 1 月 10 日，被表彰为“2010—2015 年度全省红十字会基层组织先进集体”。作为基层红十字会代表，龙冈镇红十字会秘书长宋全生还参加了 2015 年 5 月在北京召开的中国红十字会第十次全国会员代表大会，并受到习近平总书记、李克强总理等党和国家领导人的亲切接见。

一、俯下身子打基础，扎实推进基层组织建设

一是组织建设高起点。积极争取党委、政府重视与支持，严格按照 7 个步骤的规范程序，建立健全镇及相关红十字组织，即“学习红会法和章程、提出理事会人选、党委政府联席会议讨论通过、以党政办名义向区红十字会提出申请、区红十字会批复、召开成立大会并由区红十字

会授旗牌印徽、聘请名誉会长”。几任党委书记均担任名誉会长，镇长出任会长，党委副书记或分管科教文卫的副镇长为常务副会长，财政、民政、卫生、教育等站所负责人和地方知名公益人士担任副会长，通常由社会事务办公室负责人担任秘书长，负责具体会务和日常工作。参照镇级红会建会及换届的步骤程序，指导35个村（居、管理区）、5家重点企业和4所中小学校、2所卫生院完善组织架构，明确工作人员，建立红十字会组织。

二是阵地建设标准化。镇红会按照“五有五上墙”标准建设，即有红十字会徽旗牌印、有基本办公设施、有红十字会报刊、有规范的红十字会制度和台账；红十字会会徽、牌子、组织、职责、制度上墙全部到位。党委政府在镇机关办公用房紧张的情况下，保障红十字会办公活动用房和必要的工作设施，现有办公室1间、22平方米，除了秘书长外，还有兼职工作人员2名；应急救护培训基地暨红十字运动传播室1间、40平方米，并在新建的凤凰幼儿园设志愿者活动室1间、60平方米。村（居、管理区）、企业和中小学校、卫生院红十字会参照“五有五上墙”标准建设，毓龙居委会、华鸥实业公司、龙冈初中等成为较好典型。

三是制度建设重长效。按照全镇工作大局和区红会“组织建设重运行、应急反应重迅捷、志愿服务重结对、台账资料重归档、救护培训重普及、宣传活动重传播、社会筹资重透明、生命工程重阳光”的要求，完善工作机制，每年召开理事会，明确目标任务，重点围绕红十字运动知识传播、募捐救助、应急救护培训、无偿献血、造血干细胞采样、志愿服务、村居企业红十字组织完善、建立健全台账资料、创建工作特色等9项重点工作，硬化措施，强化推进，确保每年都有新要求，每年各项工作任务都能够圆满完成。

二、撸起袖子干业务，全力彰显人道服务宗旨

一是募捐筹资积极作为。人道资金的募集是红十字会开展社会救助工作、履行政府人道领域助手职责的基础。对此，镇红会高度重视，每年都积极响应区红十字会“博爱救助金”筹集倡议，广泛动员干部、职工、企业家和爱心人士带头捐款，筹资总额每年都在20万元以上，名列全区乡镇前茅。我们还连续29年在镇“党员干部冬训班”上发起为本镇困难群众的义捐活动。此外，无论是汶川、雅安、鲁甸等震灾，还

是2016年的“阜宁风灾”，镇红会都在第一时间组织捐款救灾。据统计，近10年来，共募集善款350多万元。

二是人道救助精准实施。主动关心镇域范围内弱势群体，积极为本镇生活困难群众办理救助申请。近年来，配合上级红会救助白血病、尿毒症、红斑狼疮等重大疾病治疗患者200余人次；开展“红十字博爱送万家”专项活动，帮扶困难家庭近200户，资助龙冈中学博爱班、龙冈小学培智班学生90余人。

三是救护培训深入开展。主动对接并落实应急救护培训“进社区、进农村、进学校、进企业、进机关”行动，面对社区居民、村医生、初高中学生、幼儿教师、机关干部等2000人次分层进行救护培训，效果较好；每年结合防灾减灾宣传，在全镇中小学、幼儿园开展地震、火灾逃生演练和救护知识比赛活动。2016年，我们发动华鸥实业有限公司红十字会冠名；在全区中小学生会员中开展全国红十字青少年防灾避险知识竞赛，获得“最佳组织奖”一等奖，受到中国红十字会总会表彰。

四是献血捐髓已成常态。每年镇红会都发动、组织全镇教职工、医护人员、机关干部参加无偿献血和捐献造血干细胞采样活动，无论是在镇里的设点现场，还是到血站或其他镇参与，我镇党员干部和广大红会会员、志愿者都踊跃参加。2013年5月10日，在龙冈镇纪念世界红十字日献血献爱心活动现场，区委书记羊维达、副区长张云云与大家一起撸起袖子献血，带动了我镇参与献血人数和献血量逐年上升。捐献造血干细胞方面，近年来有30多名志愿者参与采样而成为中华骨髓库志愿者，毓龙居委会一对姐弟还成功实施了骨髓移植。

五是志愿服务影响深入。一方面加强志愿者队伍建设，从全镇教育、文化、卫生、广电、运输等行业招募红十字志愿者，并遴选出综合素质高、组织能力强、富有热情的红十字志愿者组成镇志愿服务队，全镇现有登记志愿者5860人、注册志愿者97人、志愿服务队6支。另一方面，富有成效地开展贴近群众实际需要的志愿服务活动：去敬老院为老人免费理发、文艺表演，“月光妈妈”志愿者关爱留守儿童，医务志愿者开展义诊活动，镇机关志愿者为小学培智班学生讲故事、送图书，广电志愿者为敬老院老人免费安装有线电视、为困难群众修理家用电器等，深受欢迎与好评。

三、创好牌子增亮点，竭力打造救助服务平台

一是创办博爱超市。在区红会的支持下，我镇依照“政府引导、红

会主办、商家参与、百姓受益”的模式，于2012年创办全区一流的“博爱超市”——龙冈欧特福店，让困难群众能感受到红十字会的温暖。我们的做法是在区红会每年分季度注入资金的基础上，争取政府配套，由镇红会按照“资困为主、按年定人、急难优先、脱困即收、新困填补”的工作思路和“申请、审核、公示、发卡”的工作流程，对每年100户资助对象实行动态跟踪管理服务；按照“分期打款、限额消费、日用为主、相对优惠”的要求，推动“博爱超市”协办方践行“让群众得实惠、为红会增光彩”的服务承诺，细化服务项目、优化服务内容，做好“开设红十字博爱专柜，接受群众电话预约，限时送货上门”等各项服务活动，扩大了红会对困难群众的有效帮扶范围，提高了超市方的信誉度和美誉度，增强了商家反哺社会的责任意识。几年来，不仅有更多的困难群众得到了红会的帮助，商家也拿出部分利润配合救助镇内困难群众，还带动龙冈成功人士掀起对家乡群众结对帮扶的新风，博爱超市成为困难群众的“加油站”，实现了商业与公益的双赢。

二是建立企业“博爱救助金”制度。关注区域内弱势群体的现状，动员华鸥实业有限公司红十字会参照区红会救助金使用管理方法，2012年在全区率先建立企业“博爱救助金”制度。“企业按利润或销售收入比例出资、红会提供政策指导和业务监管、指定受益范围和标准、纳入本地社会公益救助范围”，目前该企业“博爱救助金”总额超过200万元，受益人数超过150人次，为企业参与公益搭建了较为合适的平台。

四、几点体会

服务群众是核心。我镇红十字会坚持围绕“人道主义”这个基准点，把关注民生、改善民生、改善易受损害人群的境况始终放在工作的中心位置和中心环节，积极参与人道救助、应急救护、志愿服务等各项工作，并在创新服务模式、谋求发展上把群众需要和认可放在首位，一直发挥着党和政府在人道领域联系困难群众的桥梁和纽带作用，成为地方构建社会主义和谐社会的重要力量和精神文明建设的生力军。

领导重视是前提。实践证明，一地的党政主要领导和分管领导对红会工作的肯定和对其作用的认同，直接影响着红十字会工作的开展。近年来，我镇红会取得了一些成绩，省红会领导徐国林、赵凯、李新平，市红会领导乔静、李书万，区里羊维达书记、吴本辉区长、原政协陈广平主席以及冯明印副书记等同志先后来我镇指导红会工作，镇党委政府主要领导同志均参加陪同和主动汇报工作，对我们开展红十字工作提供支持与鼓励。我们也通过各种渠道和方式，争取各级领导更加重视红十字工作，以推动事业长足发展。

社会支持是基础。一个地方如果民众尤其是热心的企业家回报社会的意识强烈、乐善好施的社会氛围浓烈，红十字会的筹资工作就能较好地开展，救助能力就大为增强。如果红会的公众支持和参与度不够，红十字事业将成为无源之水、无本之木。几年来，我们紧扣宗旨，设计开展群众欢迎的人道服务项目，增强透明度，提高公信力，红十字会的影响力越来越大。

自身努力是关键。一要强化“想干”意识，解决一个态度问题。如果没有对红十字会良好的感情基础，再好的条件、再多的支持，也难以为继。只有热爱红十字事业、热心红十字会工作，才能一如既往地投身这项服务社会、造福群众的事业。二要强化“能干”意识，解决一个方法的问题。能力不是天生的，工作中要吃透上级精神，了解工作流程，勤于实践，善于总结，不断提高红会工作水平。三要强化“干好”意识，解决一个效果的问题。红十字会工作者要把做好事、善事作为工作努力的方向，多做“雪中送炭”的事情，多做老百姓有需求的事情，帮助群众解决实际困难。

红十字工作涉及千家万户，关乎社会和谐稳定，我们深感责任重大。今后，我们要在党委政府的领导和上级红会的指导下，紧紧围绕红十字会核心工作，进一步明确要求，理清思路，振奋精神，扎实工作，把红十字精神宣传到千家万户，使红十字会真正扎根于广大人民群众之中，在社会生活中发挥红十字会更大更好的作用！

（作者系江苏省盐城市盐都区龙冈镇红十字会秘书长）

新时代下盐城市大冈中学红十字青少年工作的新思考

周 婕

盐城市大冈中学坐落在盐城和泰州两市交界处的、荣获“全国重点镇”荣誉称号的盐都区大冈镇，是一所被誉为“老校成功改造的现代化高级中学”。这里曾培养出多位进入北大、清华等名校的学生，也走出在研究领域独树一帜的院士。她的前身为始创于1904年的大冈高等学堂，战争年代更名为叶挺中学大冈分校。1956年，大冈中学重建，时为一所初级中学；1968年，发展为一所普通中学；1997年，升格为盐城市重点中学；2004年4月，升格为江苏省三星级高中；2018年3月，升格为江苏省四星级高中。学校现占地面积120亩，校舍面积32410平方米，绿化覆盖率65%，班级37个，师生员工2600人。

成绩和不足

学校牢固确立“以学生为本，为社会服务”的办学理念和“谋内涵发展，求质量立校”的发展思路，始终秉承“明志博学、唯真至善”的校训，不断塑创德育工作特色。近年来，学校特别注重加强以“人道、诚信”教育为核心的校园文化建设，作为加强和改进未成年人思想道德建设的新生事物。人道理念方面，在盐都区红十字会的精心指导与区教育红十字会的大力支持下，大冈中学师生积极行动，每年都踊跃参与区博爱救助金的筹资工作，落实结对帮扶措施，精心开展扶贫助学行动，每年都有多名老师参加无偿献血、造血干细胞采样及相关志愿服务活动，学校红十字工作得到了社会的广泛认可。诚信教育方面，早早创办并运行了无人值守的校园超市，中央电视台第四频道曾以“江苏：学校开办诚信超市，考验学生诚信”为题，对外进行专题报道。

如今，大冈中学人深深明白，成绩属于昨天，学校红十字会工作仍有很多不足之处，仍然需要取长补短接续奋斗，特别是红十字青少年这一方面。具体而言，红十字会工作没有与学校德育工作完美结合，还存在分割开展、“单打独斗”的现象；博爱文化传播还局限在校内和镇区，很多事情做了却没有在更广泛的媒体平台上做宣传，这在一定程度上制约了我校红十字青少年工作的开展水平。

另外，学校红十字会工作还存在创新不够、形式单一、红十字文化宣传普及不够等现象。例如，主动结合各类节日、纪念日创新开展工作的活动频度、丰富度不够，对学生吸引力不大；虽然我们在全校红十字宣传上做了大量工作，但距离人人了解红十字知识的目标还有较大差距；学校缺乏长期、系统的有效宣传引导，学校的思想品德和健康教育未能与红十字文化有机融合。

对策和建议

强化学校红十字工作委员会的引领和协调作用。由校红十字会牵头，结合政教处、团委等有关部门联合完善学校红十字工作委员会，切实深化学校红十字青少年工作的组织领导。

一是明确工作职责和分工。制定委员会工作制度，明确职责分工，畅通沟通渠道，共同开展工作。和区教育红十字会保持积极的联系，让区教育红十字会发挥专业优势，强化指导作用；把红十字青少年工作融入学校德育教育、素质教育中，纳入年度考核指标并提供经费保障；在区教育红会的支持下，在活动组织、阵地建设、技术培训、人才保障等方面获得支持。

二是定期研究部署红十字青少年工作。在校委会的支持下，由校红会牵头，定期研究学校红十字会工作中遇到的困难和问题，协调学校各部门共同协商解决。在学校教育中，实现红十字青少年工作经常化、规范化、制度化，保障工作落实。研究学生成长规律和实际情况，按照不同年龄阶段不同的特点和需求，分别部署、策划有层次、有特色的工作内容。

三是开展形式多样的红十字青少年活动。充分利用盐都区教育资源均衡、学生实践活动与交流活动频繁和学校红十字会的资源和优势，推动本校和其他学校红十字会的协作与互动，开展经常性的实践体验活动，为红十字青少年活动的开展创造良好氛围。

另外，在细节方面还应该注意完善以下几方面的工作：

（1）完善学校红十字会的组织与管理。学校红十字会工作的顺利开展，需要学校管理者的高度重视，需要健全的组织与管理机构。

（2）发挥理事会作用。学校红十字会理事会应由学校分管领导，德育处、总务处、校团委、学生会等部门负责人和年级主任、红十字青少年会员代表组成，对照职责，各司其职又密切配合，让各项工作规范开展，有助于提升红十字青少年工作的水平。

（3）规范工作制度。建立完善年度学校红十字会理事会议制度，专题研究红十字青少年工作，对全年的红十字工作和活动做出全面安排；规范各项工作制度，包括会议制度、会员登记制度、经费管理制度、志愿服务制度、档案管理制度等；学校各部门之间做到责任明确，团结协作，为学校红十字青少年工作创造良好的制度条件。

（4）创新学校红十字文化建设。结合学校德育教育和日常管理的重点，以全面实施素质教育为基点，大力开展各类丰富多彩的师生红十字主题教育和有红十字特色的青少年活动。

（5）传播红十字知识，引导学生树立人道理念。学校设立固定的红十字板报、墙报、专栏等，班级教室开辟红十字宣传角，也可以通过网站、微信公众号等网络途径，向师生及学生家长定期宣传红十字基本知识，扩大红十字知识的宣传覆盖面。突出“红十字”主题，开展以人道价值认知、尊重生命、防灾避险、志愿服务、心理健康为主要内容的主题班会、演讲比赛、征文比赛、知识竞赛、夏（冬）令营等活动，培养广大青少年的博爱、仁慈之心，树立人道理念。

（6）细化应急救护培训内容，增强师生自救互救能力。针对青少年学生不同的生理、心理特点和成长规律，开展不同层次、不同内容的救护知识培训，比如，结合学校的安全教育课，以自我防护为主，传授一些家庭安全常识和小病小伤的处理方法，开展突发灾害的应对演练。另外，在学生自我防护的基础上，开展控烟、禁毒、预防艾滋病等宣传教育，加强自救互救培训；在教职员工中落实初级救护员培训制度，为青少年学生的生命健康保驾护航。

（7）组织红十字志愿服务，提升学生思想道德境界。组织学生会员成立志愿服务队，发挥骨干作用，在校内外广泛开展体现红十字奉献精神的社会服务活动。与所在街道、社区红十字会合作，将学校附近的敬老院作为服务基地，定期为老人开展志愿服务，为校外的孤老病残人员提供定人、定时的生活服务。请区教育红十字会牵线，帮助我校红十字会与他校红十字会结对互动，以“朋友带朋友”的形式，共同开展人道公益活动，将红十字精神向更广阔空间延伸传递。

相信盐城市大冈中学红十字青少年工作会越来越出色！

（作者系江苏省盐城市大冈中学红十字会秘书长）

常州市红十字会专栏

坚持党建引领　加强组织建设

——常州红十字志愿服务组织党建工作的现状和思考

范为民

红十字会作为党领导下的群团组织之一，要依照《中华人民共和国红十字会法》做好灾害救援、无偿献血以及造血干细胞、人体器官捐献等工作，当好党委、政府的人道助手，以有效应对自然灾害和突发意外等人道危机。而要实现上述目标，仅仅依靠机关在职人员，则力量有限，因而组建红十字公益志愿者志愿服务组织，发动社会爱心力量共赴人道事业是红会的职责。2018 年年初，常州市委组织部下发了《关于加强和改进社会组织党的建设工作的实施意见（试行)》，为各级党组织统筹推进各领域党建工作，坚定不移地把全面从严治党引向深入明确了方向。现结合红十字志愿服务组织发展实践谈一些体会和建议。

一、我会志愿服务组织党建工作的现状

2015 年，我市第一个冠名红十字的志愿服务组织——红十字蓝天救援队在市民政局正式注册，之后，又相继成立了医疗救护、灾害救援、关爱白血病儿童、预防艾滋病等 4 个志愿服务组织，加上 5 个由所辖市、区红十字会作为业务主管单位的在当地民政部门注册的志愿服务组织，全市共有 10 个冠名“红十字”的志愿服务组织，正式在册志愿者 200 多人，其中党员志愿者 45 人，占 22.5%。党员志愿者中，关爱白血病儿童服务中心和新北区星火救援队拥有党员 17 人，占比 37.8%；另外 7 个志愿服务组织党员人数占比在 5% 以下；有 1 个志愿服务组织目前还没有党员。从红十字会管理和指导的实践看，党员占比越高，志愿服务组织战斗力就越强。党员志愿者们在彰显各类公益活动的政治性、先进性、群众性中发挥着不可替代的重要作用。

志愿服务组织党建工作在党建工作的总体布局中的重要性在于：一

是党的领导对每个党员的管理纵向到底、横向到边、全领域全覆盖的要求；二是对志愿服务组织和党员进行有效监督，是确保志愿服务组织正确发展方向的政治保证；三是党的各级组织通过每个党员更好地联系群众、服务群众、扎根群众，是发挥党建引领作用的现实需要；四是教育党员始终把人民的利益放在首位，打牢在关键时刻站得出来、冲得上去的思想基础。

二、志愿服务组织党建工作需要解决的问题

志愿服务组织的党建工作主要包括两个方面，一是志愿服务组织自身党的建设，主要是实现“三个 100%”目标：符合条件的志愿服务组织党组织组建率达 100%，专职员工在 15 人以上的志愿服务组织 100% 有党员，未成立党组织的志愿服务组织 100% 选派党建工作指导员。二是公益组织在册党员的管理，主要是切实增强其政治认同，听党话、跟党走，充分发挥党员在志愿服务组织中的政治作用和先锋模范作用。从红十字会领导下的志愿服务组织看，这两方面目前都还比较薄弱，一些现实问题需要在实践中逐步加以解决，具体包括：

一是志愿服务组织党组织的组建率还比较低。红十字会管理下的志愿服务组织都没有组建党组织，主要在于志愿服务组织专业人员或志愿者即使是党员，按照归属关系受所在单位或挂靠社区党组织管理，达不到组建党组织的党员人数要求。

二是发展党员成为组织的负责人还有个过程。红会系统除了 2 个党员人数较多的志愿服务组织的负责人是党员外，其余 8 个志愿服务组织的负责人都不是党员。因为按照《社会团体登记管理条例》，志愿服务组织成立时按捐资份额确定法人和理事会成员，党员身份的专业人员或志愿者不一定是捐资人。

三是大部分志愿服务组织中的党员缺乏归属感。一些党员反映，个人组织关系长期挂靠在社区或外地，虽然不是“口袋”党员，但殷切希望纳入属地党组织领导之下。由于志愿服务组织的党组织未建立，联合支部建设也缺少具体的操作办法或案例指导，这些党员人数虽然不多，但这种“游离”于党组织管理和活动之外的状态亟待改变。

四是志愿服务组织党员人数比例与来源关联较大。有 2 个志愿服务组织党员志愿者人数较多，从来源上看，一个是其组织中的专业人员和志愿者全部是学校的老师，党员比重本身就高；另一个全部来自成功捐

献造血干细胞的志愿者，其中大多数人来自医疗系统、教育系统和企事业单位，党员人数自然较多。但如果志愿服务组织的负责人自身不是党员，按照《社会团体登记管理条例》自行招募专业人员或志愿者时，人员构成来源于社会的方方面面、各个阶层和不同职业，党员人数就相对较少，有的甚至是空白，这给加强志愿服务组织党建工作带来了困难。

五是志愿服务组织年检时同步报告党建工作不到位。行政主管部门的年审审批只要求填写本组织专业人员党员名册、汇总党员人数，其余不做要求，更谈不上“评估时，同步将党建工作纳入重要指标，准确掌握志愿服务组织基本情况和党建工作情况”。现实中我们感到，年报（检）年审是制约和管理志愿服务组织最重要的制度安排，只有在行政管理中加强党建考核权重，业务主管单位才能依此加强对志愿服务组织党建工作的指导和制约。

三、做好志愿服务组织党建工作的建议

综上分析，我们认为将志愿服务组织党建工作纳入党建工作总体布局，首要的是管好管住现有党员，然后才是发展党员。为此建议：

一、切实解决志愿服务组织中党员基本信息和活动情况“上传”环节“短路”的问题。行政主管部门在志愿服务组织年报（检）时应增加党员专业人员或志愿者年度活动“大事记”和总结，由所属单位党组织审核后，列入年报年审报告；对于那些以普通党员身份默默为社会奉献、为群众办好事的，其所在党组织要给予肯定和支持，也为各级党组织全面评价党员、全覆盖监督党员提供准确依据。

二、托底管理是最终解决问题的根本，志愿服务组织综合党委要尽快建立起来并发挥作用。从当前看，“对不适合属地管理以及业务主管单位、行业主管部门不能归口管理的志愿服务组织党建工作，要依托民政部门建立志愿服务组织综合党委，健全班子、配强力量，实行托底管理”的政策要落地，在综合党委领导下，按照业务和行业建立党支部，严格规范党的组织生活，严格落实“三会一课”、谈心谈话、民主评议党员、党性分析等基本制度。综合党委要经常听取志愿服务组织党员的意见，并以此作为全面评价和及时把控志愿服务组织健康发展的重要途径，督促志愿服务组织对存在的问题及时进行整改，确保政治方向不偏、专业发展不走弯路。

三、按照“三个100%”目标，扎实推进志愿服务组织建立党的组

织不留“空白”。本着实事求是的原则，从最可能、最现实的做起，首先要抓紧“未成立党组织的志愿服务组织100%选派党建工作指导员”工作，一是现有志愿服务组织负责人根据《管理条例》产生后，多数不是党员的状况只能逐步改变，不能一蹴而就；二是志愿服务组织内部没有书记合适人选的，虽然“可提请上级党组织选派，可以从退休或不担任现职的党员干部中选派，可以面向社会公开选聘”，但从退休或不担任现职的党员干部中选派，需要上级党组织主导和把关，防止书记“空挂”或凡事仍是负责人说了算的现象发生；三是“选派党建工作指导员”是当务之急，指导员派得好、工作得力，另“两个100%”才能务实、快速向前推进。

四、要重视抓好党员的思想教育特别是理想信念教育，确保党员挺直精神脊梁。任何一个志愿服务组织或多或少都带有与其自身特点相一致的理念和愿望，这些理念和愿望绝大多数是朴实的、初衷是好的。但也毋庸讳言，由于志愿服务组织成员构成的复杂性，决定了其朴实的理念和愿望会不时产生嘈杂的“声音”，甚至“迷失”方向。市红十字会作为志愿服务组织的业务主管单位，将进一步靠前站位，主动加强与党员所在单位党组织的沟通，以红会党支部活动为阵地，号召志愿服务组织党员共同参与，定期召集他们开展专题学习；同时，探索建立联合支部等举措，不等不靠，加强党员教育，确保志愿服务组织每个党员坚定理想信念，做合格党员，成为志愿服务组织政治合格、高质量发展的骨干与核心。

（作者单位：江苏省常州市红十字会）

他山之石　可以攻玉

——南京“志友”协会给常州的启示

常州市红十字会

经南京市人大代表建议、市政府研究决定，从2018年起将每年3月31日确定为“南京市遗体器官捐献者纪念日”，并举行公祭活动。在南京，这些登记逝世后捐献遗体器官的志愿者们被尊称为“志友”。目前，南京市已有“志友”9000余人，实现捐献1900余人，捐献器官440个、眼角膜千余个，为医学事业发展、为挽救器官衰竭患者、为失明患者重见光明等做出了巨大贡献。为了学习南京的先进经验，2018年4月，常州市红十字会人体器官捐献调研组一行4人赴南京，专题调研学习“志友”协会的工作经验，双方就器官捐献及红十字会有关业务工作进行了交流。南京“志友”协会的成功经验给我们提供了学习的范本。

一、基本情况

南京市红十字会捐献遗体志愿者之友协会，是经南京市民政局批准、隶属于南京市红十字会的一个志愿者分支机构，是该市广大遗体捐献志愿者自愿参加的一个群众组织，凡具有无私奉献、不图回报、不求名利、自愿遗体捐献、促进医学科学事业和社会文明进步的志愿者或支持遗体捐献事业者，经本人申请，即可成为“志友”协会成员。

“志友”协会的工作任务是：在南京市红十字会领导下做好遗体捐献的咨询服务和联络工作；开展遗体捐献宣传，树立正确的人生观、生死观，传播医学科学知识，交流信息，起到沟通各方关系的桥梁和纽带作用，并依法办理遗体捐献登记手续。鉴于其在促进医学科学事业和社会文明进步中发挥的重大作用，“志友”协会多次受到南京市委的表彰，并先后被评为中国红十字会总会“最佳红十字志愿者组织”、江苏省红十字会“优秀志愿者组织”、江苏省“十大杰出志愿者服务集体”、

“《南京零距离》公众服务大奖”、南京市“优秀公益服务组织”和“公益先进组织”。中国红十字会前会长彭珮云多次视察“志友”协会的工作，并亲自为捐献者纪念林落成揭牌。

二、经验做法

南京“志友”协会这个优秀的社会组织创立于1995年，发展到今天已经20多个年头了，他们的主要经验和做法如下：

一是社会爱心人士发起。协会最早发起人是南京市14位退休老人，起初他们只是被医学教育发展中遗体匮乏问题所困扰，于是到南京红十字会报名登记成为最早一批遗体捐献志愿者。可没想到他们当初的一个倡议和善举被南京各大新闻媒体报道后，影响和带动了一大批市民踊跃参与，志愿报名登记的人数一年比一年多，南京市红十字会遗体捐献工作从此走在了全国的前列，开辟了红十字工作的新领域。

邵泽忠老人，今年81岁了，15岁参军，是一名参加过抗美援朝战争的老兵。1995年，邵老从南京钢铁厂退休，第二年就参加了“志友”协会，如今是这个组织的副总干事，耄耋之年还在为“志友”服务。他说：“我在部队医院工作了20多年，深深地体会到没有熟练过硬的医学解剖知识不可能成为一名好的医生。”

2001年，南京鼓楼医院药剂师于璐不幸车祸去世，其父母捐献了她的多个器官组织，首开南京器官捐献先河，南京市民自发地为她立了纪念雕像，她是红十字人道主义精神的先行者之一。事迹一经南京媒体宣传报道，在全市引发了积极反响，此后，南京“志友”协会的志愿者拓展到了器官捐献领域，影响力越来越大。

二是始终如一不变的信念。20多年来，“志友”协会坚持“三不两献一育”的共同理念，即“死后不开追悼会、不接受花圈挽联、不用骨灰盒建墓土葬；献遗体供解剖、献器官供移植；骨灰用于植树育林”。随着经济社会发展和时代进步，认同这个理念的市民越来越多，大家职业不同、经历不同，但对“生的价值和死后留下什么”这个问题有深刻的思索。他们做出捐献遗体、器官的决定是经过深思熟虑的，不是一时的冲动，他们在“志友”爱心事迹的感召下，愿意当移风易俗的先行者和传承良好家风的带头人。

品德的力量，是这些志同道合的人们加入“志友”协会的前提。红十字“人道、博爱、奉献”的精神，与他们的心愿和心灵诉求高度契合。一个优秀而特殊的志愿者群体由此不断发展、壮大，充满了生命力。

三是自我管理高效运转。“志友”协会的发展从小到大，组织架构也从单一到健全。干事会是协会的管理机构，下设总干事、行政干事、组织干事、宣传干事、财务干事，均由会员推荐和选举产生，名誉干事长由干事会聘请。随着协会成员覆盖面越来越广，又按行政区域成立了协会分会，下设分会长、大组长、小组长，每个小组联系 20～30 人，同时负责市民报名登记问询、在册志愿者日常走访和服务等工作。所有协会成员都是业余兼职或退休人员，不领取报酬，无偿为协会工作。南京六合的志愿者李美娣，1996 年加入协会，大家都亲切称呼她“李奶奶”，她从小组长、大组长一直做到六合分会会长，把大部分时间都用在“志友”协会的发展上，跑遍了六合 20 多家养老院，宣讲“捐献条例”；在社区党员活动日，她总是争着上讲台，上了很多党课，她用真诚的心打动了许多人，在她的努力下六合分会的志愿者从原来的不到 100 人壮大到近 300 人。

四是贴心服务温暖“志友”人心。为了让“志友”们之间互通信息，交流感情，吐露心声，协会创办了《志友通讯》，志愿者自己写稿、组稿、编辑、刊印，自创刊以来，已累计出版 70 期，刊登了大量记载着志愿者心路历程的日记和缅怀、纪念成功捐献了遗体（器官）的亲人的文章，是“志友”们相互沟通、相互教育和彼此激励、传递人道正能量的园地，现已被传阅到省外甚至境外。协会对于生活困难的捐献者家庭，不光平时走访关心，还努力帮助他们解决生活中的难题，逢年过节还会带领其他“志友”专程上门慰问。协会专门成立了服务工作队，服务队的队员负责“志友”去世后的接收工作，他们会穿着统一的服装、佩戴标牌，给去世的“志友”盖上红十字会会旗，送上一束鲜花，接收过程充满仪式感和人文关怀，体现了对每位捐献者生命的尊重。2015 年，南京市遗体器官捐献者纪念林迁建落成，实现了捐献志愿者和亲属们最大的愿望，成为南京市重点文明教育基地。

五是地方领导重视和地方法规强力支撑。南京“志友”协会尚处于初创阶段时，就引起了南京市委、市政府的高度重视和支持，时任市委领导多次批示，市政府召集有关部门进行专题研究，专门下拨专项经费用于南京红会指导协会发展。在市委、市政府的推动下，全社会普遍认同遗体和器官捐献事业有利于弘扬文明奉献精神，有利于医学事业发展和人才培养，有利于节约土地资源。在人大代表的倡议下，2015 年 12

月，《南京市遗体和器官捐献条例》正式发布，赋予了协会工作以法律遵循，南京遗体和器官捐献工作由此进入了新阶段。目前，南京遗体接收医院已发展到了5家，各医院也积极配合协会志愿者的工作，为他们提供办公场所、宣传场地并捐赠办公设备。

三、几点启示

与南京市红十字会的工作相比，常州市红十字会在遗体和器官捐献领域所做的工作还存在明显短板，差距不仅表现在业绩上，最根本的是表现在思想上：一是办法和出路上有差距，局限于业务部门承担起所有工作，无法找到出路、闯出新路；二是宣传和动员上有差距，器官捐献的宣传得到了加强，但遗体捐献的宣传有待破题，对捐献遗体的文明新风和大爱善举，在开展有效的社会宣传上始终没有找到立足点和“突破口”；三是服务和保障上有差距，器官和遗体捐献者及亲属是特殊的群体，是红十字人道事业的先行者和奉献者，给他们以最大的尊重，为他们的亲人提供更多的关爱，是红十字工作者的责任，也是感召、激励更多人的具体体现。

一是要学习先进地区好的做法和经验。南京市红十字会在遗体和器官捐献工作方面的成功实践，吸引了来自省内外众多爱心人士前往参观学习。常州红会与南京红会在各个业务领域一直保持着良好的交流关系，要虚心学人之长，启发思路，开阔视野，真学真用，迎头赶上。

二是要面向群众、依靠群众。从群众中来、到群众中去，是我们党的优良传统和工作方法，南京的捐献工作之所以从无到有、由小到大、由大到强，最根本的原因在于在捐献事业发展的各个阶段，都汇聚了群众的智慧、热情和力量。红十字捐献志愿者来自群众，群众的认同和支持又推动红十字工作者的思路越来越宽、做法越来越接地气、干事越来越有底气。南京的经验告诉我们，当遇到瓶颈和困难的时候，要眼睛向外，到群众中去、到捐献者中去、到支持红十字志愿服务的爱心人士中去，倾听他们的意见、建议，采纳他们的设想、办法，进而寻求适合自己的思路、政策，这是打开捐献工作局面的“金钥匙”。

三是要借助志愿者力量，延伸动员“手臂”，开展爱心“接力”。起源于战场救护的国际红十字组织已经有150多年的历史，在发展之初到现在，一直本着人道主义思想团结一切可以团结的力量。近两年来，常州市人体器官捐献工作已走在全省前例，就是团结各方力量一致努力的结果；而转变遗体捐献工作进展不快的局面，也必须借助社会力量、汇聚社会爱心，要发动已经登记遗体和器官捐献的志愿者成为红十字的宣传员，要让全市的老党员老干部了解红十字工作和奉献精神，赢得他们的支持，让退下来的老同志成为红十字捐献工作的宣讲员，要与助残、助老、助孤、助医的优秀公益组织合作，把红十字遗体和器官捐献事业纳入社会公益活动中扩大影响、提高知晓度，把那些有爱心、有恒心、公道正派的社会爱心人士汇聚在红十字旗帜下，建立起常州自己的捐献志愿者“志友”协会。

四是要发动志愿者负责招募、组织和关心“志友”。如今，南京“志友”协会是南京最大的社会团体之一，也是“六朝古都”展现现代文明的一道靓丽的风景，志愿者报名热线每天都要接到10多个问询电话，每年新增“志友”千人的目标指日可待。实践证明，志愿者的发动力和号召力是巨大的，我们要借鉴南京“志愿者招募、组织和关心志愿者”的好经验，一方面加强业务指导和管理，坚持依照《志愿者管理条例》和《红十字会法》开展公益活动；另一方面，志愿者的事由志愿者自己去办，红十字会在场地、经费上给予必要的支持，让志愿者们辅助红十字会做好遗体、器官捐献工作的宣传动员、报名登记、善后安置、缅怀纪念等活动，为生病住院、身体残疾、孤寡老人、入住护理院等行动不便且已登记的志愿者提供上门走访、困难救助等服务，在搭建起市红十字会与每个爱心捐献者之间紧密联系的“爱心桥”的同时，让每一位红十字志愿者有获得感、归属感。

（专题调研组成员：钱斌、陈壮国、罗杰、张建忠）

立足实际　借势借力
实现基层红十字工作的大发展

张　涛

茶山街道成立于2006年，是由原茶山、清凉、朝阳3个街道整合而成，面积10平方公里，总人口11万人（户籍人口8.7万，老年人口2.5万），下辖6个行政村和13个社区。茶山历史悠久，早在宋代就是重要的茶叶运输通道。街道三面环水（北有老运河、南有新运河、东为采菱河），一面临路，地铁一号线贯穿南北，是连通常州市区和武进区的大动脉所在。目前，街道正在着力建设中国特色小镇、江苏省健康养老服务业集聚区，以凸现健康快乐主题，建设宜人幸福茶山。茶山街道红十字会自成立以来，紧紧围绕街道的中心工作，结合自身特点，突出红十字特色，借势借力，努力实现基层红十字会的跨越式发展。

一、立足本职，努力做好红十字核心业务

围绕红十字会“三救三献”核心业务，街道红十字会克服人员少、经费少、精力少的困难，做了大量的工作。

（一）救助工作

在春节、中秋等重要节日前夕，联手爱心企业，看望慰问困难群众和困难党员。2015年重阳节，我们联合丽华医院为辖区内80岁以上的老人赠送重阳糕1000份。发起募捐倡议，为街道保洁工重病的家人募捐2.16万元。2016年5月，街道红十字会在市、区两级红十字会和阳光爱心联盟的帮助下，举办了“阳光微孝，幸福报到”系列公益活动之“小老孝老小，小手拉大手”专场活动，为老人们现场发放了“微心愿”礼包，价值2万元。6月29日，又联合市红十字会、龙城粥会、常州公益助学联合会联合举办了“书写人生、红色情怀”的公益活动，为辖区内50名老党员送去养生粥和土鸡蛋，并为困难党员送去3000元慰问金。

走访慰问困难家庭100多户。2017年端午节前夕，走访慰问10名地方文化名士。与此同时，街道红十字会积极推进“博爱送万家”“圆梦公益助学行动”“小天使基金”“天使阳光基金”等品牌活动的开展。

（二）救灾救护工作

2016年6月，盐城阜宁县特大风灾发生后，街道各科室、各村（社区）纷纷行动，大家主动伸出援手，在短短的一周内共募集善款9万余元，位列全区第一。为了增强未成年人的防空防灾意识，街道红会组织新城逸境幼儿园120名幼儿进行应急疏散演练。8年来，街道红十字会统筹安排，制订应急救护培训计划表，以共建区域为单位，组织居民进行轮训，累计举行专场救护培训讲座48场，普及人数超过4000人；结合“安全生产月”“消防知识培训”等，在常嘉建设集团等企业进行集中培训，发放应急救护培训手册1000多本。

（三）三献工作

街道多年来普及和宣传义务献血工作，每年“世界献血日”前，都主动和中心血站联合开展献血活动，每年街道献血人数都超过50人。茶山街道丽华第二幼儿园副园长张毅为了确保捐髓顺利，不仅保持饮食清淡，还坚持每天上下班走楼梯，18层楼上上下下坚持了一个多月；2015年10月，为挽救广州一名大学生，他成功捐献造血干细胞，成为全市第32位捐献者。2016年以来，结合“两学一做”教育活动的开展，街道将张毅同志的事迹进行广泛宣传，并积极推荐评选“常州好人”“天宁楷模”。广泛宣传人体器官捐献知识，积极争取“防艾”宣传项目1个。春风艾滋病防治中心在街道6个片区开展“防艾”宣传讲座，普及人数400人左右。

（四）做好各类宣传纪念活动

在每年的“5·8”世界红十字日、“5·12”防灾减灾日期间，利用电子显示屏滚动播放红十字精神、“三救三献”知识等，开展丰富多彩的红十字广场宣传活动，利用“社区天天乐”在节目互动环节穿插红十字知识有奖问答；开展“爱——有你有我有他”助残日专题文艺演出，打造“爱心航模”，开展爱心义卖活动，为红十字宣传注入新的活力。在重阳节来临之际，街道红十字会在13个社区和6个村开展了形式多样的敬老活动，为80岁以上的老人送上歌舞表演，发放重阳糕5000多块。

组织30名老人免费游览市博物馆、市规划馆和东方盐湖城，让他们感受常州的发展和变化。

二、借势借力，全力打造红十字示范基地

天宁区在社会组织培育和社区治理方面走在全市的前列，目前有全国知名的助残助老品牌“一加爱心社”、乐于助人的“雷锋科技服务队”、助学为主的“同心阳光爱心联盟”等。在他们的带动下，茶山街道也逐渐形成了以社区为核心、专业志愿者为骨干的志愿组织和志愿团队50多个，主要包括“瑞文心理工作室”“风筝协会”“爱来吧手工坊”“玖地善衣”“阳光馨愿”“青年村官爱心创业协会”“白扬轩党建服务站”等，拥有各类义工和志愿者1000多名。

2013年，街道首次投入5万元试水购买社会组织服务，一举购买了3项社会组织的打包服务。2011年，在新城逸境园社区成立了防灾减灾体验馆；2015年，我们结合红十字防灾减灾、备灾救灾工作，成立了“综合防灾减灾体验协会”和“龙城磨坊户外运动俱乐部”，充分发挥红十字志愿者的骨干作用。在街道品牌文化系列活动之“发现茶山之旅”中，增加救护知识的趣味问答，邀请龙城救援队进行全程保障。2016年以来，街道每年采购社会组织的服务30万元，采购项目超过20个。

2016年，在街道红十字会的牵引下，清凉一社区成功与市红十字会举办了首届“博爱红十字”社区公益夏令营活动，活动持续了一个半月，主要有手工、阅读、课程辅导、游览参观、趣味游戏、人身安全防范、应急救护培训等30余项活动，旨在关注儿童成长，促进亲子关系，为小候鸟们献上暑期的关爱。今年我们将继续开展此项活动。街道还将按照“博爱家园”的建设要求，积极争取市红会的项目支持，努力将清凉一社区打造成为红十字的示范基地，充分发挥其在睦邻、育人、互助中的作用。

三、整合资源，大力推进红十字社区服务

茶山街道辖区内集聚了德安医院、常州福利院、儿童福利院、中医院南院、中心血站等医疗卫生资源，拥有常州四药、华利达、东奥服装、巨凝集团等大型企业，更有张太雷故居、大成三厂民国建筑群、白氏宗祠等文物古迹。这些都是街道红十字会发挥作用的资源，必须好好

加以利用。

街道和社区的主要职能是服务，在缺少服务项目和服务资金的情况下，主动争取各级各部门的重视，争取爱心企业的关心，争取专业的社会组织的支持，必要时还要采购一些服务，实现多方共赢。街道和社区是最基层的单位和部门，很多工作最终的落脚点在街道和社区。在街道的工作中，红十字工作往往被认为是可有可无的，而如何能够做出实效、做出亮点，我们认为应该积极整合各种资源。比如救助工作，我们就会结合民政、残联等部门的活动一起做，既能扩大影响，又能充实救助实力；又比如，开展助学活动，将教育局和关心下一代工作委员会的资源引进过来；在开展文体活动时，注重将红十字救护技能融入其中，寓教于乐，充分发挥红十字蓝天救援队和龙城救援队的保障作用。

未来5年，茶山街道将全力推动健康养老产业和文化创意产业的发展，打造国内首个集“医养住”“产学研”“游购娱”于一体的健康养老服务产业链。同时，充分挖掘人文历史资源，传承创新商埠文化，推动红色文化、民国文化、民间文化与商埠文化的“四化合一”，实现茶山的华丽转身。在这一过程中，街道红十字会将大力弘扬和宣传“三救三献”中涌现出来的先进人物和先进事迹，多角度宣传凡人善举和爱心义举，把红十字的精神和宗旨传播给更多的人群。

（作者单位：江苏省常州市红十字会）

红十字应急救护培训工作的现状与发展

常州市武进区红十字会

发扬人道主义精神，保护人的生命和健康，依法开展应急救护培训，是红十字会的重要职能。1993 年颁布实施、2017 年 2 月 24 日第十二届全国人民代表大会常务委员会第二十六次会议修订的《中华人民共和国红十字会法》，赋予了中国红十字会“开展应急救护培训，普及应急救护、防灾避险和卫生健康知识，组织志愿者参与现场救护”的职责。2012 年以来，江苏省政府在全省范围内启动了公益性应急救护百万培训项目，以提高群众防灾避险和自救互救能力，预防和减少自然灾害、生产事故、意外事件所致的伤亡。武进区红十字会根据上级要求和本地实际情况，通过开展送应急救护培训进社区、进企业、进学校、进农村、进机关的“五进”活动，不断提高群众防灾避险和自救互救的能力，预防和减少自然灾害、生产事故、意外事件所致的伤亡和损失，极大地提高了全区应急救护知识的普及率和知晓率，并形成了一定的工作特色。

一、武进红十字应急救护培训基本情况

武进红十字运动已有百年历史，其中应急救护工作是武进红十字会传统的工作和法定的职责。近 5 年来，全区年平均培训救护人数近 3 万人，累计培训初级救护员近 8000 人次。培训后的救护员和志愿者活跃在社会各行各业，参与了本地水灾、第八届花博会等区内重大灾害救援和重大活动的服务工作，得到了全社会的认可与赞誉。

（一）师资队伍

自 2003 年以来，武进红十字会积极选送热心公益事业、责任心强

的志愿者参加上级红会组织开展的应急救护师资培训，充实区内培训师资力量。与此同时，还不断加强师资队伍的质量建设，近5年内，每年都新选送3~5名优秀志愿者和5名左右的骨干培训师资参加省级救护师资的初训、复训班；培训师资的参赛队伍在省、市应急救护技能竞赛中先后荣获团体一等奖、二等奖等荣誉。据统计，目前全区实有应急救护培训师资87人，其中25人参加了复训，师资主要由医务人员、学校教师、社区工作者及其他红十字志愿者组成。

（二）培训对象

红十字应急救护培训分初级救护员培训和普及性救护知识培训两类，其中对初级救护员培训要求理论知识和操作技能相结合，经培训考核合格后，颁发《初级救护培训合格证》；普及性救护知识培训重点围绕“五进”（进机关、进企业、进社区、进农户、进校园）开展，在具体实施培训的过程中，立足全员培训，从人员相对集中的学校、医院、企事业单位、社区入手，进行分批次培训，并重点利用各类纪念日，如“3·5学雷锋”志愿者服务日、“5·8”世界红十字日、“5·12”全国防灾减灾日、“6·14”世界无偿献血者日、9月份的世界急救日、“12·1”世界艾滋病日、“12·4”全国法制宣传日、“12·5”国际志愿者日等，开展大型广场义诊和宣传活动，进行应急救护演示、演练，让应急救护培训真正走进各行各业，走近普通百姓。

近年来，武进红十字会开展公益性应急救护培训的对象主要是学生、规模以上企业职工、新驾驶员、社区居民、重点行业工作人员、机关公务人员等（培训具体人数见表1）。

表1　武进红十字会应急救护培训人数统计表（2012—2016年）

年度	普及人数（人次）	初级救护员（人次）	驾校培训（人次）	企业培训（人次）
2012	10800	3434	2539	231
2013	8246	1156	23760	131
2014	8037	1052	29736	563
2015	8371	1015	30660	440
2016	10626	1051	4399	917
合计	46080	7708	91094	2282

（三）培训基地

2013 年起，武进红十字会为进一步完善应急救护培训体系，加强培训对象的针对性和培训内容的有效性，先后设立了武进电大、职教中心、武进游泳馆、南湖家园、武进建设银行等多处救护培训基地。2016 年，区红十字会在做好原有救护培训基地管理工作的基础上，选取设立新的救护培训基地，改善提升基地硬件建设标准，在春秋淹城旅游区建立景区红十字应急救护服务点并下设 5 支红十字志愿服务队和 30 个救护点。每个培训基地都有特定的培训对象、专门的培训场地、专业的培训师资，区红会根据基地需求配置了心肺复苏模拟人、包扎搬运教具、急救培训教材、急救箱等救护培训器材。培训基地的建立为全区红十字工作的开展搭建了学习急救知识和技能的平台，提供了场地的保障，提高了培训的效果，同时也积累了一定的经验，形成了地方的特色。

（四）培训内容与特点

红十字会是我国开展救护培训历史最悠久、技术最权威的机构。红十字会应急救护培训的内容主要是针对人们在日常生活中可能碰到的紧急情况，如心肺复苏、创伤救护、急症处置、避险逃生等。红十字会救护培训的特点是初级的、现场的、群众性的且是公益性的。同时，应急救护培训是许多工作（志愿者、青少年，社区健康，企业安全生产等相关项目）的切入点。2014 年，武进区应急救护培训项目作为“安全防灾工程”纳入了区委、区政府《关于 2014 年为民办实事活动的实施意见》（武办发〔2014〕8 号）20 项为民办实事项目之一；《武进区红十字公益性应急救护培训实施方案》（武政办发〔2014〕40 号），纳入了区文明委关于文明乡镇、文明社区目标考核的内容；2016 年，区红十字会联合区教育局，下发了《关于开展红十字体验式生命教育活动的通知》（武红发〔2016〕17 号），由区红十字会根据各类学校在校学生的不同年龄特点，以生命价值认知、敬畏生命、防灾避险、健康心理、自救互救等为主要内容，组织全区各级各类学校的骨干老师举办了体验式生命教育师资培训班，指导学校通过灵活有效、寓教于乐的体验式教学方法来组织实施校园红十字应急救护培训，让广大青少年学生在体验式学习中领悟和掌握敬畏生命、保护生命的知识与技能，促进青少年健康成长；同期，区红十字会联合区人社局，下发了《关于做好全区职工应急救护培训工作的通知》（武人社〔2016〕62 号），将红十字救护培训内容纳入职业培训中心课程，在全区企事业单位实施“关爱生命”安全文明素质提升工程，开展公益性应急救护培训，极大地提高了应急救护知识在全社会的普及率，也提高了红十字会在全区范围内的影响力。

二、目前存在的困难和问题

（一）公众认识和参与性不高

一是社会公众的应急救护意识缺乏，对救护工作反应淡漠，认知度和参与度不高，对现场急救的重要性认识不足。从组织社区居民开展培训活动的情况看，一般参加的多为社区管理人员和老年人，中青年群体参加人数偏少。

二是企业负责人和员工对救护培训的重视程度不高、意义认识不足。我国在救护培训方面，没有将取得《红十字救护员证》作为相关行业、岗位上岗资质的审查内容，因而企业主动联系要求开展应急救护培训的较少，只有部分外贸出口企业为了应对外方资质检查和经常性安全事故发生的隐患，才会主动要求培训。从武进区的实践来看，大部分外资企业和与外贸有关的企业对应急救护培训工作非常重视，把应急救护培训作为企业文化的重要内容、作为对员工实行劳动保护的一项重要措施，纳入新员工培训内容，拥有初级救护员证书已成为某些岗位的上岗门槛。与之相对的是，多数内资企业对员工应急救护培训不重视，大多数企业员工认为自身非医疗专业人员，无须掌握急救技术，灾难发生时只需拨打120急救电话即可，对学习救护培训的积极性不够；部分员工甚至反映授课内容太专业，难以理解，学习热情不高；加之大多数学员多为单位派任务参加学习，非自愿参与，学习主动性不足。

（二）师资力量和硬件建设不到位

一是培训师资授课基本是志愿性质、没有报酬，多数是兼职，由此造成师资力量严重不足。目前，我区红十字会有专职培训人员3人，其余培训师均来源于各行各业热心公益事业的志愿者，特别是身为基层红十字会秘书长的培训师，大多身兼数职，缺乏投入教学的时间和精力。培训师资属于志愿性质，使授课师资难以长期保持较高的积极性。

二是缺乏综合素质过硬的师资，专业性有待提高。整个红十字应急救护师资团队骨干力量的专业性、权威性不强。一方面相当一部分人是学校里的老师，掌握了一定的授课技巧，但是没有接受过系统的医学教育，只是简单地学习了救护概念、心肺复苏、创伤救护、常见急症、意外伤害、灾害事故等现场救护知识，且后续的复训工作跟不上，加之学员大多数是非医学专业人员，长时间不接触救护培训，容易忘记相关技术，因此完成培训任务的效果不明显；另一方面，有很多担任培训工作的是医学专业的医生，技术素质高，但囿于医院工作忙碌、人手紧张，难以抽身去专心研究和提高救护培训的授课工作，不能有效地将自己的知识转化为培训时传授的技巧。特别是一些医务工作者兼职培训师，受专业医学理论知识和教学特色的影响，组织培训时对培训效果存在顾虑，开拓创新能力欠缺，授课质量难以保证。

三是硬件建设不到位，授课形式相对单一。目前，缺乏固定的培训机构及场所和完善的管理机制，与周边其他先进地区相比差距明显，组织培训难度较大，因此全区的培训数量和质量不高，成效也不够显现。特别是在实践中主要采取理论讲解、播放视频、实操练习等方式授课，学员被动接受知识，属于填鸭式学习，形式枯燥单一，学员容易忘记所学知识。而授课课件千篇一律，缺乏针对性，部分学员甚至反映仅仅掌握基本内容，但不懂在日常生活中如何运用，认为实用性不高。

三、发展红十字应急救护培训工作的思考

随着社会的发展，各级红十字会已成为政府在人道救助领域的重要助手，在生命救护、备灾救灾、社会服务等领域发挥着越来越重要的作用，应急救护培训工作越来越受到各级政府和红十字会的高度重视。深入推进应急救护培训，真正使红十字“救”在身边，目前还处于起步阶段，还需要各级红十字会专兼职干部认真研究、深入思考、寻找抓手、狠抓落实。

（一）应急救护培训要扩大受众范围

红十字会要加大宣传力度，重点通过户外电子屏、社区宣传橱窗、门户网站、微博、微信、广场宣传活动等途径大力推广应急救护培训。在电视台、报纸等媒体上开辟栏目，定期播放或刊登红十字应急救护内容，扩大宣传面和影响力，让公众充分了解普及现场应急救护知识、技能的重要性和必要性，逐步在全社会形成正确认识应急救护培训和主动参与培训的意识。

随着科技的进步、民众素质的提高，应急救护培训要通过创新工作方法不断扩大受众范围，进一步向全民普及的方向发展。一是通过群团组织开展的各项活动，对相关群体实施应急救护培训；二是通过协会、商会召开的各种会议，对企业负责人和会友实施应急救护培训；三是通过联合人社部门对机关工作人员实施应急救护培训；四是通过联合教育部门对中小学师生实施应急救护培训；五是通过联合卫生部门对乡村医生实施应急救护培训；六是通过联合公安交警、供电、旅游、体育、住建等部门对机动车辆驾驶员、特殊行业从业人员和企业安全员等人群实施应急救护培训；七是通过街道、社区（村、居）对城乡居民实施应急救护培训。此外，在条件成熟的情况下，打造更加专业的应急救援队伍，如水上救援队、心理救援队、医疗救援队等，不断完善标准救援装置的配备，常态化地开展急救演练，随时承担各类救援任务，以宣传红十字志愿服务的理念。

（二）应急救护培训要建设一支高素质师资队伍

应急救护培训师资的数量和质量是培训能否取得成效的关键因素。要采取积极措施，逐步建立以专职师资为主导、专兼职师资共同参与培训的专业师资队伍。要选聘既具有专业知识与技能，又具有教学经验的优秀人才作为红十字会专职救护培训师资，并从医院临床一线挑选有丰富应急救护知识的医务人员进行教学培训，或从卫生类学校挑选有丰富教学经验的教师进行应急救护专业培训，使之成为合格的兼职师资，形成专兼职师资共同发展的局面。同时，定期组织专兼职师资集训或轮训，开展交流研讨会，不断更新专业知识与技能，与国际最新操作规范接轨，让现场应急救护技能更加专业化、科学化。

（三）积极探索基地化应急救护培训新模式

参考先进国家经验，在条件成熟的情况下，尝试建立更加专业的应急救护培训基地。培训基地应由红十字会专职工作人员负责，分集中培训和常规培训。集中培训主要是针对参加省市大型展会、运动会的志愿者或导游、司机等重点行业的工作人员开展初级救护员培训。培训分阶段开展，考核及格后颁发《初级救护培训合格证》。通过基地化培训可明显提高培训效率，确保培训质量，扩大社会影响，并可兼顾持证红十字救护员的复训。为提升培训效果，培训基地在每期培训结束后要及时听取培训对象和培训单位的意见，随时调整培训方式、时间、内容等，以确保培训取得实效。

总之，切实做好应急救护培训工作，还有很多行之有效的途径可以探索。红十字会将通过切实有效、专业化的培训全面提高民众应急救护技能，提升应对自然灾害、突发事件的处理能力，在各类大型活动、地震救援、应对突发事件等方面彰显红十字的人道力量，传播“人道、博爱、奉献”的红十字精神，提升红十字会的社会公信力和美誉度。

不忘初心　进一步加强基层组织建设

胡雪芹

为进一步加强基层组织建设，促进红十字工作创新发展，结合解放思想大讨论活动，溧阳市红十字会成立了以党组书记、常务副会长胡雪芹同志为组长的调研组。2018 年 6 月底至 7 月下旬，市红十字会调研工作组深入清溪路社区、美景天城社区志愿者服务活动站及天目湖镇、竹箦镇等基层组织中，进行走访调研工作。走访通过入户调查、询问交谈、收集意见等方式进行，以充分了解基层组织建设的相关情况，查找制约工作开展的相关问题。现结合我市红十字会基层组织的实际工作，形成如下调研报告。

近年来，溧阳市红十字会在市委、市政府的正确领导和上级红十字会的精心指导下，认真履行各项工作职责，着力加强红十字组织建设工作，努力探索具有溧阳特色的红十字工作品牌项目，抓常规、促创新、求发展，充分发挥了红十字会在“文明溧阳”建设中的积极作用。溧阳市红十字会先后荣获江苏省“应急救护培训项目”突出单位、常州市红十字工作先进集体、溧阳市学习型党组织、溧阳市先进基层党组织等荣誉称号。

一、组织基本情况

溧阳市地处江苏省南部、苏浙皖三省交界处，面积 1535 平方公里，有 175 个行政村，总人口 79 万。溧阳市红十字会自 1988 年 10 月正式成立至今，共建成 208 个基层组织，其中包括 58 个理事单位、11 个镇（街道）红十字会、77 所中小学红十字会、21 所医院红十字会、18 个团体会员单位、1 个景区红十字会，另有社区红十字志愿者服务活动站 14 个，并成立了 5 支志愿者队伍（水上应急救援队、山地应急救援队、红十字蓝天救援队、无偿献血志愿服务队、养老照护志愿服务队)，3 个应急救护培训基地（其中 1 个省级基地)。

2017 年 10 月，在溧阳市红十字会第四次会员代表大会上，选举产生了监事会，5 名监事会成员由具有相关职能的部门的理事担任，他们分别来自人大、政协、审计、民政和财政系统。

二、组织工作模式

（一）加强领导

溧阳市红十字会每年年初向各基层红十字组织下发文件，对全年红十字工作进行统一部署，并将基层红十字工作纳入市红十字会的议事日程，制订红十字组织发展计划。为确保全市各级红十字会工作的顺利开展，市红十字会每年定期对各级红十字组织建设工作进行调研，召开组织负责人和秘书长会议，部署工作要点，制定信息报送奖励办法，谋划纪念“5・8”世界红十字日、世界急救日等活动。

（二）健全制度

市红十字会要求各基层红十字组织健全制度，包括会议制度、工作制度和物资管理制度等，配备募捐箱，有专职或兼职人员负责红十字组织的日常管理工作。特别是近年来，市红十字会专门为 14 个志愿者服务活动站配备了统一的牌子，明确了一名热心公益的站长，一个固定的工作场所，有一支志愿队伍，并建立档案，及时提供志愿服务，以确保社区红十字志愿者服务活动站各项活动的顺利开展。

（三）活动开展

一是充分发挥好现有的红十字组织作用，要求各基层红十字会配备专、兼职人员和必要的办公设备，突出红十字特色，广泛开展志愿服务活动；组织各镇（街道）红十字会深入开展“博爱送万家”活动，对困难群体进行人道救助。加强对志愿者服务活动站的管理指导，使红十字帮困救助工作长期化、规范化。

二是建立固定的社会捐助接收点，及时接收社区居民捐赠的款物，积极开展社区募捐救助服务活动，帮助最需要帮助的困难群体，发挥各基层红十字组织在救灾、救护、救助等方面的人道主义服务作用。

三是以社区红十字志愿者服务活动站为基地，建立“红十字课堂”，举办红十字知识讲座，宣传红十字运动七项基本原则，弘扬“人道、博爱、奉献”的红十字精神。以5支志愿服务队伍为基础，组织开展无偿献血、救灾救援、器官和造血干细胞捐献等科学知识的宣传和普及；以3个应急救护培训基地为依托，全面开展应急救护、疾病预防、家庭安全等知识培训，每年开展初级救护员培训1000余人次，普及性救护培训近万人次。

三、经验及体会

加强各基层红十字组织建设工作，是新常态下有力推动红十字事业发展的必然要求。红十字会作为政府人道领域的助手，把红十字工作融入基层工作，使各基层红十字组织工作不断得到规范和加强，有利于维护全市群众的切身利益和保障社会稳定大局。充分引导和协调基层组织开展红十字志愿服务、宣传培训等人道主义工作，符合群众的需求，符合党和政府的要求，符合精神文明建设的要求。

四、目前存在主要问题

虽然我市基层红十字组织建设取得了一定的成绩，但依然面临许多困难。首先是基层组织红十字会负责人普遍是兼职人员，工作经验不够丰富。其次是各基层组织人力、物力和资金短缺，使得其在开展红十字工作过程中只能按照现有的能力和实际情况来进行，一定程度上影响和制约了红十字工作的开展。

五、对加强基层红十字组织建设的意见和建议

一是加强指导。加强对基层组织红十字工作的调研与指导，加强对基层红十字工作者的培训力度，不断提升群众对红十字服务工作的认识度。

二是加强配合。要积极争取政府的支持和相关部门的配合，开展经常性的多部门联合志愿服务活动，彻底摆脱“单打独斗”的工作局面。

三是加大力度。加大对基层组织人力、物力和资金短缺问题的解决力度，尤其要加强社区红十字志愿者服务活动站的基础设施建设和资金

配备。大力发展志愿者队伍，重视各基层组织开展红十字志愿者服务活动的规范化、制度化建设，尽快形成在上级红十字会统一领导下的有组织、有分工、能够良性循环发展、不断发展壮大的红十字基层组织队伍。

（作者系江苏省溧阳市红十字会党组书记、常务副会长）

合肥市红十字会专栏

人道之路越走越宽

——合肥市红十字会“互联网+”时代的转型发展

刘　波　张　妍

2018年5月底，犹如雪中送炭，合肥市身患白血病的17岁男孩小雨（化名）收到了社会爱心人士共同捐助的5万元钱。这笔钱是合肥市红十字会探索“互联网+公益”、汇聚网友爱心的一项有效实践。

去年5月8日，中国红十字会总会印发《网上红十字会建设方案》，提出2017—2020年积极开展“互联网+红十字会”行动。合肥市红十字会深入落实“方案”要求，运用信息通信技术和互联网发展红十字事业，积极探索“互联网+”时代背景下红十字会的转型升级，在网络筹资、网上政务服务、网络管理、网络宣传等方面积极努力，进一步服务好、帮助好困难群众，取得了一定的成效。

互联网+公益：汇聚爱心

小雨的5万元救命钱来自2018年5月合肥市红十字会与共青团合肥市委共同组织的2018年“博爱庐州·青春毅行”救助项目。环巢湖青春毅行是立足合肥、辐射全国的大型群众性体育赛事，已持续举办5年，如何才能在原有基础上创新？2018年的活动围绕“不忘初心、回归公益”主旨，首创“名额预约+公益募捐”的报名方式，鼓励参赛者通过移动互联网平台报名时进行公益捐款，每人1元，使每位报名者都成为脱贫攻坚事业的参与者，在运动中参加公益。

此次活动受到22万余名市民的关注，总报名人数4万余名，最终成功报名人数为15000人，通过微信转发、爱心助力等方式，掀起了合肥市民参与公益的热潮。报名者的捐款集中后，用于帮助全市困难群众和患白血病青少年，最终筹款中的8万元捐款用于市红十字会“博爱庐州”白血病救助项目，为两名青少年患者送去关爱。此次合肥市红十字会试水“互联网+公益”的人道救助模式，不仅实现了公益方式和范围的拓展，即借助网络汇聚广大市民爱心，而且还实现了帮扶对象的拓展，即救助范围扩大到14岁以上的白血病患者。

这个活动只是合肥市红十字会“互联网+公益”工作的一个缩影，此外，合肥市红十字会还积极探索网络筹资、精准扶贫等新模式。2017年，腾讯发起了“99公益日”网上募捐活动，合肥市红十字会“让口罩天使医路有家”“小筛子免费读经计划”“爱心粥屋”3个项目入选，共筹集资金40余万元，受益群众7400余人。为凝聚社会爱心，带动更多的人助力公益事业，2018年的“99公益日”期间，合肥市红十字会再次组织申报“博爱庐州白血病救助”“合肥蓝天·生命之舟”“守望相助　让爱回家”“快乐童年公益阅读坊”“小筛子传统文化公益推广”“服务孤老进社区”6个筹款项目，仅9月的7日、8日、9日三天就筹集爱心网友捐款59万余元。为做好宣传动员，扩大项目知晓率，合肥市红十字会通过报纸、电视、网站、微博、微信进行“五位一体”的宣传动员。8月30日在《合肥日报》5版刊登《爱在一起　感恩有你》一文，并配有项目二维码，读者可以直接扫码进入捐款页面；9月8日晚，在合肥电视台《博爱庐州》专题电视栏目中，采用主持人口播和二维码展示的方式呼吁广大爱心观众加入捐款行列；8月，在今日头条、合肥热线、合肥论坛、万家热线、合肥市红十字会官网等多家网站刊发“99公益日”相关稿件，总浏览量近万人次；市红十字会还利用官方微博、微信公众号积极宣传我市“99公益日”项目，组织各县（市）、区红十字会利用微信群、朋友圈等平台广泛转发，动员更多的人参与活动，取得了良好效果。

2018年年初，合肥市发生严重雪灾，市红十字会及时通过中国红十字会信息化系统向上级红十字会上报灾情，提出物资援助申请；后期共接收省红十字会下拨救灾救助物资价值20.887万元，分发至9个县（市）、区，共2043户群众受益。2018年3月，合肥市红十字会积极参与中国红十字会淘宝公益基金“魔豆爱心工程”，寻找需要帮助的困难妈妈，探索“互联网+扶贫”的新模式。经过认真组织、筛选和申报，共8位困难母亲获得安徽省红十字基金会的资金或技术扶持。

互联网+政务：便民利民

“您好！您的报名表我们已经收到，下一步将联系培训中心为您安排时间。”如今，合肥市民想要参加红十字应急救护员培训，在“安徽政务服务网”上就可以直接在线报名，市红十字会工作人员将做好登记工作，主动电话联系，为报名者提供服务。

为了给群众提供更多便利，根据合肥市关于加快推进大数据“攻坚行动”、整合政府数据资源等工作的统一部署，2017 年底，合肥市红十字会利用政务服务平台“安徽政务服务网”完成公共服务事项清单的梳理、录入、复核工作，共有小天使基金、天使阳光基金、遗体（角膜）捐献、器官捐献、造血干细胞捐献、公益类救护培训、应急救护员培训 7 个项目在“安徽政务服务网”上线，进行网上公开指南、原件预审等，并由专人负责网上申请事项办理，群众可以通过网站了解项目详情、所需资料、在线报名等，方便群众网上办事。受理的基本条件、需要准备哪些材料、申报的具体流程、常见问题解答等，网上一目了然，让申请救助的患儿家属和想要咨询的市民更省心。

近年来，合肥市共有 170 余名 14 周岁以下白血病患儿得到中国红十字会总会“小天使基金”救助，总金额 560 余万元。在合肥市红十字会网站上还可以直接填写和提交志愿捐献角膜（遗体）登记表、器官捐献志愿登记表等，目前全市累计实现遗体捐献 244 例、器官捐献 38 例、眼角膜捐赠 91 例，实现造血干细胞捐献 42 例。这些爱心人士的大爱善举，或为多名病患者获得了重生，或为医疗科学发展做出了贡献。其中，因突发疾病不幸离世、无私捐献器官帮助 5 人重获新生的合肥大学生陈嘉伟当选助人为乐类“中国好人”；全国首例器官受赠者身后捐献器官的长丰县李晓侠女士的感人事迹，引发中央电视台、中新网、安徽电视台、安徽日报等 20 余家中央、省、市媒体广泛关注；一名出生仅 10 天的小婴儿因病离开人世，留下了珍贵的生命礼物——一对肾脏、一对角膜、一对视网膜，事迹刊发后，广大读者无不为之感动。

2018 年，合肥市红十字会进一步完善“安徽政务服务网”中合肥市红十字会服务事项，不断提升网上政务服务水平，为方便群众不懈努力。目前，7 个网上政务服务事项已全部完成信息梳理、办理深度升级，其中 6 个事项已达到三级网上办理深度，接受网上申请、资料初步审核。8 月，市红十字会将网上政务服务项目延伸到县级红十字会，群众办事可以直接从县级红十字会平台申请，相关事项直接在县级红十字会办理，让群众少跑路。此外，市红十字会还进一步精减项目申请材料，减少群众负担。下一步，按照合肥市统一要求，市红十字会项目计划进驻市政务服务大厅，由专人做好咨询接待等服务，方便群众一站式办理。

互联网+管理：提高效率

近年来，合肥市红十字会始终牢固树立“四个意识”，全面贯彻落实《红十字会法》，强能履职、服务大局，做好党和政府的人道助手。开展网上红十字会建设以来，市红十字会积极通过互联网信息技术的运用，提高了各项工作的成效。

为便于救护员、救护师资等管理，进一步提高应急救护培训工作效率，按照安徽省红十字会要求，2017 年 3 月起，市红十字会将救护培训人员纳入安徽省红十字应急救护培训系统进行管理，利用互联网做好救护员、救护师资、普及培训、证书、机构等管理工作，截至目前，共 2168 名救护员实现了信息化管理。以信息化促工作效率提升，2018 年以来，市红会积极开展应急救护“五进”活动，共完成急救员培训 27 场次，培训急救员 1200 余人；完成社会、学校等普及培训 17 场，普及学生群众 6100 余人。其中，做好合肥市重大活动志愿者培训工作，2 月，在 2018 年合肥市青年志愿者服务春运“暖冬行动”的活动中，合肥市红十字会负责为约 150 名志愿者代表开展应急救护培训；5 月，为 2018 年环巢湖青春毅行大会培训志愿者 500 名；5—9 月，开展 5 场次约 500 名青年志愿者参加的应急救护培训活动；9 月，为合肥学院 3800 余名新生开展救护知识普及……

志愿者是红十字会开展各项服务的重要抓手，在市红十字会指导下，2018 年，安徽中医药大学红十字会正式成立。目前，合肥市共建成合肥工业大学、安徽大学、安徽中医药大学、合肥学院、合肥工业学校 5 支大学生红十字会队伍，红十字青少年工作得到进一步加强。同时，合肥市红十字志愿服务队正在申请办理成立的注册事宜，正式成立后将进一步壮大我市专业性志愿服务队伍。为做好志愿者工作，提高工作效率，合肥市红十字会充分利用中国红十字会志愿服务信息管理平台和自身官网进行志愿者招募、登记和管理，目前已录入总会网站系统进行管理的志愿者 1000 余名。

2018 年暑期，合肥市红十字会启动总会造血干细胞“造干志愿者保留项目”，按照要求在中国造血干细胞捐献者资料库网络系统中更新我市造血干细胞捐献志愿者信息，便于后期联系管理、提供相关服务。目前，中国造血干细胞捐献者资料库合肥分库登记入库志愿者 25833 人。合肥市红十字会依托大学生志愿者力量，在暑期集中完成了约 1.3 万人的电话回访任务，并认真做好相关信息的网上登记录入。8 月 7 日，《中国红十字报》在二版头条刊登《不忘初心　不变爱心——安徽省合肥市红十字会开展造血干细胞捐献志愿者保留项目侧记》，对我市的此项工作成果予以充分肯定，取得了良好的宣传效果。

互联网+宣传：扩大影响

传播红十字好故事，唱响红十字好声音。为更好地亮出红十字旗帜，合肥市红十字会进一步加强网络宣传工作，提升宣传工作的精准性、主动性、有效性。

加强媒体融合，扩大和优化红十字传播平台，在现有报纸和电视专栏以及网站、微博的基础上，2018 年 5 月开通了合肥市红十字会微信公众号“博爱庐州”，形成“五位一体”的宣传格局，提高了互联网宣传的影响力，促进了红十字会的公信力与品牌影响力提升。微信公众号的开通，让合肥市红十字会进一步把握宣传的主动性，更好地为自己发声。2018 年以来，通过中央和省市报纸、电视台、网站以及官方微博、微信等多种平台，合肥市红十字会共刊发信息稿件 260 余篇，进一步宣传了全市红十字事业的发展成果。

围绕“3·5 学雷锋日”“5·8 世界红十字日”“5·12 防灾减灾日”“6·14 世界献血者日”等重要节日，组织各县（市）、区红会积极开展形式多样的主题宣传活动，在向群众普及红十字知识的同时，开展眼健康检查、义诊、无偿献血、应急救护知识培训等服务，进一步弘扬了“人道、博爱、奉献”的红十字精神。3 月 21 日，省暨合肥市遗体、器官（角膜）捐献缅怀纪念活动在合肥大蜀山文化陵园举行，市红十字会组织大学生志愿者、志愿服务队等共 110 余人参加活动并进行现场服务，安徽电视台公共频道、新浪网对活动进行现场直播，近 40 万人通过新浪直播间观看了活动，取得了良好的宣传效果。每年暑期，我市多支大学生志愿者服务队还积极参与安徽省红十字会暑期“益行计划”志愿项目；合肥市红十字会充分运用网站、微博、微信等方式加强对各项活动的管理和宣传，广泛宣传活动成果，扩大了志愿服务活动的影响力。

此外，合肥市红十字会还与合肥电视台一同倾情打造“红十字微故事”视频，采用一两分钟短片的形式，讲述我市救灾、救助、救护、无偿献血、遗体器官捐献、造血干细胞捐献、志愿服务等工作中涌现出的先进人物和典型事例。7 月底，微故事《爱心播撒血液之种》制作完成上线，在市红十字会网站、腾讯视频、各微信群广泛转发。宣传片短小精悍，便于互联网传播，将成为合肥市红十字会网络宣传工作的一个新亮点。

为进一步传播红十字文化，合肥市红十字会优化网站建设，添加知识视频等内容，成为群众了解红十字事业、学习红十字知识的新平台。2017 年，红十字运动研究中心合肥研究基地正式成立，市红十字会利用互联网及时发布研究基地相关成果，积极开展对外宣传，推进省内外红十字会交流互鉴。

线上线下齐发力，服务群众零距离。合肥市红十字会“互联网+”时代的转型发展，让人道之路越走越宽。一切围绕群众、一切为了群众，我们将不忘初心、继续努力，坚持不懈、奋勇创新，当好党委、政府人道领域的助手！

（作者分别为安徽省合肥市红十字会专职副会长、市红十字会工作人员）

强“三性” 去“四化”开创人道主义新局面

孙 伟 张 妍

2018年8月，合肥市红十字会成立“强‘三性’去‘四化’建设”调研组，于8月、9月结合工作实际开展调研，详细了解市红十字会“三性”“四化”现状，挖掘、创新经验做法；10月，进行资料汇总和组员讨论。现将调研成果报告如下。

一、红十字事业强“三性”去“四化”的重要意义

（一）强“三性”即增强政治性、先进性、群众性，是红十字会组织建设的本质要求和发展动力

习近平总书记在中央党的群团工作会议上强调，加强和改进新形势下党的群团工作，最重要的是保持和增强政治性、先进性、群众性。这“三性”深刻回答了红十字会组织建设坚持什么原则、朝着什么目标努力的问题，抓住了红十字工作的本质属性，是红十字组织建设的发展动力。

政治性是红十字会组织建设的灵魂，是第一位的要求。作为党委政府人道领域的助手，红十字会开展各项工作要树牢“四个意识”，紧紧围绕党委政府中心工作，始终同履行政治职责紧密联系起来，高举旗帜、巩固阵地、争取人心。先进性是红十字会履行职责使命的内在要求。要把握时代主题，助力脱贫攻坚，当好人道助手，共同实现中华民族伟大复兴的“中国梦”。群众性是红十字会的根本特点。要坚持一切为了群众，切实帮助困难群众，发挥好党联系群众的桥梁和纽带作用。

（二）去“四化”即去除机关化、行政化、贵族化、娱乐化，是红十字事业健康发展的根本保证

中央党的群团工作会议指出，一些群团组织存在“机关化、行政化、贵族化、娱乐化”的现象和问题。例如，某些地方组织调查研究开展得不深入，不能真切了解群众的心意和呼声，得不到群众的支持；服务水平、服务能力不高、不强，门难进、脸难看、话难听、事难办，居高临下、面若冰霜，缺乏凝聚力、亲和力。这些问题的存在，影响了群团组织在群众心目中的形象和分量。

没有群众的支持和参与，没有群众的信任和认可，红十字会工作就无法开展。去“四化”，即去除机关化、行政化、贵族化、娱乐化，是红十字事业健康发展的根本保证，必须真正解决这些问题，以实际行动赢得群众对红十字组织的信任和支持。

二、合肥市红十字会“三性”“四化”现状

（一）“三性”较强还可进一步提升

通过调研我们了解到，近年来，市红十字会按照“抓在日常、严在经常”的要求，不断完善措施、狠抓落实，强化党建工作，积极发挥党支部推动发展、服务群众、凝聚人心、促进和谐的作用，激发党员干部干事创业热情，为推动红十字事业发展提供了有力保障。

主要体现在：坚持把推进学习型党组织建设作为党建的一项重要任务，多措并举，确保学习效果；认真开展批评与自我批评，在思想上、认识上、行动上始终与党中央保持高度一致；严格落实廉政责任，健全完善机关作风、效能建设等规章制度，全面落实首问责任制、办事公开制等制度，进一步优化服务质量、提高办事效率；严格执行民主集中制，集体研究决定“三重一大”事项，确保决策科学化和规范化，形成民主、畅通的决策机制，保证了各项重点工作顺利推进。作风建设永远在路上，红十字会在党建方面取得了一定的成绩，还需要进一步加强。

（二）“四化”中某些方面还有体现

对照习近平总书记指出的“四化”问题，认真对标、查找短板，发现“四化”中某些方面还有体现：一是开会布置多，深入基层指导少，向下要经验多，帮助基层总结少；二是党组织生活按照上级部署做的规

定动作多，主动创新较少；三是忙于事务性工作，搞好各项工作的协调保障多，对党建工作的深入研究少；四是服务群众谈工作多、提的要求较多，耐心细致的关心少。这些问题的存在，是红会组织在代表谁、联系谁、服务谁的问题上没有把握好。只有不断增强政治性、先进性、群众性，红会组织才具有源源不竭的发展动力。

三、合肥市红十字会强“三性”去“四化”的主要举措

（一）锤炼党性，确保发展方向

市红十字会引导党员干部不断锤炼党性，树牢服务意识，强化责任感，提高服务群众工作的能力，提高组织的吸引力、凝聚力和战斗力。

一是履行党管责任，扎实开展党建工作。认真履行党建第一责任人责任，牵头抓总、全面安排，形成层层抓落实的党建工作格局。强化指导督促，与业务工作同研究、同安排、同推动、同考核。创新党员管理，建立完善单位党员之间经常性的谈心交心机制。

二是突出学习教育，着力提升党员能力素质。加强理论学习，全面学习党的方针政策，组织“两学一做”“三严三实”等专题学习研讨，讲好专题党课。组织召开专题民主生活会，认真开展批评与自我批评，持续改进作风、促进工作。

三是坚持清正廉洁，切实加强党风廉政建设。始终把加强党风廉政建设作为事业发展的基础和保障，高度重视、常抓不懈，着力打造为民务实清廉的干部队伍。印发《合肥市红十字会党风廉政建设责任制责任追究办法》《合肥市红十字会约谈制度》等系列制度文件，有针对性地完善事前防范、事中控制、事后监督的风险防控机制。

（二）健全组织，贴近基层群众

合肥市红十字会不断加强组织建设，健全基层红十字会组织，更加贴近群众。

一是加强自身建设。积极争取市委、市政府重视，增加 2 个参公编制，增设 1 个内设机构、1 名正科级领导职数。

二是进一步推动落实组织机构。在肥西县、肥东县、长丰县红十字会相继独立设置的基础上，2017 年、2018 年，巢湖市、庐江县也理顺管理体制，5 个县（市）红会均实现有编制、有独立的办公场所、有财

政经费、有专职工作人员等。

三是进一步完善基层网络建设。肥东县、肥西县、长丰县先后在乡镇园区、村居社区建立红十字会基层组织56个，进一步发挥服务基层作用。目前，在合肥市4个区启动了第一批社区红十字博爱家园试点项目建设。

四是完善各项制度，推进效能建设。全面贯彻落实《红十字会法》，落实首问责任制、办事公开制等制度，不断增强机关干部的服务意识、创新意识。建立并完善效能建设相关制度，目前共有12项效能制度，以效能建设助推工作发展，市红会也荣获了“2017年度全省红十字会工作先进集体”及“2017年度‘三献’工作先进集体”称号。

（三）强化履职，当好人道助手

履行法定职责，发挥人道助手作用，提高红十字会群众性。

一是提升救灾能力，做好备灾救灾工作。2018年初，合肥市发生严重雪灾，市红十字会及时做好灾害救助工作，申请并接收省红十字会下拨救灾救助物资价值20.887万元，分发至9个县（市）、区，共2043户群众受益。

二是广泛开展救护培训，提高群众自救互救能力。市红会积极开展应急救护“五进”活动，截止到9月底，共完成应急救护培训27场次，培训救护员1200余人，完成社会普及培训17场，普及群众6100余人，救护员培训量与2017年相比，明显增加。

三是打造公益救助品牌，做好人道救助服务。2018年春节期间，市红会筹集款物30多万元开展红十字博爱送温暖活动，为1000余名困难群众提供人道帮助；继续开展“博爱庐州”白血病救助，春节前夕筹集社会捐款46万元，救助了14名白血病患儿；开展“博爱庐州·青春毅行”救助首次尝试互联网筹款，捐款中8万元用于两名16～17岁青少年白血病患者救助。2018年还启动红十字青少年爱眼健康公益项目和“红十字送健康进社区活动”，相继在我市9个县（市）、区开展。

四是积极申报总会援助项目，让更多群众受益。继续执行好总会小天使和天使阳光基金救助项目，2018年以来，我市已有4名先心病患儿、21名白血病患儿获得救助，救助金共79万元。全市有8位困难妈妈报名参加魔豆妈妈大赛，获得安徽省红十字基金会资金或技术扶持；组织4名乡村医生参加中国脊柱侧凸研究论坛；广泛动员参加腾讯“99公益日”项目，今年市红会共申报7个项目，筹集资金59万余元。

五是加大宣传力度，积极推动大爱“三献”。进一步推动无偿献血、造血干细胞及遗体、器官捐献工作，倡导更多的志愿者参与，让更多有需要的人得到救助，重获生的希望。2018年以来，全市实现造血干细胞捐献5例，累计42例；实现器官捐献26例、遗体捐献24例、角膜捐献25例。这些捐助者的大爱善举，或为多名病患者获得了重生，或为医疗科学发展做出了贡献。

六是推进志愿服务工作，弘扬红十字精神。安徽中医药大学红十字会正式成立，合肥市红十字志愿服务队注册成立，进一步壮大了我市志愿服务队伍，实现了志愿服务规范管理。市红会推荐的30名优秀和星级志愿者、2个优秀志愿服务组织、1个优秀志愿服务项目获得“2017年度学雷锋志愿服务优秀典型”。积极开展总会“造干志愿者保留项目”，总回访量25833人，2018年暑期完成了1.3万人，工作成绩被8月7日的《中国红十字报》进行了报道。

（四）创新方法，更好为民服务

红十字会必须紧跟时代变化，主动迎接挑战，增强组织的群众性、保持组织的先进性。为进一步密切联系群众，了解群众需求，合肥市红十字会改进工作方法，2018年5月起，深入企事业单位、农村、社区，来到科技人才身边、居民村民家中开展调研活动，共调研82个主体，收集问题和建议60条。下一步将形成调研报告，帮助困难群众、职工解决实际问题。

当前，经济一体化、网络信息化日益加深，对红十字会工作的开展提出了新的要求。为了给群众提供更多便利，合肥市红十字会不断提升网上政务服务水平。目前小天使基金、天使阳光基金、遗体（角膜）捐献、器官捐献、造血干细胞捐献、公益类救护培训、应急救护员培训7个事项在“安徽政务服务网”上线，其中6个事项已实现三级网上办理，接受网上申请、资料初步审核，方便群众网上办事。同时，在市红十字会网站上可直接填写和提交志愿捐献角膜（遗体）登记表，点击链接即可以进行器官捐献志愿登记。

合肥市红十字会将救护人员培训纳入安徽省红十字应急救护培训系统进行管理，利用互联网做好救护员管理、救护师资管理、证书管理、机构管理等工作，截至目前，共2168名救护员实现信息化管理。利用市红十字会网站、中国红十字会志愿服务信息管理平台等做好志愿者招募、登记、管理等工作，目前已录入总会网站系统管理的志愿者1000

余名。市红十字会还充分运用网站、微博、微信、微视频等方式宣传工作成果，提升红十字会的影响力。

四、新形势下红十字会强“三性”去“四化”的几点思考

（一）强“三性”去“四化”要坚定理想信念

习近平总书记说：“对马克思主义的信仰，对社会主义和共产主义的信念，是共产党人的政治灵魂，是共产党人经受住任何考验的精神支柱。”红十字会作为社会救助团体，要坚定理想信念，在党的领导下，依照《宪法》《红十字会法》等法律和红会章程独立自主地开展工作。

对党忠诚，是红十字会组织不可违背的基本政治原则，最直接的体现是履职尽责、有所作为。红会组织承担着党和政府人道助手的重要职责，要服从服务于党的中心工作，要胸怀大局，在大局下思考、在大局下行动，找准工作的结合点和着力点，助力脱贫攻坚、保障和改善民生。

（二）强“三性”去“四化”要不忘服务初心

当好群众的贴心人不是说说而已，而是要真心真意、持之以恒地解决实际问题。红十字会要不忘服务初心，着力增强群众观念，提升群众工作能力，创新群众工作体制机制和方式方法，经常深入基层、深入群众，了解群众意愿，倾听群众的呼声，把最困难、最需要帮助、最易受损害群众的人道需要作为开展工作的不竭动力和重点方向。

红会只有发挥好党和政府的桥梁纽带作用，把群众遇到的困难及时反映给党和政府，才能把党和政府的关怀送到最需要帮助的群众中去。多为群众办实事、解难事，通过坚持不懈的努力和实实在在的工作照顾群众、照顾百姓，以赢得社会的尊重和认同。

（三）强“三性”去“四化”要严格廉洁自律

红十字工作者必须坚持正确的政治方向，严守政治秩序和政治规矩，增强政治意识、大局意识、核心意识、看齐意识，不折不扣地贯彻党的意志和主张，自觉维护以习近平同志为核心的党中央权威和集中统一领导，在思想上、政治上、行动上与以习近平同志为核心的党中央保持高度一致，不断增强“三性”。

红十字工作者要对照习近平总书记指出的“四化”问题，认真对标、查找短板。要严格廉洁自律，建立健全信息公开制度，规范信息发布，建立和完善法律监督、政府监督、社会监督和自我监督相结合的综合性监督体系，切实加强公信力建设。

（四）强“三性”去“四化”要强化队伍建设

新常态要有新作为，要保持政治性、先进性、群众性，必须进一步提升发展标杆、提升工作标准、提升思想境界，发扬进取精神，创先争优。红会干部要多学习、多思考、多探索，紧盯薄弱环节，紧盯困难和瓶颈，扎扎实实地解决问题，实实在在地服务群众。

改革创新是红十字事业发展的不竭动力，红十字会要深入贯彻落实习近平总书记在中央群团工作会议上的重要讲话精神，按照《中共中央关于加强和改进党的群团工作的意见》要求，深入改革创新，把握时代脉络，适应时代发展变化，尊重基层的首创精神，勇于改革创新，通过创造性地开展工作来增强发展活力。

（作者分别为安徽省合肥市红十字会赈济救护部部长、市红十字会工作人员）

延安市红十字会专栏

白求恩与延安

宋双印

抗日战争期间，很多国际援华医疗队和大批国际红十字医疗志愿者，通过宋庆龄发起成立的“保卫中国同盟”这个渠道，来到延安，支持中国的抗战事业，白求恩就是其中的一个。由于白求恩感人至深的事迹，在他牺牲后，毛泽东写了《纪念白求恩》一文纪念他。此后，白求恩的名字便从延安传出，传遍了全中国，传遍了全世界。

为什么白求恩要来延安呢？还在1935年夏，白求恩去苏联列宁格勒参加国际生理学大会时，对共产主义思想有了一定的认识；后来他远赴西班牙投身于反法西斯斗争，更坚定了他的信念。1937年7月7日，日本挑起全面侵华战争，白求恩便萌发了到中国去的想法，他在加拿大的一次演讲中无比愤慨地说：“章鱼状的垄断资本主义已四处伸出触手，日本侵略中国即是一例。你们要明白我为什么要到中国去，请读一读埃德加·斯诺的《西行漫记》……艾格妮丝·史沫特莱的《红军在长征》和贝特兰的《中国的第一步行动》。”

1938年1月8日，受加拿大和美国共产党委派，白求恩率美加援华医疗队乘“亚洲女皇号”邮轮，自温哥华启程前往香港。1月23日，他带着大批医疗药品和器械抵达当时尚未陷落的抗战大本营汉口。国民党方面希望留下这支医疗队和这些宝贵物资，同行的美国医生帕尔森留下了，但白求恩不改初心，坚持要到延安去。

在宋庆龄的帮助下，白求恩见到了当时在武汉的中共中央副主席周恩来，他对周恩来说：“我来中国是要到抗日根据地工作的，现在抗战形势紧迫，请你尽快安排我上前线去。”周恩来从安全考虑，建议白求恩一行先到延安，再前往前线。白求恩一行由汉口乘火车经郑州到潼关、风陵渡过黄河。当时，运送医疗队物资的车队为了躲避敌机轰炸，经常赶夜路，即使这样还是先后有20多头骡马被炸死炸伤，数十人受伤。白求恩在日记里写道：“我们和紧跟在后面的日军之间没有一点遮拦，这实在使人毛骨悚然。”3 月 7 日，医疗队过黄河到西安；3 月 22 日，白求恩见到八路军总司令朱德，接着改乘卡车前往延安。

1938 年 3 月 31 日，历经千辛万苦，白求恩率领的由 3 人组成的美加援华医疗队辗转到达延安。除了他以外，另外两人分别是理查德·布朗医生和琼·尤恩护士。当时被聘为八路军卫生顾问的美国人马海德大夫和八路军卫生部姜齐贤等同志到延安南门外专程迎接他。马海德握着白求恩的手说：“你想象不出大家多么盼望你来，一个有你这样的资历的外科医生！我们到处打电报，打听你的下落。天晓得，我们是多么需要你！”

白求恩到延安后住进了一个只有一个暖炕和一张小桌子的窑洞，尽管条件简陋，但在延安第一天的见闻仍使他兴奋不已。他在日记中写道：“虽然延安是全中国最古老的城市之一，我立即觉出它是管理最好的一个城市。和中国其他的地方正相反，边区的行政当局正在推行一个全面的计划，将社会改革与组织区内的一切抗战力量的工作配合起来。这里有一个大学，吸引着来自全国各地的成千上万的学生。还有一个新成立的卫生学校，为部队培训医务人员。又有一个正在发展着的医院，医院的设备虽然简陋，这儿的政府却已经实行了人人免费医疗的制度！”

到延安的第二天晚上，十点多钟，毛泽东在凤凰山麓的窑洞里亲切会见了他。在会见前，白求恩急忙跑进屋里，穿上新发的八路军灰布军装，然后打开皮箱，从箱底拿出自己的党证，放在衣袋里。

白求恩一进屋，毛泽东就热情地走过来，白求恩向毛泽东敬礼，两个人的手紧紧地握在一起。毛泽东亲切地笑着说：“欢迎你啊，大洋彼岸的朋友！”

毛泽东一边打量着他，一边伸手示意坐下。一落座，白求恩便郑重地将自己的党证交给毛泽东。在烛光下，毛泽东先是很谦和地询问白求恩对于西班牙战争的看法，接着又从西班牙谈到中国工农红军的长征和中国抗战的现状；然后又热情地欢迎白求恩同志不远万里来到中国，帮助中国人民的抗日战争，赞扬他实践了列宁的无产阶级国际主义路线，并邀请他留下来主管八路军边区医院。白求恩请求地说：“我要到抗日前线去，到抗日的人民中间去！一定将自己掌握的技术毫无保留地传授给中国同志。”

“只要批准我组成手术队到前线去，在战地附近实行初步治疗，就可以使 75% 的伤员免于死亡，而且训练医务人员的工作也只有去前线，才更有成效、更实际。”白求恩接着说：“最能发挥作用的方式是组织战地医疗队，在前线附近工作，照顾重伤员。”毛泽东欣然答应：“那就请你立即组织战地医疗队吧，并祝你获得完全成功!”“好!”白求恩高兴地回答。

会谈结束，白求恩一看时间，想不到已是半夜两点钟了，毛泽东精神饱满地把他送到门口，并请白求恩向美国朋友们转致谢意。白求恩回到住地，在日记里记下了他和毛泽东会见的情形，等他写完，天已经快亮了。在日记的最后，他写道：“我在那间没有陈设的房间里，和毛泽东同志对面坐着，倾听着他从容不迫的访谈的时候，我回想到长征，想到毛泽东和朱德在那次大的行军中，怎样领着红军经过二万五千里长途跋涉，从南方到了西北的黄土地带。由于他们的战略经验，使得他们今天能够以游击战来困扰日军，使侵略者的优越武器失去效力，从而挽救了中国。我现在明白为什么毛泽东那样感动每一个和他见面的人。这是一个巨人！他是我们世界上最伟大的人物之一。”

白求恩在延安住了一个多月。这期间，他每天早上爬山，唱着西班牙战斗歌曲，显得格外精神，还学会了《抗大校歌》。他被邀请参观了边区政府机关，给延安的干部和抗大等院校的学员做报告，到各个医院参观并为中央首长、八路军战士和当地农民看病，从早忙到晚，但他很兴奋。在日记中，他写道：“在延安，我见到了一个崭新的中国!”

有一天，白求恩到宝塔山下的边区医院参观指导时，院长傅连暲介绍说，金茂岳大夫是中国红十字会的，是齐鲁大学的博士。白求恩说，我们都是从事红十字人道主义事业的，齐鲁大学有个教员老罗是他加拿大的朋友。查病房时，他说：“病人敲医生门的时代过去了。”休息时，他说：“延安这个地方好，比马德里好，这里有窑洞，不怕敌人轰炸。”大家听后都笑了。

当大家希望他留在延安时，白求恩说：“我不是为生活享受而来的，什么热咖啡、嫩牛肉、软绵的钢丝床，这些东西我早就有了！但为了理想，我都抛弃了！需要特别照顾的是伤员，而不是我。”随后，他给纽约国际援华委员会拍了一封请求援助的电报，又给毛泽东写了一个关于他所巡视过的医院的总结报告。

1938 年 5 月 14 日，白求恩大夫带着 17 头驮着医疗器械、药品的牲口，由卫生部长姜齐贤陪同离开延安，踏上了前往晋察冀边区的路。经过多日跋涉，6 月 17 日，他来到位于山西五台县金刚库村的晋察冀军区司令部，近千军民列队欢迎白求恩率领的医疗队。聂荣臻司令员向白求恩介绍了边区的有关情况，白求恩问：“告诉我，司令员同志，我的战斗岗位在哪里？我是来工作的，不是来休息的，你们要拿我当一挺机关枪使用。”

白求恩到了边区后方医院，不顾劳累，马上就投入工作，第一个月就为 147 名伤员做了手术。有一次竟然连续为 115 名伤员做手术，持续时间达 69 小时。他还教会了医务人员输血技术。有几次战斗非常危险，大家劝白求恩同志去隐蔽，他说：“伤员的生命要紧，我们的战斗岗位就是手术台，一定要坚守阵地。”

毛泽东在延安非常关心白求恩，专门给聂荣臻司令员发了电报：

请每月付给白求恩大夫一百元。白求恩报告称松岩口医院建设需款。请令该院照其计划执行。同意任白求恩为军区卫生顾问，对其意见和能力完全信任。一切请视伤员需要斟酌办理。

白求恩给延安的毛泽东写了一封回信：

敬爱的毛泽东主席：

来电敬复如下：

第一，我谢绝每月一百元的津贴。我自己不需要钱，因为衣食等一切均已供给。

第二，我批准给各后方医院的经费约计一千五百元，系改建此间医院为晋察冀军区模范医院工料费用……将来每月约需一千元。

第三，目前需要五千元的各类药品，这些药品可以在北平购得。

第四，请随时将加拿大和美国汇来的款示知，以便明了经济状况。

第五，以上并不包括建立一个永久性医院的计划，该工程规模较大，约需五万元。永久性医院计划不久即可送呈。目下工作系利用现有材料进行改建工程。

然而不幸的是，1939 年 10 月下旬，在河北涞源县摩天岭战斗中抢救伤员时，白求恩的左手中指被手术刀割破后感染，后伤势不断恶化，转为败血症。白求恩自知病情危重，生命即将结束，他给聂荣臻司令员写了一份遗言：

亲爱的聂司令员：

我今天觉得非常不好——也许就要和你们永别了。请转告加拿大和美国共产党，我在这里十分愉快，我唯一的希望是能多有贡献……请转告加拿大人民和美国人民，最近两年是我生平中最愉快、最有意义的时日！……请转告毛主席，感谢他和中国共产党给我的教育，我相信中国人民一定会获得胜利！

最后时刻，他坚定地对医生说：“不要难过，我多么不愿离开你们啊，努力吧，向着伟大的路，开辟前面的事业！”1939 年 11 月 12 日 5 时 20 分，白求恩牺牲于河北唐县黄石口村。

聂荣臻司令员悲痛地说：“诺尔曼·白求恩，是一名加拿大共产党员。1890 年 3 月 3 日出生在加拿大格雷文赫斯特城的一个牧师家庭。1911 年就读于多伦多大学医学院，为了生存，他卖过报，当过餐厅侍者、轮船烧火工、伐木工人等。后获医学博士学位，成了驰名欧美的胸外科医生。1936 年 8 月，西班牙战争爆发，他率医疗队志愿服务。后来到中国支援抗战。在这里，他献出了宝贵的生命。”

11 月 15 日，马海德在延安写了《我认识的白求恩》。文章写好后，寄给了宋庆龄组织的“保卫中国同盟”，发表在香港《新闻通讯》第 13 期上。

11 月 21 日，中共中央在延安发出唁电。23 日，八路军总司令朱德通令全军举行哀悼。12 月 1 日，延安各界举行追悼大会，毛泽东题了挽词：“学习白求恩同志的国际主义精神，学习他的牺牲精神，责任心和工作热忱。”同日，延安八路军总部颁发命令，将八路军医院改为白求恩国际和平医院。17 日，晋察冀边区党政军领导机关和驻地群众为他举行了隆重的葬礼。

12 月 21 日，毛泽东在延安写下了著名的《纪念白求恩》一文，称赞他是“一个高尚的人，一个纯粹的人，一个有道德的人，一个脱离了低级趣味的人，一个有益于人民的人”。

朱德在《纪念白求恩同志》中说：白求恩同志是真正充满着共产主义国际主义精神的优秀党员，从他身上，表现了共产党人的高尚品质。他把中国人民的解放当作他自己的事业，这种国际主义的伟大精神，每个中国共产党党员都应该学习。

聂荣臻在《纪念白求恩同志》中称赞：白求恩是具有高明的医学技术和优良的革命品质，他是大众的科学家，更是无产阶级最英勇的战士和被压迫民族最忠诚的战友。

吕正操在《纪念白求恩大夫》中称赞白求恩：是中华民族解放战争最忠实的赞助者，是全世界人类解放战线上最勇敢的战士。

经考证，白求恩的爷爷曾经和红十字运动的创始人亨利·杜南一起在索尔费里诺战役中从事过战地救护工作，也应该算红十字运动创建参与人之一了。谁也不曾想，其孙子白求恩在中国践行了这一宗旨，并获得了全世界的认同和尊敬。

时至今日，很多中国人都会背诵毛泽东写的《纪念白求恩》，白求恩的事迹家喻户晓。在中华民族最困难的时候，白求恩离开家乡，无私无畏来到中国，和我们这个国家、民族连成一体，直至献出自己的生命。这种毫不利己、专门利人的国际人道主义精神，影响着整个中国，成为中华民族和整个人类的最宝贵的精神财富。

（作者系陕西省延安市红十字会常务副会长）

红十字与延安的情缘

——中国红十字医疗队在延安

李玉琴

1935 年 10 月，中央红军历经二万五千里长征到达西北革命根据地延安吴起镇后，以毛泽东为代表的党中央在延安战斗生活了 13 个春秋，这一时期被称为“延安时期”。延安和陕甘宁地区成为中国人民抗日战争的领导中心，解放战争的总后方，举世瞩目的革命圣地。延安时期，中国红十字会总会救护队在延安和整个解放区开展的人道主义救护工作十分活跃，为延安时期的医疗卫生事业发展、为边区军民生命健康、为中国抗战胜利做出了不可磨灭的贡献。

抗战时期中国红十字会 8 支医疗队到延安

据相关资料记载，现已查证的有 8 支中国红十字会医疗队在延安工作的记录。七七事变爆发后，中国红十字会总会救护总队部在林可胜先生的主持下，先后调往陕甘宁边区的医疗救护队有红十字会第 7 队、23 队、25 队、29 队、33 队、35 队、54 队及国联防疫一团三组。另外，还有经中国红十字会联系到延安的国际公益救护队。据现有史料记载，第 23 队在延安时间最长，本篇主要回顾第 23 队在延安时期的工作。

中国红十字会第 23 医疗队成立于 1937 年 12 月 27 日。当时，南京政府卫生署医政科科长王禹昌是老齐鲁大学的毕业生，组织留在济南的齐鲁大学的部分大夫、护士和毕业生，与南京中国大学的师生联合组织了救护队。救护队从济南火车站开始，做起了救护伤病员工作。在王禹昌的积极动员和救护队的影响下，很多同学都相继加入救护队伍中来，其中就有后来第 23 队队长金茂岳。1937 年 10 月 10 日，医疗队在兖州集合后到了南京，后在卫生署副署长金宝善的支持下，中大、齐大救护队手术组正式成立，张查理任队长，王禹昌任副队长，所需药品、敷料由卫生署供应。救护队先被调到安庆伤兵医院，后再回到武汉。此时，南京政府已自顾不暇，退到汉口。中国红十字会救护总队部负担起成立战地医疗队的任务，总队部设在贵阳，中大、齐大救护队就在武汉组成了中国红十字会第23医疗队，队长王禹昌，副队长侯道之，全队21人。救护队乘车经郑州，于1938年1月3日到达西安，在西安八路军办事处，办事处主任林伯渠接见了他们，并点名说："金大夫，你的家属和孩子们不是一直跟着你四处奔波吗？我们可以给家属安置工作，让孩子上学，保证让你不会困难。"队员们都激动地表示要到延安去。1938年1月10日，23、33两支医疗队乘坐八路军办事处的两辆卡车出发北上，13日到达延安。

根据1940年2月21日《新中华报》的《介绍中国红十字会廿十三医疗队》一文载，"中国红十字会廿十三医疗队1938年1月13日来到延安，队长侯道之是山东齐鲁大学的医学博士，外科主任，副队长谢景奎是内科主任，队员李汇文是外科医师，金茂岳是妇产科医师，都是齐鲁大学的毕业生。X光技师蔡子白，护士长王学理，护士朱朝成、朱朝正，勤务员李复怀，他们带来了不少的医疗器械和药品"。

据金茂岳回忆，医疗队携带配备有妇产科和一些常见的外科手术器械，有几个真皮的、制作精良的出诊箱，出诊箱容量很大，药品、器械都可以固定在大大小小的口袋或卡套内。还有一只手提式X光机、针盒，50CC、100CC玻璃制注射器，以及酒精灯、大量药品等。据史料记载，第23医疗队在延安地区工作两年时间，曾在边区医院、拐峁疗养所、二兵站医院等多处服务，成绩卓著。尤其在甘谷驿二兵站医院工作期间，在甘谷驿教堂建立了手术室和重症病房，医治病人40295人，检查1590人，实施手术635人，救治了不少伤病员。据教堂周边当年参加过支前的离休干部回忆，当时重伤员在教堂里做手术，大部分伤员就在村子里老乡的家里养伤，医生要走十多里路去给伤员换药，伤员伤愈后再上前线杀敌。

毛主席为红十字医疗队员题词

第23医疗队的精湛医术和奉献精神赢得了战士、百姓的信任，也得到了中央领导的嘉奖，朱德总司令亲自为23医疗队赠送了锦旗。在当时极其艰苦的条件下，党中央对红十字医疗队的专家们十分尊重，在工作、生活上都给予极大关照。

据金茂岳回忆，当时延安的主要交通工具是牲口，中共中央书记处秘书长王首道亲自写信送了他一匹马；贺龙同志从前方来，也送了他两匹马，先是送一匹白马，说驮东西用，后来又给了一匹黑马，说这是一匹日本战马，出去看病跑得快。“当时的一匹马，比现在的一辆‘上海’轿车、比德国‘奔驰’汽车还贵重呢!”生活上也是给予他们以“小灶”待遇，有专职厨师，有津贴。

1940 年 1 月 3 日，毛主席和朱总司令设宴招待金茂岳等两位专家，和他们广泛交谈中央医院建设等问题，征求他们对工作和生活的意见。毛主席说：“从医，也不能脱离政治。”又说：“高科技知识分子来边区工作，开始投身革命，在工作实践中困难很多，最重要的是联系自己的思想实际，加强政治学习，改造世界观非常重要！有了坚定的政治立场，才能安心工作。有了明确的方向，才不至于在暴风雨中迷失方向。”宴会后，他又为两位专家题了词。毛主席给金茂岳的题词是“努力救人事业”。毛主席说：“医生的工作是治病救人的事业，我们共产主义事业是解放全人类的救人事业，总之，共产主义事业和医务工作都是救人的革命事业，要为解放全人类和治病救人而努力。”金茂岳在延安和黎平结婚时，毛主席赠送了一床毛毯和一个精致的床前用的小地毯。朱总司令赠送金茂岳一床 359 旅编织的毛毯。金茂岳一路行军，一直把毛毯带在身边，虽已破烂，但两床毛毯一路被带到北京，现被定为国家一级文物，保存在中国抗日战争纪念馆。

1940 年 4 月 11 日下午，在延安中央大礼堂举行的欢送第 23 医疗队离延晚会上，周恩来副主席致欢送辞，并表彰医疗队，“以其医术优良，设备齐全，使边区医疗工作获得不少帮助。该队同仁工作努力，不辞辛劳，实为感激”。医疗队离开后，该队的队长金茂岳和三名队友一直留在了延安中央医院工作。

红十字医疗队员的共产主义理想和为民信念

大家都熟知国际共产主义战士白求恩的感人事迹，毛泽东称他为“一个高尚的人，一个纯粹的人，一个有道德的人，一个脱离了低级趣味的人，一个有益于人民的人”。白求恩精神是值得中华儿女永远传承和弘扬的精神瑰宝。和白求恩一样，怀着坚定的共产主义理想信念、拥护中国共产党的领导、坚持为革命服务的大批有志之士，历尽千辛万苦，奔赴延安，投身于抗日救国的革命工作中来。红十字会医疗队的成员们大多是高级专家，毕业于名牌大学，有的获得了博士学位，有的留过洋，家庭条件优越，有一定的社会地位。面对日本帝国主义的侵略、国民政府的腐败无能，他们看到了中国共产党《抗日救国十大纲领》，看到了国家和民族的希望。这些爱国的进步知识分子，放弃了优越的生活条件，来到延安，加入保家卫国的革命队伍中来。

据金茂岳回忆，“我到延安以后，有一个齐鲁大学设备系的教授，是加拿大的一个大夫，也是一个社会党人，他要来延安。他到延安以后，统战部带他参观时说，‘延安还有你们的学生呢。金茂岳和魏一斋就去见面，一看大家都认识。他是个牧师，他想在延安搞教会传教，办教育。’金茂岳说：‘劳金斯道格尔先生你看，基督教祷告文天天讲，《圣经》也说，我们在天上的父啊，希望把天堂降到地下来。每天吃饭前都祈祷，一天三次，可是天堂还没有实现。我到了延安，看见天堂已经实现了，天堂已经在大地建成了。在这里大家是兄弟，自己盖房子，自己打窑洞，自己生产，互相友爱，有困难互相帮助，这里是真正的天堂。’”

队员们在紧张的救护工作之余，仍挤出时间学习马克思主义和毛泽东思想，他们在救护伤病战士、医治百姓，在为革命服务的潜移默化中，逐渐成长为一名共产主义战士。特别是在中央首长的亲切关怀和培养下，队员们都成为马克思主义和毛泽东思想的革命理论信仰者、践行者，多数人都先后加入了中国共产党。

救护队不仅救护抗日战士，还协助驻地的地方卫生防疫部门扑灭当地疫情和开展环境卫生、防疫防病、为百姓治病等服务。

“解密贵阳档案”之《战地红十字》中记载，1940 年 1 月 5 日，《第 54 卫生队关于八路军赠送本队锦旗与慰劳品的报告》中说，八路军于元旦日赠送本队荣誉锦旗一面，内绣文曰：“中国红十字总会第 54 队全体同志存念，不避艰苦，发挥了医人救国的热忱。”八路军二兵站院第三所全体人员敬赠，并在元旦大会中举行隆重献旗典礼。

1940 年 5 月 20 日，第 54 队队长崔辉生致电林可胜总队长：“兹已见习期满，于 5 月 11 日返抵延安……兹奉边区指导员命着彼等率队员一组负责在抗日军政大学卫生科建设示范灭虱站一所，并领来建设费 400 元，潘队副旋返延安开始建站，本队为适应环境需要，计划分为 A、B 两地工作，A 仍在延川二兵站医院三所任医疗及敷伤工作，由职率领之，目下晋北伤兵已大批转送来陕约有千余人之多，工作异常忙碌，B 分队由队副潘熊敏率领之住延安 18 集团军抗日军政大学内，将灭虱、治疥及防疫环卫等工作……”

回顾中国红十字医疗队在延安时期的历史，缅怀红十字会先辈们的感人事迹，铭记他们的贡献，感悟人道、博爱、奉献的红十字精神，可以指引我们更好地当好党和政府人道领域助手，履行好职责使命，为中国特色社会主义事业做出更大贡献。

（作者系陕西省延安市红十字会秘书长）

不忘初心　牢记使命

——新时代红十字会如何展现新作为

李玉琴

中国自古以来就有乐善好施、救死扶伤、扶弱帮困的传统美德。中国红十字会的百年历史更是一部沧桑史、一部辉煌史、一部发展史，留下了许多可歌可泣、感人至深的事迹，特别是抗震救灾时的众志成城已深深烙在每一个红十字人心中。党的十九大确立了习近平新时代中国特色社会主义思想，开启了发展中国特色社会主义、建设社会主义现代化强国的新征程，描绘了实现中华民族伟大复兴的新蓝图，规划了“两个一百年”的新目标。新时代擘画新蓝图，新目标开启新征程，新时代要有新气象，更要有新作为。红十字会作为中国特色社会主义事业的重要组成部分，是党和政府在人道领域联系群众的桥梁和纽带。新时代对红十字会的工作也提出了新要求，新时代红十字会的工作如何坚持不忘初心？如何履行好职责，践行好使命，展现新作为，服务于更多群众？这些都是每一个红十字人需要认真思考的问题。

一、红十字的初心和使命是什么？

红十字运动是人类文明进步的象征，红十字会的诞生不是偶然的，而是人类社会发展的必然产物。作为一名红十字人要不忘初心，铭记历史，以史为鉴，砥砺前行。

（一）人道主义思想的渊源

中国是“仁”的国度，孔子的“泛爱众”，墨子的“兼爱”，以及“博爱之谓仁”“救死扶伤”“仁爱救人”等尊重和保护生命健康的理念源远流长。更值得一提的是，在日内瓦红十字国际博物馆大门内，有一块用隶书写的警示牌：“子贡问曰：‘有一言而可以终身行之者乎？’子曰：‘其恕乎？己所不欲，勿施于人。’”可见，孔子的“恕道”被视为国际红十字运动人道主义思想的来源之一。

（二）国际红十字运动的起源

国际红十字运动的兴起与“三个一”密不可分，即一场战争、一个人、一本书。1856 年 6 月 24 日，索尔费里诺战役爆发，这是法国、意大利、奥地利三国数十万大军的一场激战，4 万多死伤者被遗弃在战场上。瑞士的一位商人亨利·杜南途经此地，目睹了这一惨状，动员附近的居民、医生和护士紧急行动，收容安置了 4000 多伤兵，并进行了力所能及的救护和治疗。10 天后，他回到日内瓦，撰写了《索尔费里诺回忆录》。此书出版后，他用人道之光驱赶战争阴霾、减轻战争苦难的思想引起各界的共鸣，赢得了各界的支持。1863 年，杜南等发起成立了红十字国际委员会，并最终促成了日内瓦公约这一国际上第一部人道法的形成。亨利·杜南因此获得了 1901 年首届诺贝尔和平奖。截至 2006 年，全球 194 个国家全部签署了日内瓦公约。2017 年，微软等科技巨头，还倡议要签署“数字日内瓦公约”，来保护互联网公民。

（三）中国红十字会的兴起

中国红十字会的起源也与一个人、一本书、一场战争密不可分。1897 年，孙中山在香港医学院（香港大学）读书的时候，结识了一位叫康德黎的英国外科医生，他也是英国伦敦红十字会的创始人。1986 年，广州起义失败后，孙中山辗转到了伦敦。10 月 11 日，在拜访康德黎的途中，孙中山被清政府使馆人员绑架，这就是轰动一时的“伦敦蒙难”。在康德黎夫妇的帮助下，12 天后，孙中山被释放。释放后，孙中山客居伦敦，结识了伦敦红十字会医生柯士宾。柯士宾告诉他，“我写了一部《红十字会救伤第一法》”，很实用，已翻译成德、意、法、日四国文字，希望孙中山帮他翻译成中文。孙中山慨然答应，中文版的《红十字会救伤第一法》在伦敦出版社出版，并在《申报》上进行推介，对海内外华人和国内有识之士的红十字运动思想的启蒙产生了重要影响。这也是孙中山先生唯一翻译过的一本书。而 1904 年爆发的日俄战争，则直接促成了中国红十字会的诞生。

（四）第一个中国红十字会组织的诞生

中国第一个红十字会组织的诞生是与一场“不可思议”的战争联系

在一起的，是一次人类生存意识的自我觉醒和自觉行动。1904 年，日俄战争爆发，然而战场不在日本，也不在俄国，而是在中国。日俄两国为争夺在中国的特权而大打出手，清政府却宣布“局外中立”，置身事外，竟然在东北划出交战区，任凭两国厮杀、践踏，数十万同胞因此处于水深火热之中。当时，在旅顺的外国侨民都由本国的政府或者红十字会组织出面，接运撤离战区，清政府也派船接运中国同胞，但遭到日俄的拒绝，船只不得入内。上海记名海关道沈敦和等人义愤填膺，为救护中国同胞，发起成立东三省红十字普济善会，这是国内最早的红十字组织（沈敦和曾留学英国剑桥大学政法科，长期从事洋务事务和国际公法研究）。后来，为得到国际承认，在与清政府重臣吕海寰等人协商后，沈敦和等联合中外人士成立了上海万国红十字会，清政府同时拨白银 10 万两，各地绅商捐款白银 20 万两，作为开办经费。

（五）硝烟中的红十字运动

至抗战前，中国红十字会分会已有 520 个，医疗卫生机构 262 个，会员 30 余万。在抗日战争、解放战争和抗美援朝中，中国红十字会积极奔走各大战区，参与战地救护、难民救治和战地保健防疫，以及建立伤兵医院、难民医院、收容所、流动诊疗所、儿童班、战时学校等。由于红十字会的辉煌业绩，1933 年，众多国民政府要员曾为中国红十字会常熟分会纪念册题字，例如国民政府主席林森题字“同心救难”，蒋介石题字“惠彼伤残”等，由此可见红会当时的社会影响力之大。1937 年后，多支中外红十字救护队先后到达延安，毛泽东亲自设宴欢迎，其中有大家熟知的马海德、白求恩等。毛泽东曾为红十字题词，“救死扶伤，实行革命的人道主义”。史料记载，据不完全统计，抗战期间红十字会共救护军民达 2600 万人。

回顾百年历史，中国红十字会从无到有，从小到大，是为国分忧、为民解难的百年。无论是战争年代的人道主义，还是和平时期的扶危助困，无论是重大自然灾害，还是突发公共事件，中国红十字人以“人道、博爱、奉献”为宗旨，为保护人类生命和健康、推动世界和平与发展做出了不可磨灭的贡献。

2013 年 5 月 13 日，习近平总书记在会见红十字国际委员会主席莫雷尔时说，“红十字是一种精神，更是一面旗帜，跨越国界、种族、信仰，引领着世界范围内的人道主义运动”。

2015 年 5 月 5 日，习近平总书记在接见中国红十字会第十次全国会员代表大会代表时讲道，中国红十字会是国内历史最悠久的人道组织，成立110多年来，特别是近年来，中国红十字会在重大灾害救援、保护生命健康、促进人类和平进步等方面发挥了重要作用，涌现出郭明义等一批优秀红十字志愿者，为党、为国家、为人民做出了很多好事、善事。

我国红十字事业是中国特色社会主义事业的重要组成部分，是党和政府在人道领域联系群众的桥梁和纽带。我认为，树好红十字这面旗帜，弘扬和践行好“人道、博爱、奉献”的红十字精神，真心关心群众，努力改善最易受损害群体境况，保护人民生命健康，履行好党和政府在人道领域联系群众的桥梁和纽带职责，就是红十字人的初心和使命。

二、新时代红十字会如何践行使命

中国特色社会主义进入新时代，我国社会主要矛盾已转化为人民日益增长的美好生活的需要和不平衡不充分的发展之间的矛盾。人民日益增长的美好生活需要，包含了诸多人道需求和奉献社会的需求。马斯洛需求层次理论讲人的需求分五层，中国已进入全面建成小康社会时期，人们的需要层次也在不断地上升，公平、正义、公正、受尊重、有尊严、实现自我价值、自由发展、奉献社会的需要已成为人们的追求目标。如何适应时代发展的节奏，适应社会新矛盾、新需求，是新时代对红十字人提出的新课题。

（一）坚持党的领导，践行以人民为中心思想

中国特色社会主义最本质的特征是中国共产党领导，中国特色社会主义制度的最大优势也是中国共产党领导。以人民为中心的发展思想是新时代中国特色社会主义的价值取向。中国红十字会的工作必须坚持党的领导，走中国特色红十字事业发展道路，坚决贯彻党的意志和主张，严守政治纪律和政治规矩，讲政治服务大局，做践行理想信念的带头人，守纪律讲规矩，做政治上的明白人，干实事求实效，做行为上的老实人，在推进“三救三献”的履职尽责过程中，引导群众听党话、跟党走，组织广大志愿者在弘扬延安精神、践行梁家河精神、履行为民服务的宗旨上干在实处、走在前列。

（二）坚定文化自信，弘扬社会主义核心价值观

十九大报告提出，“要把社会主义核心价值观融入社会发展各方面，

转化为人们的情感认同和行为习惯”。2015 年 5 月，习近平总书记在接见中国红十字会第十次全国会员代表大会的代表时亦指出，要结合培育和践行社会主义核心价值观，在全社会弘扬“人道、博爱、奉献”精神，弘扬正能量，引领新风尚。

中国红十字文化是人道主义价值观，是“人道、公正、中立、独立、志愿服务、统一、普遍”七项基本原则和“人道、博爱、奉献、服务”精神的总和，与社会主义核心价值观一脉相承。红十字会是汇聚社会爱心、凝聚社会力量的平台，弘扬红十字文化，践行红十字精神，唤起更多社会大众的爱心，共同关心和帮助困难群体，在全社会营造友善、互助、文明、和谐的良好氛围，讲好红十字故事，挖掘、宣传红十字志愿者、捐献者感人事迹，弘扬社会正能量，弘扬真善美的社会风尚和潮流，是培育和践行社会主义核心价值观的具体实践。

（三）深化机制改革，重振中国红十字公信力

公开透明，重振公信力。公开透明是社会公众对公益事业的期待，特别是对红十字公益事业的期待。募捐是红十字会的法定职责，社会捐助的款物都是取之于民、用之于民，而要取之于民，首先要取信于民，要取信于民，必须做到公开透明，否则就没有公信力。如何实现公开透明呢？一是要建立健全信息披露机制，如建立捐赠信息发布平台，捐赠款物公开、财务管理公开、招标采购公开、分配使用公开，并及时更新，全国联动，随时可查。二是要完善内部监督机制，设立监事会，由职级不低于常务副会长，熟悉纪检、民政、法律、审计、司法等工作的同志，以及捐赠者代表、志愿者代表等具有良好社会公信力的人士共同组织监事会，参与管理各个项目的实施。

（四）健全服务体系，切实提高“三救三献”水平

（1）健全应急状态下的志愿者服务体系。一要未雨绸缪，建设好备灾库，储备好救援物资，管理好应急救援队伍。二是运用信息化技术，建立应急救援平台，便于人力物力的及时准确施救。三是加强应急救援队伍的操作演练，一旦灾害发生时，救援队派的出、能战斗。

（2）建立非应急状态下的志愿者服务体系。一是以社区为本设计和实施红十字志愿项目。设计接地气、顺民意的项目，发挥社区居民的能动性，搭建红十字志愿服务平台，实现群众需求、社会支持相结合。二是推广“志愿者+社工+义工”的服务方式。依托社区综合服务设施，开

展志愿服务活动，实现有固定场所、有稳定队伍、有统一标识、有活动项目、有服务对象、有工作成效。三是提高志愿服务的专业化水平。建立健全志愿者登记注册、培训、管理、奖励、激励机制，可通过组织招募和社会公开招募双重并举，争取各类社会资源参与，实现志愿服务的社会化，服务水平、服务项目、管理队伍的专业化。

（3）精准救助，补齐民生短板。党的十九大报告提出，“必须多谋民生之利、多解民生之忧，在发展中补齐民生短板、促进社会公平正义”。一是要调研摸清需要救助群众的现状，统计甄别，精准救助。二是要扩大募捐筹资渠道，凝聚全社会力量帮危扶困。三是要利用好博爱家园以及先天性心脏病、白血病等重大疾病的救助等项目。四是要为因自然灾害等原因造成精神伤害的弱势人群提供人道关怀和心理辅导等。

（4）做好“三献”服务，保障人民生命健康。一是要利用“5·8世界红十字纪念日”“6·14 世界献血日”“12·1 世界艾滋病日”，以及各种义诊、募捐活动等，广泛传播红十字精神，宣传卫生健康、急救知识，提高红十字文化的社会知晓率和认知度。二是要大力宣传捐献者感人事迹，尊崇道德楷模，做好公益事业的社会宣传，弘扬人道精神。三是要做好捐献意愿的及时接收、回访、帮助等，真心尊重捐献者意愿，关心捐献者生活，让捐献者体会到温暖。四是要加强捐献协调员队伍建设，强化服务培训，规范管理捐献流程，让捐献者放心。

（五）针对各种人群，全面开展公益救护培训

日常意外之事，在所难免，但如果在关键时刻、命悬一线之际，身边有人懂得如何救护，能进行正确、及时、有效的救治，可大大降低不必要的伤亡。数据显示，在我国每年非正常死亡人数约 320 万人，其中心脏性猝死的约 54 万，相当于每分钟有 1 人发生心脏猝死，且发病者中有 87.7% 发生在医院以外的公共区域。一个突然心搏骤停患者 4 分钟内是挽救生命的黄金时间，最有效的急救方法就是心肺复苏术。然而，我国应急救护技能普及率不到 1%，而德国是 80%，法国是 40%。所以，2017 年新修订的《红十字会法》，把救护培训纳入了红十字会的法定职责。救护技能的普及任重而道远。公共场所、公共服务人员的救护技能培训、安全防范知识普及迫在眉睫，特别是企业员工、高空作业者、旅游服务从业人员、学校安保人员、小区物业、快递员等公共服务人群，有针对性地对他们开展应急救护知识和自救互救技能的培训是非常必要的。

（六）结合素质教育，活跃红十字青少年工作

我国非常重视青少年素质教育，学校在一直抓、一直讲，但言者谆谆、听者渺渺，所以实践很重要。我想，让广大青少年亲身去参与、去体验、去历练、去感受、去认知，更能磨炼他们的意志和心理，培育他们正确的世界观、人生观、价值观，更能体验生活的真实与冷暖，多一份感恩、少一份浮躁。在实践中培养红十字青少年的人道主义精神，提高他们的社会责任感，可以使他们学会尊重人、理解人、关心人，特别是帮助有困难的人。而让他们掌握自救互救知识和技能，自觉地参与各种公益活动，可以为人民、为社会去做力所能及的好事，在社会实践中受教育、陶冶情操，增长知识才干。

（七）发挥救助功能，积极探索参与养老服务

《人民日报》刊登的这样一篇文章《通讯录里的父母怎么养老》，引起了我的思考。里面有这样一句话让人很揪心："我最无助的时候，就是你爸躺在地上，而你在通讯录里。"如今，父母和儿女天各一方已属常态，养老问题是我们每个人都要面对的问题。

数据显示，截至2016年底，中国60岁及以上老年人口超过2.3亿，占总人口的16.7%；65岁及以上老年人口超过1.5亿，占总人口的10.8%。预计到2050年，中国老年人口将达到4.8亿，约占全球老年人口的四分之一，比现在美、英、德三个国家的人口总和还要多。根据测算，我国60岁以上人口将在2055年左右达到最高峰，预计将达到5.07亿人，此数值将是2015年数值的近2.5倍。

同期，我国青壮年人口将可能出现快速下滑态势，根据测算，在2030—2050年，青壮年人口数的下降尤为明显，且青壮年工作年龄段人口数量下降速度将超过老龄人口增长速度。

习近平总书记在中共中央政治局第三十二次集体学习时提出："党委领导，政府主导，社会参与，全民行动推动老龄事业全面协调可持续发展，不断完善老年人家庭赡养和扶养、社会救助、社会福利、社会优待、宜居环境、社会参与等政策。"

红十字会工作要主动适应老龄化的新需求，进行供给侧改革，做好养老领域的社会救助，在社区养老、居家养老中发挥作用。陈竺会长在理事会上，要求各级红十字会组织要充分发挥自身优势，积极参与养老服务。我想，除传统的组织志愿者到养老院搞一些服务外，红十字组织

应着重在以下几个方面进行探究、尝试、规范、推广。

一是培训养老介护师和专业护理人员。首先，普及救护知识和技能是红十字会的传统工作和核心业务，有丰富的群众性应急救护培训经验。组织培训养老介护师和专业护理人员可以充分借鉴和吸收这方面的经验，也可以借助各级红十字救护培训机构的力量。其次，多年的心理救援工作也可以为开展老年人心理服务提供经验借鉴。开展家访介护服务、家访洗浴介护、护理服务、家访康复保健服务、养老用具设备租赁服务、日托服务、日间康复服务、短期托老介护等居家养老介护培训工作。

二是组织志愿者、社工、义工等具有专业介护技能的人，采取一对一模式，可以在社区上门为老人提供服务。红十字会有大批红十字志愿者活跃在基层社区，应积极组织他们开展日间照料、呼叫服务、助餐服务、健康指导、教安全上网、陪练兴趣爱好，以及开展文化娱乐及心理慰藉、应急救援服务等活动。

三是红十字医院承担部分养老责任。可以利用红十字医院的场所、医疗条件等资源，承担部分社会养老责任。

四是成立用于养老服务的公益性基金。社会众筹力量参与养老服务，不仅包括互联网筹资，还包括“筹人、筹渠道、筹资源”。

（八）助力脱贫攻坚，聚焦服务最易受损群众

我市的扶贫数据显示，因病致贫和因病返贫人数占比41.87%，因残致贫占比19.91%，因灾致贫占比3.14%，因学致贫占比5.45%，缺技术致贫占比8.35%。当前，脱贫已到了攻坚期，贫困已不是缺衣少食，而是由于因病、因学、因灾、因缺少技术或一项技能而导致的贫困，是支出型贫困。所以，红十字扶贫要精准，要有的放矢。一是要实施好总会健康扶贫项目，确保项目资金精准落地。二是实施好大病救助项目。如先心病、白血病等大病免费筛查、治疗、自闭症的康复训练。三是探索家庭医生志愿服务。要在送医送药送物资的同时，组织红十字医疗队与因病致贫户达成一对一家庭医生志愿服务模式，运用现代通信、信息技术手段，建立链接，服务群众，特别是农村老年群众。四是驻村队伍加众筹众扶的方式。在实施“博爱送万家、博爱家园”项目的同时，要聚集社会各界力量参与合力攻坚。同时引导民营经济、个体、自然人等发起扶贫众筹基金，采取出资、出物、出力、出技术、提供服务等方式，开展为贫困人口提供就业岗位、教会一种技能等多形式的扶贫。

（九）服务“一带一路”，密切人道领域交流合作

中国红十字会与“一带一路”同行，有人道需求之地，就有中国红十字会的身影，特别是“丝路博爱基金”为沿线40多个国家和地区带去了社会稳定的因素，服务了沿线国家和地区的健康事业，成为“一带一路”民心相通的重要力量，扩大了中国人道的朋友圈，是公益中国的一张名片。延安作为丝绸之路经济带的重要支点，在丝绸之路经济带辐射范围内，红十字工作要主动服务“一带一路”建设，加强与沿线国家、地区、城市在人道领域的交流合作。

（十）夯实组织基础，加强专业人才队伍建设

新时代有新使命，新征程要有新作为。中国红十字事业正处于转型升级的关键期，需要一支政治强、业务精、敢担当、作风好的服务大军。一是要强化政治理论教育，提高对习近平新时代中国特色社会主义思想的学懂、弄通、做实水平。真正领会当好党和政府在人道领域得力助手的重要意义，坚持在发展中保障和改善民生，完善社会救助、社会福利、慈善事业、优抚安置等制度，健全农村留守儿童和妇女、老年人关爱服务体系，积极应对人口老龄化，提升防灾减灾救灾能力等要求，用习近平新时代中国特色社会主义思想武装头脑，指导实践，推动工作。二是要强化业务技能培训，提高红十字会干部及志愿者队伍的专业化水平。“三救三献”、救护培训等是红十字会的核心业务，要想成为一名合格的红十字人，必须是业务工作的行家里手，能够随时随地向群众讲解应急救护知识，为群众答疑解惑；随时随地能够实施现场急救，遇到急救现场，要敢于亮明身份，沉着冷静，及时施救。三是要加强干部作风建设，塑造一支忠诚、为民、务实、干净、担当的干部队伍。加强干部党风廉政教育，强化全方位监督，时刻自重、自省、自警、自励，时刻注意红十字会的形象，真正做到真心关心困难群体，真心为民服务，务实清廉干事。

（作者系陕西省延安市红十字会秘书长）

临沂市红十字会专栏

国际主义战士罗生特与沂蒙红十字精神的传承

迟明丛　徐立新

沂蒙人民的8年抗战史，是沂蒙军民在共产党领导下，英勇顽强、浴血奋战的历史。在这场空前伟大的斗争中，沂蒙军民携手并肩，万众一心，演奏出一曲气势恢宏的时代颂歌，用鲜血和生命谱写了中国革命史上光辉灿烂的篇章。为了支持沂蒙人民的抗战，许多国际友人高擎着红十字会的旗帜，以医生和护士的身份不远万里，来到沂蒙，用自己的实际行动有力地支援了沂蒙人民的抗日战争，伟大的国际主义战士、红十字友人罗生特就是其中之一。

一、罗生特与红十字会的渊源

在共产党领导下的抗日根据地，红十字旗帜猎猎飘扬。抗战时期的医护人员许多都是中国红十字会救护总队的成员，中国红十字会对战场救护工作不遗余力，其中对八路军、新四军伤员的医疗救护也给予高度重视。1937年底，中国红十字会救护总队部首批派出第7、第23、第39三支医疗队赴抗日根据地，其中最为精干的第23医疗队的成员是由中央大学、齐鲁大学师生联合组成的，他们协助八路军开展医疗卫生救护工作。同一时期，在新四军的苏北军部和八路军山东军区活跃着一位医术高超的外国医生，他就是被陈毅称为“活着的白求恩”的奥地利友人罗生特。罗生特医生用实际行动书写了支援沂蒙抗战动人的篇章。

罗生特1903年1月11日出生于奥地利加利齐恩的莱姆贝格，1928年5月11日获得维也纳大学综合医学博士学位。由于受希特勒的迫害，他远渡重洋来到上海，经汉斯·希伯介绍，参加了由具有美国和中国红十字会双重会员身份的史沫特莱发起成立的“国际马克思主义学习小组”，了解了世界反法西斯斗争的形势，对八路军、新四军有了深刻的了解和认识，并多次向希伯提出去新四军参加战地救护的请求。希伯和夫人秋迪以医生和护士的身份到达苏北新四军军部。之后，通过希伯的介绍，1941 年 3 月，罗生特也辗转来到苏北盐城新四军军部。1943 年 4 月，山东军区司令员兼政委罗荣桓身患尿血症而查不出原因，陈毅建议并经中央批准，罗荣桓到新四军驻地由罗生特医治。经罗生特精心治疗，他很快得到恢复。9 月，罗荣桓肾病复发，中共山东分局与新四军领导商请罗生特到山东诊治。9 月下旬，罗生特等到达滨海区山东莒南县，当天即为罗荣桓诊治。次日，山东军区为罗生特举行欢迎大会，萧华主持，军区卫生部长白备伍和罗生特在会上讲话。经罗生特的精心诊治和护理，罗荣桓的病很快有了明显的好转。

罗生特在山东工作了两年零一个月，足迹遍布莒南、临沭、河东、沂南等县区，他同根据地人民心连心，不顾个人安危，亲临战场抢救伤员，对老百姓的疾苦尤为同情，有求必应，为众多乡亲治过病。

二、罗生特在沂蒙的人道活动

罗生特来到沂蒙以后，被任命为军区卫生部顾问。这年深秋，应莒南滨海平民医院的邀请，罗生特成功地为两名妇女做了手术，从此名声大振，被称为“神医”。11 月的一天，罗生特带领医护小组在前线附近已经连续做了十多例手术，但当听到一位指挥员身负重伤、生命危在旦夕时，罗生特顾不得一天的劳累，立即赶去抢救，使之转危为安。26 日深夜，萧华告诉罗生特，滨海军区政委符竹庭头部受重伤，生命垂危，罗生特立即起身；等赶到时，符竹庭已停止呼吸一个多小时，罗生特仍进行抢救并口对口呼吸，直到确已无望，罗生特沉痛自责“怪我来晚了”，且立下决心要学会骑马。山东省参议会议员彭葆仁是留美学生，患乳腺癌已经溃烂流脓，罗生特成功地为她做了切除手术，产生了极大影响。

1942 年 12 月，红军战士、营长曾炳华在甲子山战斗中腿部受重伤，长期住院不见好转，几乎失去信心，后经罗生特两次手术，并在思想上帮助他，最终治愈了腿伤。几十年后，曾炳华说：是罗大夫救了我，给了我第二次生命，使我又为党工作了 40 多年。

1943 年 5 月，被子弹穿过小腹、伤裂膀胱的李勉，在县大队平民医院治疗无起色后，1944 年初转到军区附属医疗所，罗生特不顾伤口发出的恶臭，立即进行检查。在两个多月的治疗中，先后进行 3 次手术，终于使病人痊愈。同年秋，王家坊前村王金方的妻子因长期患病，瘦成皮包骨头，走路要扶着墙，罗生特在街上遇到这位病人，便主动询问病情，并动员她去医疗所检查治疗，可病人因为没钱不好意思去；后来她的病情突然加重，丈夫支前在外，乡亲们急忙为她准备后事，罗生特听说后，赶紧前去抢救，并亲自为病人喂水、服药、打针，使病人脱险，经过3个多月的治疗，病人恢复了健康。同村的儿童王仁芹和王家彦患黑热病，皮肤发黑，极度消瘦，腹部胀大，罗生特看到后亲自把他们领到医疗所，经过打针、服药，两个月就恢复了健康。

1944年8月2日，山东军区在莒南十字路召开劳模大会，罗生特以模范医生身份出席了大会，并在主席台就座。此时，一位村长匆匆跑进会场找罗大夫去救一位产妇，罗生特赶到产妇家中，产妇已经休克，胎音已经听不到，炕上找不到任何东西来助产，罗生特马上冲洗了手，把会上刚刚发给的奖品一条毛巾垫在产妇的臀下，很快将死婴引出，对产妇做了产后处理，使之化险为夷。

10月间，滨海支队司令员万毅在诸城胶县边界与日军作战时受伤，舌头被打穿，牙齿被打掉七颗，罗荣桓派罗生特前去为万毅治伤。

初冬的一天，罗生特在莒南下峪村为滨海军区政治部主任刘兴元查病时，突遭空袭，罗生特仍然从容进行，刘兴元深受感动，康复后赠其手枪以作纪念。

为解决医护人员严重缺乏的问题，罗生特在山东抗日根据地创办了多期卫生人员训练班，为山东军区培养了一批医疗卫生人才。其中，在陈家老窝村就建立了医务培训学校，举办过多期短期战地救护培训班，罗生特亲自任教。当时驻地变动频繁，但是不管远近、不顾风雨，罗生特总是按时上课。据当年只有7岁、抗战时曾在罗生特战地医院就医的老党员王秀成回忆：培训学校很大，有100多间房子，后来被日本人放火烧掉了；学员一面学习，一面为战场提供救护，培养了一大批战时医务工作者，现在村里很多老人对此仍有记忆。

罗生特不仅用自己精湛的医术救治八路军战士、沂蒙根据地群众，还利用国际友人的身份报道沂蒙人民的正义战争，呼吁国际社会支持。1944年6月，罗生特写信给在延安参观的中外记者团的友人爱泼斯坦，"希望你把这个新中国重要的政治中心的一切印象，真实地报道到世界各地去"。7月15日，罗生特在《大众日报》发表题为《论第二战场》的文章，论述了世界人民反法西斯的斗争，阐明了革命必然胜利、法西斯必然失败的历史规律。12月3日，罗生特在《大众日报》发表题为

《请英美莫再消耗金钱和时间给中国国民政府》的文章，他在文章的结尾处提出，“应该来援助今天和将来为和平而斗争的新中国、新民主主义中央的延安，国民政府已快成地狱了，新民主主义万岁！”12 月 7 日，罗生特在《大众日报》发表题为《山东印象记》的文章，讴歌了山东人民的英雄气概和以罗荣桓为首的山东党政军民在抗日战争中取得的辉煌胜利。

1945 年 1 月，罗生特出席山东省第二次行政工作会议并讲了话。2 月 27 日，罗生特应邀出席中共中央山东分局、山东战时行政工委、山东军区联合举行的敬老祝寿大会，并在会上讲话。5 月 12 日，罗生特和萧华、谷广善等出席军区卫生部在莒南召开的纪念“五・一二”国际护士节大会，并即席讲话。

1945 年 8 月 15 日，日本宣布无条件投降，罗荣桓将部队组成五路大军，向敌占区进攻，其中临沂战斗打得最艰苦，罗生特要到前线救治伤员，并提出伤员必须在负伤 4 ~ 5 小时内得到救治，只有这样才能减少死亡或残废。他不顾个人安危，亲临战场抢救伤员。9 月 18 日，罗生特出席中共中央山东分局、山东军区等为庆祝抗战胜利与东北解放的万人大会并在会上讲话。20 日，罗生特随山东党政机关从莒南大店进驻临沂城。在短短的几天里，罗生特到临沂卫生学校指导工作，10 月 24 日，罗生特即随罗荣桓由临沂启程赶赴东北，奔赴了新的战场。

三、罗生特国际主义精神的传承

罗生特用自己的精湛医术为抗日根据地军民服务，把自己最宝贵的青春年华献给了中国人民的解放事业。他用英雄的行为，向世界证明了自己是一位伟大而忠诚的国际主义战士，体现了红十字运动最基本的人道原则。沂蒙人民永远记住罗生特作为医生和外国友人对抗战胜利做出的杰出贡献，而最好的纪念方式就是传承他的国际主义精神。作为沂蒙地区的红十字会组织，更应当铭记这一历史。

习近平总书记关于“一带一路”倡议，给沂蒙老区带来了前所未有的发展机遇。目前，临沂市在实施新旧动能转换过程中，正积极推进临沂商城的国际化发展，着手海外布局，已在匈牙利、巴基斯坦、德国等国家和地区共建有 12 家“海外临沂商城”；争取上级红十字组织支持将瓜达尔港临沂商城红十字组织纳入中巴急救走廊体系，积极主动开展与临沂商城有贸易关系的国家、地区之间的人道国际交流与合作，开展国际援助，进一步扩大交往，推动互利共赢的民间人道交流，推进临沂商城国际化的进程。

为弘扬红十字文化，褒扬爱心捐赠者的奉献精神，挖掘红十字文化的历史积淀，丰富新时期沂蒙精神的内涵，结合我市实际，市红会在北城新区景观带，依托滨水城市生态园林景观，已建成“仁德、博爱、奉献”三个广场，建成一处“以红十字为主题的博爱园”，占地约2.2万平方米（30亩）；规划设计红十字博爱文化园，包括4个建设主体，北面为主题雕塑，南面为博爱文化广场，东面为爱心功德碑廊，西面为捐献纪念碑林，整个园林区域有259根参天银杏大树组成的博爱奉献的芳华林。

2018年，市红会联合市直机关、市120急救中心开展了“清明追思·品读经典”诗歌散文诵读活动，弘扬“人道、博爱、奉献”的红十字精神，褒扬遗体器官捐献者的大爱情怀。目前正在建设红十字人物雕塑，将红十字运动创始人亨利·杜南，护理事业的创始人南丁格尔，临沂市红十字运动的创始人刘纯一，国际红十字组织援助临沂的国际友人汉斯·希伯、罗生特，临沂籍的上海宝山罗店红十字烈士刘中武等人物的雕像，穿插建在博爱文化园中，配上人物事迹介绍，形成一处雕像园，让群众在游玩时能接受红十字文化的熏陶和教育，将之打造成把沂蒙精神和红十字文化相结合、具有临沂特色的红十字文化宣传教育场所，可以发挥示范引领的作用，从而成为临沂市的一处弘扬社会主义核心价值观和进行青少年思想政治教育的阵地。

（作者分别为山东省临沂市红十字会党组书记、常务副会长，组织宣传部部长）

保护战地医院文物
挖掘战地救护史料

迟明丛

2018年以来，笔者先后赴蒙阴、莒南、兰陵等县对形成于抗日战争、解放战争时期的战地救护医院等方面的情况进行了调研和实地考察，对战地医院史料保护做了一些思考。笔者认为，对于革命老区来说，迫切需要深入挖掘沂蒙战地救护史料，保护好红色战地医院历史遗迹，做好战地救护文化传承。

一、战地医院形成的过程

战地救护是人类战争史上以人道主义精神为引领，保护人的生命尊严，实行救死扶伤的生命救护过程。1863年，瑞士银行家亨利·杜南受索尔费里诺战役的影响，发起对伤病员的救护，形成了国际社会共同认可的日内瓦公约。南丁格尔继承这一精神，主张在战地开设医院，对士兵提供医疗护理，开创了人道主义战地救护的先河，对人类文明进步产生了深远影响。

清末发生在我国领土上的日俄战争，由于受到国外战地救护的影响，直接催生了万国红十字会（也就是中国红十字会的前身），这是近代中国社会人道救助和战场救护的发轫。1925年，平邑县武台镇蒋里村进步人士刘纯一建立了红十字组织，开展战地救护及救死扶伤等人道主义活动，是临沂市红十字会的起源。临沂具有光辉的革命历史，抗日战争和解放战争期间都经历了战火的洗礼，由中国共产党领导的抱犊崮战役、岱崮保卫战、甲子山战役和孟良崮战役取得了抗击日本侵略者及推翻国民党反动统治的胜利，而在战地救护中表现出来的英雄事迹和支前模范群体则是红十字精神、原则、宗旨的具体体现。

早在1938年，当时的滨海区（即今临沂、日照、连云港）就建立了八路军山东抗日游击支队后方医院、八路军山东总队卫生部等。此后，陆续建立了数十所战地医院。1947 年 5 月，为支援孟良崮战役，在孟良崮山下的垛庄设立了临时战地救护医院，军民同心救治伤员、掩埋死难烈士、抚恤伤残士兵，为孟良崮战役的最后胜利、为开辟山东战场新局面起到了重要作用。“沂蒙六姐妹”“沂蒙母亲”“红嫂群体”是战争年代沂蒙妇女参与救死扶伤、抢救伤员、赈济救护等体现人道主义的战场救护工作的典型，“愿亲人早日养好伤，为人民求解放重返前方”，表达了解放区人民参与救护，争取革命胜利的热切期望。“乳汁救护伤员”是世界战争救护史上的奇迹，是典型的红十字精神大爱无疆的典范。

在抗日战争和解放战争时期，孟良崮医院等处的医护人员和支前妇女，秉承“救死扶伤、扶危济困、敬老助残、助人为乐”的理念，大力开展战地救护、救济难民等工作，为中国革命胜利和新中国的诞生做出了牺牲和奉献。同时，国际友人也给予了正义战争有力的支持，著名的汉斯·希伯、雅各布·罗生特等国际志愿者积极支持中国抗日战争事业。1941 年 11 月，汉斯·希伯牺牲在大青山突围战役中。1943 年秋天，奥地利泌尿科专家雅各布·罗生特从新四军军部来山东为罗荣桓政委治疗肾病，在 115 师开展医疗救治工作。当年 12 月，罗生特亲自参加了第三次甲子山战役，冒着炮火危险，为八路军伤病员做手术，救治了无数的八路军战士。这些国际主义精神至今依然放射着人道主义光芒。

1953 年 9 月 23 日，为纪念孟良崮战役、甲子山战役、岱崮战役、抱犊崮战役，由中央人民政府政务院直接拨款兴建了孟良崮医院、甲子山医院、岱崮医院、文峰山医院 4 处医院。孟良崮医院建成后，承担着蒙阴、沂南、费县部分乡镇群众的就医以及孟良崮景区的旅游救护任务，为当地社会经济发展及群众的健康需求做出了积极贡献。甲子山医院，医疗服务辐射日照、莒南等地 10 余万人，年门诊量 5.6 万人次，开设病床 50 张，年住院 1300 余人次，为保障沂蒙人民的健康做出了贡献。

二、战地医院存在现状

孟良崮医院占地面积 27 亩，于 1952 年 10 月开工建设，1953 年 7 月竣工，共建房屋 32 间，其中门诊 20 间、病房 10 间、伙房 2 间。但当年建设的 10 间病房和 2 间伙房在医院后来的发展中被拆除了，现仅存 20 间门诊、约 1000 平方米的一排平房。2003 年，由于孟良崮烈士陵园道路拓宽，按照县委县政府要求，医院东侧向西缩进约八九米，部分房屋被拆除，主要是当时的手术室、外科病房、内科病房的东侧，医院整体布局有所改变。

莒南县甲子山医院旧址位于莒南县东北部的文疃镇驻地。现在甲子山医院旧址保存完整，东西长 75 米，南北宽 16 米，面积约 1200 平方米。莒南县建立了甲子山医院旧址纪念馆。

同时期建设的岱崮医院，因为医院新建病房楼，其标志性的老建筑已经拆除，现在仅保留两排 20 余间当时的石头瓦房，由医院职工居住。

2012 年，文峰山医院老建筑在医院改造时已全部拆除。

三、保护战地医院措施

为弘扬沂蒙精神，勿忘历史，资政育人，加强红十字文化传播，临沂市红十字会建立了平邑县红十字文化展馆以及市红十字文化展室。目前，红十字运动研究中心临沂基地已获得总会初审。发挥红十字文物的教育和文化传播作用，保护好历史遗迹已刻不容缓，因此保护好战地医院史料已成为临沂红十字人的使命所在。

（一）组织力量开展对孟良崮医院等战地医院现存不动产的普查建档

近年来，由于经济社会的迅速发展，一方面对一些重要纪念场所进行了改造提升，例如原有的战地医院增加了床位，扩大了规模，并对已有设施进行改造；另一方面，在改建过程中也造成一些文物古迹被拆除，有的被破坏，因此包括孟良崮医院在内的这些具有历史纪念意义的公益场所，其现存的旧址和保留部分都是非常珍贵的。为此，我们亟须掌握 1952 年政务院批准拨款兴建的 4 处医院现状，及时加以修缮保护。建议由市、县红十字会联合卫计等部门详细调查基本情况，进一步核实不可移动文物数量和保存状况，制定有针对性的保护措施。

（二）开展对史料的挖掘整理

应组织力量在“抗战驰援、文化寻根、源头发展”等方面深入挖掘、做足功课，全力将濒临遗失的战地医院史料、档案进行系统搜集整理，借助红十字运动研究中心临沂基地的平台，由红会、卫计、旅游、党史、方志等方面专家进行指导收集，汇编建档，将沂蒙红十字文化品牌做响、做亮、做出特色。

（三）重点加强对战地医院的保护

对战地救护遗址的保护，市红十字会正在积极争取中国红十字会总会立项并申请资金以支持；同时争取市政府投入专项资金，把红十字文化研究基地放在孟良崮医院旧址，利用现有条件加以改造，建成具有红十字特色的档案展馆，由孟良崮战役纪念馆进行管理。对岱崮医院旧址进行维修保护，对甲子山战役纪念馆按照现状重新规划、布展，扩大展厅规模面积，运用现代高科技的手段，配备文物史料、图片、音频、视频等多种形式加以体现，以增强展馆的吸引力和传播力，打造红十字文化传播教育基地和卫生健康展示园地。

（作者系山东省临沂市红十字会党组书记、常务副会长）

“三结合”实现叠变效应

——临沂市红十字会文化传播工作纪实

徐立新　孙　宇

近日，一场题为“红十字会法与红十字文化”的专题报告会在临沂市举行，苏州大学社会学院教授、红十字运动研究中心主任池子华为100余名临沂红会干部现场授课。“红十字文化内涵丰富、博大精深，身为红十字人有义务，也有责任传承弘扬红十字文化。池教授的讲课为我们提供了很好的学习宣传契机，有力激发了红会干部推进沂蒙红十字文化发展的热情和信心。”市红十字会党组书记、常务副会长迟明丛如是说。

近年来，临沂市红十字会高度重视红十字文化传播工作，立足实际，挖掘优势，精心谋划，主动作为，创新性地将红十字文化与国际红十字运动相结合、与沂蒙精神相结合、与打造红十字运动研究基地相结合，实现了“文化叠加、互促相长、融合发展”的三重效应。红会文化的种子在沂蒙大地生根开花，茁壮成长。

与国际红十字运动相结合

临沂作为革命老区，又是山东省最早建立红十字组织的地区之一，在红十字文化孕育与传播方面具有独特优势。临沂红会敏锐地发现这一特点，组织力量在“抗战驰援、源头发展、国际交流”等方面深挖细找、做足功课，全力将沂蒙红十字文化品牌做响、做亮、做出特色。

深入挖掘国际红十字友人在沂蒙的史料。汉斯·希伯和罗生特作为国际共产主义战士，是抗日战争时期通过红十字组织驰援沂蒙革命事业的典型代表。为详细了解两位国际友人与红十字会的历史渊源，深入挖掘他们参与沂蒙抗战斗争的史实资料，临沂红会成立了专题研究小组，先后赴莒南红十字救济医院旧址、费县大青山胜利突围纪念馆、平邑武台镇蒋里村临沂红会发源地等多地走访调研，与健在的曾与国际友人密切接触的相关红会老会员、抗战老战士、战地救援救护人员深入座谈交流，掌握了一手资料，并在此基础上整理编写了《国际红十字在沂蒙》史料集。沂蒙红十字文化内涵得到进一步充实丰富。

精心打造红会文化源头村“五个一”项目。平邑县武台镇蒋里村是临沂市红十字组织的发源地，2014 年是临沂红会成立 90 周年，为纪念这一历史性时刻，传承和发扬沂蒙红十字文化，临沂红会在平邑县组织召开了建会 90 周年座谈会，并在临沂红十字文化源头的蒋里村精心设计打造了“红十字博爱卫生站、平邑县红会文化展馆、红十字博爱文化广场、红十字博爱书库、红会文化宣传一条街”的“一站一馆一场一库一条街”的“五个一”项目。2015 年 10 月 19 日，省、市红会领导共同为平邑县红会文化展馆揭牌，300 余件珍贵藏品公开对外展示，展馆的启用成为展示沂蒙红十字文化成果的一张靓丽名片。

鼎力推进沂蒙红十字文化国际化进程。临沂商城现有批发市场 134 处，商户 7 万余家，商品远销 20 多个国家和地区，市场前景广阔。临沂红会抓住商城国际化发展契机，将文化输出与业务开展相结合，“嫁接”总会“红十字与‘一带一路’同行”战略，联合临沂商城管委会、市工商局、市工商联建立“博爱商城”公益协作机制和服务平台，设立“临沂商城博爱基金”和红十字服务站。通过基金平台的搭建，不断拓宽合作项目，传递红会文化理念，展示沂蒙红十字形象。目前，临沂红会已依托海外商城和总会丝路基金，就在巴基斯坦瓜达尔港建立沂蒙红十字急救站达成了共识。下一步，将在德国、匈牙利等 12 处海外商城建立沂蒙红十字急救站，让更多海外人士共同分享沂蒙红十字工作发展成果，使沂蒙红十字文化之花在世界各地绚烂绽放。

与沂蒙精神相结合

习近平总书记指出：“沂蒙精神与延安精神、井冈山精神、西柏坡精神一样，是党和国家的宝贵财富，要不断结合新的时代条件发扬光大。”以“爱党爱军、开拓奋进、艰苦创业、无私奉献”为内涵的沂蒙精神，与红十字精神和文化一样具有丰富的内涵要义。临沂红会顺势而为，主动将沂蒙精神与红十字文化相融合，深入挖掘其深厚的文化品质和精神力量，从中汲取营养，明确自身的使命、道义和责任，不断增强沂蒙红十字文化的生命力和感召力。

广泛开展理论文化研讨和先进事迹报告活动。理论文化研究是做好文化传播工作的基础性工程，临沂红会坚持“敞开门、聚合力、重质量”的理念，联合市社科联，于2014年、2015年连续两年开展了以“儒家文化与红十字文化、沂蒙精神与红十字精神”“纪念建会90年暨‘依法治会’”为主题的红十字理论文化研讨活动，面向系统内外征集稿件60篇，其中获省、市级表彰19篇，形成了一批有理论深度、有研究价值的红十字文化研究成果。与此同时，注重挖掘红十字工作中的典型事迹，评选表彰了临沂市首届“十佳基层红会人”，并联合市文明办、市妇联成立先进事迹报告团，在全市开展“博爱沂蒙·关爱生命”巡回报告会36场，宣讲1.5万人次，使红十字精神和文化在基层广泛传播、反响强烈。

着力推动“红十字博爱文化园”项目建设。近年来，临沂市遗体器官捐献工作不断发展，并被更多的群众所关注和认可。但同时，市内尚未建立一处捐献者缅怀纪念场所，这与快速发展的红十字事业不相适应。为填补此空白，临沂红会高点定位、主动谋划，将捐献者缅怀纪念场所的建设提升为打造彰显沂蒙红十字文化特色、体现园林景观理念的“红十字博爱文化园”项目，包含博爱文化主体雕塑、捐献纪念碑、博爱碑廊、红十字奉献林、红十字人物雕塑等景观，占地约30亩。为解决资金问题，市红会积极争取市委、市政府财政支持，同时面向社会公开筹资，加快推进项目建设实施。目前，项目选址招标设计工作已完成，后续工作正在积极推进中。建成后的“红十字博爱文化园”将与沂蒙红色文化、滨河水岸自然生态景观相融合，成为一处传承红十字精神、接受红十字文化熏陶、丰富市民休闲文化生活、提升城市文明形象的红色文化高地。

与打造红十字运动研究基地相结合

多年来，临沂红会致力于理论文化研究、宣传阵地打造、传播平台拓宽等红十字文化传播工作，取得了可喜成绩，理论文化建设的成果不断丰富，沂蒙红十字文化内涵不断延展，为红十字运动的进一步发展奠定了坚实基础。

编撰出版红十字文化系列丛书。2015年，临沂红会启动全市红会史志编撰工作，成立了红十字文化丛书编撰领导小组，市红会组织力量编写了《红会90年》《理论与实践》《红十字视点》《奉献与回报》《人道的力量》5 本红十字文化图书；平邑县发挥自身具有的红十字文化源头的优势，深入走访调研，搜集历史资料，认真编撰完成了《平邑县红十字志》《平邑县红十字史略》和《平邑县红十字会档案资料选集》3 本红会文化图书，进一步丰富了沂蒙红十字文化成果，拓宽了对外文化交流渠道。

探索建立红十字运动研究中心临沂基地。2017 年 5 月，新修订的《中华人民共和国红十字会法》正式颁布施行，临沂红会将宣传贯彻新《红十字会法》与传承弘扬红十字文化相结合，邀请红十字运动研究中心主任池子华教授进行授课，并以此为契机，正式聘请池教授为临沂市红十字文化研究顾问，为沂蒙红十字运动研究提供协助指导；双方还就进一步加强沂蒙红十字文化研究，增进交流与合作，探索建立全国第六处、全省第一处红十字运动研究中心基地——临沂基地达成了共识。相信基地的建成将成为沂蒙红会文化研究中浓墨重彩的一笔，从而开启沂蒙红十字文化事业发展的新篇章。

（作者分别为山东省临沂市红十字会组织宣传部部长、副部长）

“红色沂蒙”的“红色家园”

——山东省临沂市“博爱园”建设纪实

周连通　孙　宇

“我是红十字人，热爱红十字事业，遵守红十字会法，执行红十字会章程……为促进和平进步事业而不懈奋斗！”2018 年 5 月 8 日，山东省临沂市“博爱园”举行“我是红十字人”主题宣誓活动，来自全市红十字会系统的工作者、会员和志愿者代表 60 余人在“厚土红歌”主体雕塑前庄严宣誓。这是临沂市“博爱园”启用后开展的又一次大型主题活动。

临沂市“博爱园”是市红十字会为弘扬遗体器官捐献者和爱心捐赠者无私奉献的人道情怀，传承沂蒙精神和红十字精神而打造的一处集宣传教育、纪念追思、精神传播为一体的文化园区。目前已开展各类活动 20 余次，成为沂蒙红十字文化传播的精神高地，被誉为“红色沂蒙”的“红色家园”。

多方努力，让项目“落”下来

临沂是著名的革命老区，抗战时期孕育形成并传承至今的沂蒙精神与红十字精神融合，铸就了沂蒙人无私奉献的高尚品格。

近年来，越来越多的临沂人加入造血干细胞捐献、遗体器官捐献的队伍，“三献”事业蓬勃发展。然而，全市却没有弘扬奉献精神、供捐献者家属缅怀纪念逝者的公共场所。

“人已经不在了，希望能有个地方让我们祭奠一下。”这是遗体器官捐献者家属的心声。为实现捐献者家属的心愿，让捐献者被永远铭记，临沂市红十字会组织人员开展调研，搜集资料，并积极争取党委、政府的支持。

2015 年 7 月，经临沂市委常委会研究同意，人体遗体器官捐献缅怀纪念场所建设项目正式立项。随后，临沂市红十字会主要负责人带队先后赴江苏省南京市，省内的青岛市、济南市、东营市考察学习，创新思路，改变将缅怀场所建在公墓的传统定位，将红十字文化与沂蒙红色文化融入其中，明确将其建成为一处“开放式，集宣传教育、追思纪念与文化传承为一体园区”的功能定位，临沂市“博爱园”的名字由此确定。

市红十字会面向全市发布项目设计征集公告，邀请专家进行评审论证、综合评估，最终明确由临沂风景园林规划设计研究院和临沂大学雕塑艺术研发院共同设计，预算投资460万元，计划分两期建设完成。

广开门路　让园区“动”起来

临沂市红十字会主动作为，定期向中国红十字会总会、省红十字会以及市委、市政府汇报项目进展情况，积极争取上级财政及项目资金支持。

在多方努力下，省、市达成共建协议，总会、省红十字会提供专项资金支持，市政府同步支持资金50万元，市红十字会委托代理公司，采用公开招标的方式选择高资质建设单位负责项目施工。

2017年底，临沂市“博爱园”项目举行开工仪式。随后，市红十字会组织专家团队赴日照五莲、济宁汶上、泰安宁阳，以及市内费县、莒南、临沭等地精心选取石材，顶风冒雪深入工地指导项目建设，千方百计帮助解决施工难题。

2018年初，全国人大常委会副委员长、中国红十字会会长陈竺率慰问组在临沂市开展“红十字博爱送万家”活动，对“博爱园”项目给予充分肯定。

经过近4个月的努力，迎宾石、“厚土红歌”主体雕塑、“众志成城”捐献纪念墙等标志性纪念物巍然耸立，博爱广场铺装完毕，“爱心奉献林”苗木青翠，一期项目顺利完工。

2018年“5·8”红十字博爱周期间，市红十字会组织召开市“博爱园”建设募捐动员座谈会，正式启动二期项目筹资工作，主要面向各县区和市直团体会员单位、冠名医疗卫生机构、爱心企业、社会组织及个人等广泛开展募捐，动员全市人道资源积极参与。截至目前，已募集资金100万元。

搞好结合，让文化“活”起来

红十字精神的传承与弘扬，红十字文化的丰富与发展，与宣传阵地的辐射作用密不可分。临沂市红十字会充分发挥“博爱园”的作用，将业务工作、主题活动、党性教育、文明创建与文化传播相融合，让红十字文化看得见、摸得着、听得到。

2018 年清明节，一场主题为“清明追思 · 品读经典”诗歌散文诵读活动在园区博爱广场举行。来自兰山区枣沟头镇的村民徐学成带着小孙女，在捐献纪念碑前为已去世的妻子、遗体捐献者刘济田诵读亲笔写的散文诗《最美的新娘》，饱含深情的语言，让在场所有人为之动容。“我带着孩子来看你了，家里一切都好，你放心吧。”徐学成轻轻抚摸着捐献纪念墙，老泪纵横。

5 月至今，“人道——为了你的微笑”主题宣传、“珍惜生命 · 关爱健康”机关干部急救知识培训、“庆七一 · 重温入党誓词”主题党日活动、“志愿创城 · 文明有我”志愿服务等一系列活动相继开展，相关部门和单位广泛参与，“博爱园”的社会影响力不断扩大，成为沂蒙大地红色文化中又一张靓丽名片。

“‘博爱园’是捐献者家属的情感寄托，是捐助者的爱心彰显，是人道精神的价值指引，是文明进步的有力体现。下一步，我们将深入挖掘沂蒙红十字文化内涵，认真做好园区二期项目募捐筹资、施工建设等各项工作，将其真正打造成一处具有沂蒙特色的红色文化宣传教育阵地、培育社会主义核心价值观的青少年思想教育基地、全省红十字文化传播平台、‘一带一路’东方桥头堡红十字文化展示园区。”临沂市红十字会常务副会长迟明丛如是说。

（作者分别为山东省临沂市红十字会业务二部部长、组织宣传部副部长）

观察思考

2018 年“世界红十字日”纪念活动概述

宗娇娇

5 月 8 日为“世界红十字日”，全称是“世界红十字与红新月日（World Red Cross and Red Crescent Day）”。1948 年，在国际联合会执行委员会的同意下，将亨利·杜南（国际红十字与红新月运动创始人、第一位诺贝尔和平奖获得者）的生日 5 月 8 日定为红十字日。由于红十字运动的国际性，以及红十字人道工作不分种族、宗教及政治见解的特性①，红十字日已成为全世界共同的纪念日。每到这一天，红十字国际委员会、红十字会与红新月会国际联合会及各国红十字会和红新月会，都以各种形式纪念这一日子。中国红十字会是国际红十字与红新月运动的成员，参与国际红十字与红新月运动，发展与各国红十字会和红新月会的关系，是中国红十字会的一项重要工作②。

一、“5·8”纪念活动的主要形式

2018 年 5 月 8 日是第 71 个世界红十字日，同时也是国际红十字运动创始人亨利·杜南先生诞辰 190 周年纪念日。全国各地红十字组织围绕着“人道——为了你的微笑”这一主题，开展了形式多样的人道服务与传播活动，大致概括有以下几类。

（一）主题宣讲，弘扬红十字精神

世界红十字日当天恰逢天津市红十字会建会 107 周年，天津市举办了以“我与红十字的故事”为主题的宣讲活动，多名志愿者分享了自己

① 《世界红十字日诞生记》，《中国红十字报》2016 年 5 月 8 日。

② 《总则第六条：规定与各国红会关系》，《中国红十字报》2018 年 5 月 8 日。

与红十字结缘、积极参与志愿服务活动的感人故事①。浙江省红十字会联合浙江广播电视集团、浙江电视台钱江都市频道，录制了“5·8”世界红十字日宣传活动大型节目，不仅展现了近年来浙江省红十字事业发展取得的巨大成就，同时也进一步传播了人道理念，弘扬了人道精神。5月8日也是新修订的《红十字会法》实施一周年的日子，江西省红十字会召开“纪念新修订的《中华人民共和国红十字会法》实施一周年专题座谈会”，进一步推进全面依法建会、依法治会、依法兴会②。这一系列纪念活动，不仅宣传了红十字精神，而且进一步扩大了红十字会的社会影响。

（二）集中募捐，人道救助

作为一个社会救助团体，红十字会一直致力于人道救助。值此第71个世界红十字日到来之际，全国各地红十字组织开展了一系列的纪念活动。例如，北京市通州区红十字会联合大连一方物业管理有限公司北京分公司，在通州万达广场开展了爱心人士捐款活动，共募集善款10万元，将全部用于救助困难家庭；北京市红十字会开展了以“博爱惠民，善行致远”为主题的宣传活动，活动中不仅对2015—2017年在募捐救助中做出突出贡献的企业和个人进行了表彰，同时还开展了募捐、书画作品义卖和公益项目认捐等活动，活动现场共募集善款2.45亿元③；江苏省各市开展了“博爱助学”“博爱万人捐”“红十字人道万人捐”等活动，筹集到的善款将全部用于救助弱势群体；云南省昆明市当天举办了红十字博爱周主题宣传活动，启动仪式上，重庆吉中吉科技有限公司向昆明市红十字会捐赠太阳能灯1800盏，价值122.4万元，定向用于东川区贫困村，同时云南浩翔服饰有限公司向曲靖市红十字会捐赠了价值63万元的服装。通过这一系列募捐活动，以期唤起社会各界对贫弱群体的关注，通过红十字捐助，以提升贫弱群体的生活境况。

（三）无偿捐献，健康义诊

5月8日是世界红十字日，在这个特殊的日子里，来自苏州市姑苏区平江新城的“献血王”陆建国将要进行60岁前的最后一次血小板捐

① 《人道力量绽放津城》，《中国红十字报》2018年5月8日。

② 《学会法迎“五八”》，《中国红十字报》2018年5月22日。

③ 《北京红会开展主题宣传活动》，《中国红十字报》2018年5月11日。

献，为自己坚持了20年的爱心传递画上一个圆满的句号。在此前20年献血生涯中，陆建国共献血167次，用完了56本献血证，累计13次捐献全血4800毫升，154次捐献血小板2545单位，总计298袋血浆①。作为平江新城金星社区一名普通的党员，陆建国是无偿献血志愿者队伍中的普通一员，却用爱心延续了一个个生命的希望。

为纪念第71个“世界红十字日”，陕西省铜川市耀州区红十字会、耀州区卫计局联合城区15家医疗机构在永安广场进行宣传义诊活动，为1000余名群众进行免费血压、血糖监测，为400余名群众进行免费眼科检查。江苏省无锡市红十字心理援助中心、市精神卫生中心口腔科联合北大街街道妇联走进丽新路社区三棉新村，开展“关爱老人，传递爱心”活动。此次活动主要为老年群体提供口腔义诊和免费心理咨询服务。

（四）应急救护，防灾演练

新修订的《红十字会法》对红十字会的职责进行了明确规定，其中就包括开展应急救护培训，普及应急救护、防灾避险和卫生健康知识，组织志愿者参与现场救护等工作。

世界红十字日当天，中国红十字会总会训练中心开展了以应急救护技能培训和知识宣传为主要内容的“红十字博爱周”系列活动，传播人道精神，宣传红十字应急救护知识和技能②。江苏省南京市鼓楼区红十字会开展了红十字防灾避险知识竞赛，以及心肺复苏、创伤救护等急救知识的培训，通过培训提高志愿者自救互救的技能。5月9日，山东省红十字会组织机关全体人员开展了应急疏散演练，并进行“我是红十字人”集体宣誓活动。活动中，省红十字蓝天救援队队员介绍了防灾减灾的基本常识和自救互救基本技能，随后，又现场模拟办公楼发生险情开展了疏散演练。湖北省大冶市红十字会组织开展“红十字应急救护培训进社区”活动。内蒙古自治区呼伦贝尔市阿荣旗红十字会开展了主题为“人道——让你微笑”校园救护培训活动，使“人道、博爱、奉献”的红十字精神得到更好的传播。

① 《20年的爱心传递》，《中国红十字报》2018年5月25日。
② 《送健康　送知识　送安全》，《中国红十字报》2018年5月22日。

二、“5·8”纪念活动的亮点

（一）创建“红心侠”公益品牌，传播红十字正能量

随着网络时代的到来，新媒体逐渐成为获取信息的主要渠道，动漫二次元成为当今青年人喜欢的时尚表达方式。为做好新时代红十字宣传和人道传播工作，重庆市红十字会与动漫公司合作，共同打造公益品牌IP形象——“红心侠”，作为重庆市红十字会的形象代言人，开启了红十字会公益传播的新模式。

“红心侠”形象设计者李欢解读了“红心侠”作为公益品牌的新概念：“红心侠”不仅是大爱无疆的英雄符号，还是超萌的二次元公益形象，其充满亲切感的可爱外表符合新媒体受众的心理，能在互联网上广泛传播红十字精神；通过互联网的传播，“红心侠”能够展示红十字会在新时代的新气象、新作为，传播红十字正能量，进一步扩大红十字会的社会影响力，凝聚更多社会力量参与和支持红十字事业①。

（二）利用“两微一端”等新媒体进行活动宣传

当今社会，随着新媒体的蓬勃发展，微信、微博、网站等以其容量大、速度快、形式新的特点而广受人民群众的欢迎。因此，这些新媒体也越来越成为红十字文化传播的重要阵地。

“5·8”世界红十字日期间，中国红十字会总会训练中心围绕“人道——为了你的微笑”这一主题，开展以“应急救护”为内容的征文活动，共收到来自全国各地的投稿60余篇。总会训练中心微信公众号选登了部分优秀文章②。同时，江苏省苏州红十字会也举办了以“人道——为了你的微笑”为主题的微信知识竞赛，从前期活动报名、答题竞赛，到最后公布获奖名单，都是借助“苏州红十字会”微信公众平台，既达到了宣传世界红十字日的目的，同时又拉近了红十字会与公众之间的距离，提高了公众参与活动的热情。

---

① 《重庆红会品牌公益IP形象“红心侠”亮相》，《中国红十字报》2018年5月11日。

② 《为了你的微笑》，《中国红十字报》2018年5月18日。

（三）构建红十字与“一带一路”新联系，打造“四个丝绸之路”

第71个世界红十字日到来之际，以“你微笑时，世界很美”为主题的红十字与“一带一路”同行分享暨研讨会在上海举办。中国红十字会会长陈竺在讲话中重温了习近平总书记在达沃斯、日内瓦发表的主旨演讲的精神，深入学习领会了习总书记共建人类命运共同体的思想，表明了中国红十字会进一步推进新时代中国特色红十字事业发展、携手共建人类命运共同体的一种使命、责任担当。活动中，以陈竺会长提出的打造“四个丝绸之路”构想为主旨，形成并发布了《“丝路博爱基金”上海倡议》，号召全社会在“一带一路”倡议下，携手打造“人道丝绸之路、健康丝绸之路、友谊丝绸之路、博爱丝绸之路”，牢固树立人类命运共同体意识，共同投身人道公益新实践①。

三、结语

2017年1月18日，习近平主席在联合国日内瓦总部发表《共同构建人类命运共同体》的主旨演讲中提到，经过150多年的发展，红十字已经成为一种精神、一面旗帜。第71个世界红十字日期间，中国红十字会为弘扬红十字精神，开展了以“人道——为了你的微笑”为主题的纪念活动。同时，各级红会组织积极贯彻落实总会的要求，利用新媒体等进行广泛宣传，动员社会各界力量，为广大人民群众送去最温暖的祝福。面对频发的人道主义危机，我们应该大力弘扬“人道、博爱、奉献”的精神，为身陷困境的群众送去关爱，送去希望。

（作者系苏州大学社会学院研究生）

① 《红十字与“一带一路”同行分享暨研讨会在沪举办，陈竺提出打造“四个丝绸之路”》，《中国红十字报》2018年5月11日。

2018 年松原地震人道救援略述

沈　璐

2018 年 5 月 28 日，吉林省松原市宁江区发生 5.7 级地震，当地民政部门以及红十字会及时启动应急响应，积极开展抗震救灾工作。本文就此问题进行探析。

一、松原地震概况

5 月 28 日 1 时 50 分 52 秒，松原市宁江区毛都站镇附近发生里氏 5.7 级地震，震中位于东经 124.71 度，北纬 45.27 度，震源深度 13 公里。截至 28 日 7 时，共发生 2.0 级以下余震 141 次，最大震级为 1.9 级①。震中 20 公里内的乡镇有伯都乡、毛都站镇、平凤乡、新城乡、大洼镇、长山镇、前郭镇和善友镇。震中距宁江区 14 公里，距前郭县 19 公里，距肇源县 40 公里，距大安市 42 公里，距乾安县 61 公里，距松原市区 17 公里，距长春市 161 公里。地震来临，大地摇动，熟睡中的人们纷纷被惊醒。据统计，截至 28 日 18 时，地震未造成人员伤亡，房屋倒塌 1 户 2 间，严重损坏的房屋有 801 户 2006 间，一般损坏房屋 4040 户 9601 间②。部分村屯有房屋开裂、墙皮脱落、烟筒断裂、院墙倒塌等现象，危险房屋中的群众已及时转移。受地震影响，中国铁路哈尔滨局集团有限公司立即采取紧急措施，对京哈线、滨洲线、滨绥线等既有线运行的 85 趟客货运列车采取就近扣停措施，确保列车运行安全③。

地震发生后，党中央、国务院和吉林省委、省政府高度重视，中国红十字会会长陈竺也十分关注地震灾情，对在此次地震中省、市各级红

① 《松原多部门联动做好地震防震救灾工作》，新华网，2018 年 5 月 29 日。
② 《震情就是命令——松原 5.7 级地震抗震救灾纪实》，人民网，2018 年月 29 日。
③ 《列车排查安全隐患》，央广网，2018 年 5 月 28 日。

十字会的迅速行动予以充分肯定，并对灾区群众表示慰问。

二、多部门联合行动

（一）捐赠救灾物资，安置受灾民众

地震发生后，松原市红十字会联合松原市民政局等多部门立即组织救援行动，将各种物资运至地震灾区。民政部门在处于震中位置的牙木吐村搭建起帐篷，供受灾民众使用，矿泉水、食品等物资也源源不断地运进灾区。

松原市红十字会李冬梅会长在地震发生后第一时间紧急通知工作人员组织红十字应急救援队，在红十字志愿者管理中心集合，她随即带领35名志愿者，携带50顶帐篷赶赴震中毛都站镇牙木吐村。红十字应急救援队员在这次救灾中表现得训练有素，冒着大雨在救灾现场装卸、分发救灾物资，维持现场秩序，紧急安置受灾群众，共为受灾群众搭建配备有床铺的帐篷130余顶。从5时至21时，应急救援队都在紧锣密鼓地进行工作，直到危房里的村民都住进帐篷才返回。他们为了保障民众的正常生活，顾不上大雨，救灾过程中每名队员全身都被雨水淋湿，饿了渴了就吃自己带的面包和矿泉水，始终坚持以饱满的精神状态为震区群众服务，用爱心为震中人民撑起一片天。

根据灾区民众的实际需求，5月31日，吉林省红十字会下拨400床总价值31400元的棉被，用于灾民夜间御寒。松原市各级民政部门向灾区运送帐篷90顶、床200张、棉被70套、饮用水500箱以及方便面等各类食品若干箱①。

考虑到方便民众的生活，此次救灾没有采取大规模集中安置的办法，而是采取就地安置的措施。在房屋受损严重的村民家院子内，选择平整安全的地方搭建帐篷，发放折叠床，供灾民居住，帐篷也选取了能够很好御寒的棉帐篷。

（二）实地考察，做好卫生防疫工作，排除隐患

松原市启动3级应急响应，对油气管道、油气库、水库、江河堤坝、重点危化企业、供水供气供热供电及通信等重点部位、设施开展全

① 《近百顶帐篷让地震灾区群众心里有了着落》，新华网，2018年6月7日。

方位排查工作。宁江区、前郭县各级干部深入地震现场，组织开展人员疏散、灾情摸排、隐患排除、维护稳定等工作。针对灾区接连发生余震的情况，抗震救灾指挥部明确要求，精密准确、挨家挨户做好房屋受灾情况排查，坚决禁止受灾群众返回 D 级危房，严防发生次生灾害①。同时，松原市地震灾区启动受损房屋鉴定评级。由吉林省建研院、吉林省建材院组成 12 人的专家组，对震后受损房屋开展鉴定工作。

为防止出现疫情，当地卫生防疫部门确保每天对灾区进行一次消毒杀菌。宁江区疾控中心主任张冬梅介绍，20 多名卫生防疫人员分成 4 组，在灾区开展消杀、水质监测、鼠密度监测、健康教育等工作。宁江区疾控部门也来到位于镇中的牙木吐村，在村中选择 5 个测试点，检测震后村中水质是否安全；在救灾点、学校以及附近居民家中取样，监测水质变化，以保证民众的用水。

（三）筹备灾后重建工作

在稳定灾情后，吉林省和松原市政府迅速筹备灾后重建工作。6 月 2 日，吉林省委副书记、省长景俊海在结束外省考察后立即奔赴松原地震受灾地区，看望慰问一线干部和受灾群众，指导抗震救灾工作②。

此次灾后重建，松原市将把灾民建房作为全市恢复重建工作的首要任务，采取灾民自建、政府补贴的方式，积极争取民政灾后建房补助、农村危房改造等政策和资金，整合各类捐赠、援建资金。从 6 月初开始，计划利用 3 个月时间全面完成灾民永久性安置。灾民建房所享受的补助，严格按照相关政策要求执行，保证灾民建房补助执行统一标准。位于地震震中的宁江区毛都站镇姜家村损毁严重，当地已组织力量进行房屋重建，20 多天之内就能建好，一个月就能入住。对城区危房、危楼，加大维修加固和恢复重建力度，积极争取国家棚户区改造等有关政策，力争将 D 级危房重建列入吉林省 2018 年棚改计划，确保每一户受灾群众都有安全住房③。

① 《松原 5.7 级地震未造成人员伤亡》，松原市人民政府网，2018 年 6 月 1 日。

② 《坚持以人民为中心的发展思想　众志成城勠力同心重建美好家园》，《吉林日报》2018 年 6 月 3 日。

③ 《松原地震灾后重建工作全面启动》，松原市人民政府网，2018 年 6 月 13 日。

三、小结

2018 年 5 月 28 日的地震不是松原历史上的第一次地震，2013 年 11 月 22 日 16 时 18 分，23 日 6 时 4 分、6 时 32 分，在松原市前郭县分别发生了 5.3 级、5.0 级和 5.8 级地震，这是当地在 15 小时内三次出现 5 级以上地震，长春、松原、四平、哈尔滨等地震感明显①。松原红十字会积累了不少应急救援的经验，在灾情发生后第一时间有条不紊地安排工作，各部门联动，救援设备与人员迅速到位。同时还注重舆论宣传和引导作用，及时破除谣言，稳定民众的心理。

（一）注重利用新媒体进行舆论宣传

地震发生后，除了通过传统媒体进行灾情的跟踪报道外，各级红会组织等还利用微博、微信等新媒体传播速度快、范围广的特点，对网络上出现的谣言进行辟谣，并科普相关救护知识。

地震发生后网上出现了大量关于东北曾出现“地震云”的传言，称“10 天前，在沈阳上空出现地震云，预测东北三省会有地震……看来天象还是准的，怪不得古人都看天象”。传言还配上多张所谓的“地震云”的照片，“有图有真相”。中国气象局通过官方微博及时辟谣称地震和云没有关系②。关于网传松原地震或与石油开采有关的传言，松原市地震局曾于 2017 年开发布会予以澄清，如今又通过记者进行辟谣。还有种种不实的谣言在网络上肆意流传，以中国红十字会为代表的各级红会组织早在谣言大规模传播引起民众恐慌之前就通过微博、微信等平台予以破除，给救援行动的开展减小了阻力，稳定了民众的心理。

吉林省红十字会在地震发生后第一时间通过微信公众号发布有关地震应急措施的文章，向民众科普地震自救的常识；松原市红十字会也通过微信公众号等平台及时更新救援进展。这些都是近几年来红十字会在救援行动中表现出来的新动向，传统媒体与新媒体的结合，对于舆论重“疏”而非“堵”。在采取救援行动、埋头苦干的同时，关注舆情、与民众保持良好的沟通，让红十字会人道、博爱的精神得到更广泛的流传。

① 《松原多部门联动做好地震防震救灾工作》，新华网，2018 年 5 月 29 日。

② 《吉林松原 5.7 级地震，10 天前“地震云”就已预告？专业机构又双叒叕辟谣》，解放网，2018 年 5 月 28 日。

（二）应急救援行动迅速及时

地震发生后，中央及吉林省、市各级领导非常重视，组织了各方面救援队伍第一时间赶到震区，组织工作组在各村挨家挨户进行排查，各类救灾物资随即陆续运到受灾村内。

吉林省启动了救灾物资应急调运机制，做好人力、车辆准备工作，确保接到物资调运指令后迅速装车，及时将物资运抵灾区①。据牙木吐村的居民讲述，地震发生后当地供电一度中断，手机也打不通，但在凌晨5点多供电就恢复了，当地政府应对灾害时的反应速度可见一斑。

松原市红十字会组织红十字应急救援队是此次救援行动的主力军，地震发生后他们迅速赶往灾区进行救援，分发救灾物资、维持现场秩序、安置受灾民众，这与他们平时的训练离不开。市红十字会应急救援队平均每月进行2～4次的应急救援演练，训练队员的体能，提高他们的指挥协调能力、应急救援能力。正是由于平时的训练有素，在面对真正的灾情时他们才能迅速地采取措施，迅速地开展救援行动。

松原市地震局在第一时间向市委、市政府汇报了地震信息，及时启动地震应急三级响应；同时，第一时间通过“三网一员”了解灾情，并做好了省、市、县三级地震系统的信息互通工作，保证了及时、快速、高效地上情下达、下情上报，实现了无缝对接，保证了震情、灾情、舆情的及时反馈和传递②。市地震局还派出7人地震应急工作组赶赴震区，了解震区的破坏情况，开展地震跟踪监测。

这次松原市地震未造成人员伤亡，与中国红十字会迅速的应急救援措施密切相关。中国红十字会总会、地方分会都对此次灾情极为重视，从灾情发生到灾后的重建工作的应对都迅速及时，对于舆论的导向也起到了正面的作用，显示出红十字会应急救援方面的水平和能力日益成熟。

（作者系苏州大学社会学院研究生）

① 《震情就是命令——松原5.7级地震抗震救灾纪实》，新华网，2018年5月29日。
② 《震情就是命令——有效应对宁江5.7级地震》，松原市地震局网，2018年5月31日。

2018 年夏红十字会救助四川洪涝灾害述略

武晓珊

2018 年 7 月以来，中国南方出现大范围持续性强降雨。尤其是第 8 号台风“玛利亚”以强台风级别登陆福建连江，给福建、浙江、江西等地带来狂风暴雨；同时四川、甘肃、陕西部分地区也连降暴雨，导致多地山洪暴发。由于降雨量的加大，四川成为 2018 年夏季洪涝灾害的重灾区。自 7 月 8 日起，四川省多地遭遇暴雨袭击，最强时段出现在 10 日至 11 日，暴雨引发多地洪水。灾害发生后，各级政府组织了一系列的救援行动；与此同时，中国红十字会也对灾区进行人道主义援助，并发挥了重要作用。

一、四川洪涝灾害概况

四川省的强降雨从 7 月 1 日开始，累计降雨数据显示，全省有 79 个县 499 个站的降雨量大于 100 毫米，最大为绵阳市梓潼县马鸣站 338 毫米。面对此次强降水，7 月 2 日晚，四川省防汛抗旱指挥部启动四级防汛应急响应。7 月 3 日 11 时，结合上游来水情况，为迎接当晚的降雨，保障水库及上下游防洪安全，四川省防汛抗旱指挥部对广元亭子口、宝珠寺水库下达调度令。

据初步统计，强降雨已造成四川直接经济损失 4.72 亿元，其中农作物受灾面积 18020 公顷，成灾面积 590 公顷，绝收面积 270 公顷；公路中断 162 条次，供电中断 1 条次；损坏堤防 9 处计 0.28 千米。强降雨造成涪江支流芙蓉溪出现超警戒水位洪水，岷江干流发生洪水，沱江、嘉陵江干流以及岷江、沱江、涪江、嘉陵江部分支流发生明显涨水过程[①]。恶劣天气给人们的出行带来极大的不便，如成都双流国际机场 7

① 《四川洪涝灾害　强降雨致四川 24 万余人受灾》，中国新闻网，2018 年 7 月 4 日。

月2日取消161架次航班，造成1万多名旅客滞留机场，是近年来成都双流国际机场因极端天气原因单日取消航班量最多的一次。

四川省气象部门数据显示，3日20时至4日20时，四川达州、巴中、南充北部、广安北部有大雨到暴雨，其中巴中、达州两市北部局部有大暴雨①。

四川民政厅报告称，截至7月12日10时，成都、德阳、绵阳等13市（自治州）62个县（市、区）93.2万人受灾，3人死亡，10.1万人紧急转移安置，2.1万人需紧急生活救助；600余间房屋倒塌，近8800间不同程度损坏；农作物受灾面积36.9千公顷，其中绝收5.2千公顷；直接经济损失24亿元②。面对连日来的强降雨，四川省多地受灾严重，给人民生活造成很多困难，多处发生群众被洪水围困的险情。阿坝州个别地区还发生泥石流灾害，致使路基损毁，车辆无法通行，沿途农田被冲毁。邛崃市回龙镇汪场村约500名群众被洪水围困，部分房屋被淹。仁寿县部分乡镇发生山体滑坡、洪涝灾害，交通中断，清水镇中心小学6个年级19个班1039名学生被洪水围困③。

二、红十字会的救援行动

面对如此严重的洪涝灾害，党中央高度重视，要求四川省全力以赴，努力将灾害影响降到最低。财政部、应急管理部18日向四川、甘肃两省紧急下拨中央财政自然灾害生活补助资金1.7亿元，主要用于近期两省严重暴雨洪涝灾害受灾群众紧急转移安置、过渡期生活救助、倒损民房恢复重建、因灾遇难人员家属抚慰等受灾群众生活救助需要④。灾害发生后，中国红十字会总会、四川省红十字会也积极行动起来，开展各项救援活动。

（一）中国红十字会总会

中国红十字会总会启动四级应急响应，根据灾区需求，从中国红十

① 《四川洪涝灾害　强降雨致四川24万余人受灾》，中国新闻网，2018年7月4日。

② 《24省受洪涝灾害统计　2018年夏天预测有23个台风生成》，每日财经网，2018年7月13日。

③ 《四川省多地发生洪涝灾害　子弟兵援抗洪一线》，新华网，2018年7月4日。

④ 《中央拨1.7亿支援川甘　主要用于暴雨洪涝灾害受灾群众生活救助需要》，北晚新视觉，2018年7月20日。

字会成都备灾救灾中心调拨夹克衫3000件、毛巾被2000床、棉被2000床、赈济家庭包1000个等救灾物资，价值共计62.242万元，已分配给灾情较重的眉山、广元、德阳、雅安、南充等地，用于支持当地红十字会开展灾害救助工作①。7月7日第二轮降雨后，灾情继续扩大，中国红十字会总会再次调拨救灾物资，包括夹克衫5000件、赈济家庭包2000个、单帐篷100顶。澳门红十字会也紧急援助500个家庭包②。7月12日，中国红十字基金会紧急启动“天使之旅——四川抗洪行动”，派出工作组前往灾区组织救灾工作，并从四川省眉山备灾中心调拨2000只赈济家庭箱驰援灾区，每只赈济家庭箱可支持受灾家庭灾后一周的应急生活。据悉，中国红十字基金会已向长期公益合作伙伴以及全社会发出呼吁，募集款物，用于应急响应和备灾工作。

（二）四川省各级红十字会相互配合

7月10日至11日，因成都市的区域性暴雨天气，多地出现汛情。受灾地区的县红十字会主动对接当地政府应急办和民政部门了解灾情，积极参与防洪救灾、隐患排查、慰问受灾群众等工作，并为受灾群众进行心理疏导。相关公益慈善组织也在第一时间紧急行动起来，采用多种方式，展开紧急救助。在此次救灾中，四川省各级红十字会积极行动，相互配合，采取各项措施开展防洪救灾。

一是普及自救知识，提高防灾避灾能力。成都市红十字会结合近期雨情汛情，通过微信公众号、微博、微信朋友圈等途径面向公众传播暴雨洪涝灾害中的自救互救知识，提升群众防灾避险能力，几天时间浏览量已达1.66万人次③。7月12日，青川县红十字会全体干部职工深入板桥乡上坝社区、新埝和铁炉村，查看沿途村道、连户路等基础设施损毁情况，与帮扶户座谈，了解其房屋、财产受灾情况，查看房前屋后是否存在地质灾害隐患等，指导村民抗灾自救，并与乡村抢险突击队员一道，帮助受灾较重的铁炉村庙湾社黄胜禄家清除房后的垮塌体，疏通排洪沟渠，排除险情。

二是查看灾情，做好应对工作。温江区、彭州市等地红十字会组织工作人员和志愿者到受灾现场查看灾情，协助当地做好群众疏散和安置

① 《中国红十字会系统驰援川渝洪涝灾区》，《中国红十字报》2018年7月19日。
② 《洪灾面前　红十字和你在一起》，四川省红十字会网，2018年7月13日。
③ 《中国红十字会系统驰援川渝洪涝灾区》，《中国红十字报》2018年7月19日。

工作。绵竹地区普降暴雨，绵竹城区、各乡镇普遍受灾，绵竹市红十字会立即启动应急预案，通知各基层红会收集辖区内的灾情，派出两个工作组赴各镇、乡实地查看，并按要求通过中国红十字会灾害管理系统向上级红会报告绵竹受灾情况。广元市红十字会第一时间召开干部职工会议，安排部署防汛救灾相关工作，并强化值班值守，严格坚持24小时轮流值班制，落实责任，认真做好应对灾害的各项准备。灾情发生后，广元市朝天区红十字会常务副会长迅速带领驻村第一书记、帮扶队员到帮扶村查看灾情，召开防汛减灾调度会，指导村、组干部有条不紊地开展防灾、救灾工作①。

三是提供生活用品等物资的支持。德阳市首批抗洪救灾物资共20顶帐篷、100个夏季家庭箱送达受灾较重的中江县青市乡，并发到转移安置群众手中。中江县红十字会安排工作人员对受灾严重的地区分组查看灾情，并组织救灾物资送往灾情较重的回龙镇。利州区红十字会向上级红十字会争取到了凉被、毛毯、衣服等物资，并自筹大米、食用油等，第一时间把救灾物资发放到建档立卡的贫困户、低保户、五保户等因洪涝灾害受损的困难群众手中，帮助他们渡过难关。朝天区红十字物资库房系租用的一楼街面，地势低洼，区红十字会安排专人检测水位上涨情况，在洪峰来临之前，提早组织机关干部、志愿者将救灾物资转移至安全地带，确保财产安全。此次救灾行动还得到了深圳壹基金的物资支持，7月11日，他们为北川县桂溪镇灾区送来家庭救灾箱255个，睡袋400条，折叠床146张；12日，又将包括厨具套装、防潮垫、肥皂、雨伞、牙膏、手电等18样常用生活物品的1200个救灾箱运抵北川，并陆续向北川、安州等县区受灾乡镇发放；随后，第三批1500个救灾箱也很快运抵受灾严重的地区②。

三、红十字救援活动浅析

在应急救灾工作中，红十字会发挥着不可或缺的作用。中国红十字会和政府部门相互配合，对四川洪涝灾害进行紧急救助，大大减轻了灾害给当地民众带来的灾难，确保受灾群众能平稳度灾，充分体现了红十字会的人道主义精神。通过这场救援行动，我们也可以发现红十字会工

① 《中国红十字会系统驰援川渝洪涝灾区》，《中国红十字报》2018年7月19日。
② 舒迪：《四川洪灾救援，公益组织在行动》，《人民政协报》2018年7月17日。

作出现了一些新特点。

首先是工作机制创新。红十字会注重发动群众参与救灾，特别是对志愿者进行高质量的培训，提高其应急技能。志愿者的广泛参与，通过网络媒体、电视、广播和报纸等多种传播方式宣传他们的事迹，有利于减少灾害带来的影响。筹资方式则突破传统的捐赠模式，更多的是运用网络资源，如蚂蚁花呗、腾讯公益等途径筹集四川洪涝灾害救助所需的救灾款物。此外，各级红十字会组织相互配合，积极引导其他慈善组织参与救助行动，扩大了红十字会的影响力，增加了公众对红十字会的认同感。

其次是物资储备充裕。灾害刚发生，中国红十字会总会便立即启动四级应急响应，根据灾区需求，进行物资救助，向灾情较重的眉山、广元、德阳、雅安、南充等地分发衣服、毛巾、棉被等物资。可想而知，若红十字会没有完善的物资储备，便不能在灾难发生后做出如此迅速的应对工作。各地红十字会也大多建立了本地区的物资储备库，便于救灾物资的紧急调用。如中江县红十字会、利州区红十字会等，在查看灾情后不久，便将物资送往灾情较重的地区。利州区红十字会还自筹大米、食用油等救灾物资，第一时间把救灾物资发放到因洪涝灾害而受损严重的困难群众手中，帮助他们顺利渡过难关。红十字会还打造和建设了一支物资运输队伍，能方便快捷地将救灾物资送到受灾民众手中。

当然，目前的红十字会工作还存在一些不足之处。如总体来看，红十字会的管理经费很大程度上来自政府的财政拨款，公益性和营利性筹资手段所获得的红十字救援资金还相对较少。对此，红十字会应广泛宣传，努力提高其公信力，争取更多群众及企业的支持。受“郭美美事件”影响，红十字会曾一度遭到质疑，而此次四川灾害救助活动中红十字会发挥了极为重要的作用，民众对红会的了解、信任度都有较大改观。但若进一步完善信息发布情况，定期向社会公布捐赠款物的来源、数额、去向，确保捐赠款物使用的公开透明，并相应搭建网络监管平台，加强政府监督等，必能获取更多民众的肯定。另外，在此次四川洪涝灾害救助中，红十字会工作人员和志愿者的整体能力还有待进一步提高，应急救灾本领还需加强。

（作者系苏州大学社会学院研究生）

2018年红十字会对福建台风灾区救援述略

朱　红

2018年夏季以来，我国多地遭受台风侵袭。受2018年第8号台风“玛莉亚”的影响，福建遭受重创，各级政府部门大力组织救援活动，中国红十字会也对灾区开展了各项救援工作。本文拟对福建受灾情况进行简要概述，并对红十字会的援助行动予以评析。

一、福建省受灾情况简介

福建省因台风“玛莉亚”受灾是从2018年7月11日开始的。台风“玛莉亚”于11日9时10分在连江沿海登陆，登陆时中心附近最大风力14级，中心最低气压960百帕。受其影响，福建中北部沿海风力12~14级、阵风15~17级，渔场海域出现7~10米的狂浪到狂涛；大部分地区发生暴雨或大暴雨，局部发生特大暴雨，连江、建宁等县降雨超200毫米，分别为215毫米和286毫米①。台风登陆前后，福州市各城区都出现不同程度的积涝情况，三八路东站积水约1000平方米，水深20厘米；满洋路积水约1000平方米，水深25厘米②。城区树木倒伏1181株、倾斜419株、断枝2237株，多个地区因树木倒伏而造成公路通行受阻，福州、宁德2个市20个县（市、区）190个乡镇的11.02万人受灾③。台风“玛莉亚”具有强度强、移速快、正面登陆、影响严重等特点，成为有历史记录以来7月登陆福建的最强台风，是有史以来登陆福

① 《第8号台风“玛莉亚”灾情通报（二）》，福建省人民政府网，2018年7月12日。

② 《台风“玛莉亚”造成福州直接经济损失1.68亿元》，福州新闻网，2018年7月11日。

③ 《“玛莉亚”正面袭闽，“吹”走福建5.47亿元》，新华网，2018年7月11日。

建的第二强台风[1]。

面对灾情，党和政府积极应对，迅速做出反应，下达各项防灾救灾的指令。7 月 8 日，福建省启动了防台风四级应急响应，同时召开全省视频会议，分析研判台风发展态势，动员部署防御工作，提出渔船渔排要及时转移、防雨防涝要扎实高效、景区景点要排除隐患等三项防御工作[2]；7 月 9 日，国家减灾委员会、应急管理部针对今年第 8 号超强台风“玛莉亚”可能造成的严重影响，启动国家救灾预警响应，并派出工作组于当晚紧急赶赴福建省，协助开展台风灾害防范应对各项准备工作[3]。同时，福建省当地防汛抗旱指挥部也将防台风应急响应提升至三级。7 月 10 日，福建省防汛抗旱指挥部将台风应急响应提升至最高级别：一级。福建省国土资源厅先后召开厅党组会、全省国土资源系统防御“玛莉亚”台风视频会，部署做好“玛莉亚”台风期间地质灾害防范工作。全省 76 家地质灾害防汛应急技术单位、5800 多名各类专业人员已向省防汛抗旱指挥部报备，整装待发；提前预置 3 支省级专家队伍到三明、南平、宁德加强防灾指导[4]。漳州边防支队也全力投入台风登陆前的各项应对准备工作，福建全省消防部队进入二级战备状态。各地消防针对台风可能带来的强降雨，配齐水域救援人员、救援装备物资，与当地防汛部门保持密切联系，做好随时支援地方防灾抗灾和抢险救援准备。同时，成立了抢险救灾突击队，“福州市消防部队已成立 100 人的抗洪抢险突击队，全市 36 个基层消防中队成立 81 个抗洪抢险应急救援小队。晋江消防大队组建了 15 个抗洪抢险应急小组”[5]。

虽然各级政府针对灾情应对及时，但损失还是很严重，据福建省防汛办 12 日下午通报，截至 12 时初步统计，宁德、福州、三明、泉州、莆田、龙岩、南平 8 个市及平潭综合实验区共 70 个县（市、区）、709 个乡镇的 72.68 万人受灾，倒塌房屋 254 间，紧急转移 25.52 万人；农作物受灾 22.85 千公顷、成灾 8.08 千公顷、绝收 1.78 千公顷；通信线路中断 811 条次，停产工矿企业 646 个，公路中断 176 条次，供电中断 735 条次；损坏堤防 52.85 千米，损坏灌溉设施、护岸 1785 处，损坏水

① 《省卫计委 7 个督导组赴一线督导检查，全力防御“玛莉亚”》，福建省卫生和计划生育委员会网，2018 年 7 月 11 日。

② 《省防指召开防御第 8 号台风视频会议》，《福建日报》2018 年 7 月 9 日。

③ 《国家救灾预警响应工作组赴闽　协助开展台风灾害防范应对工作》，《福建日报》2018 年 7 月 11 日。

④ 《地质灾害技术人员增援第一线》，《福建日报》2018 年 7 月 11 日。

⑤ 《消防部队：进入二级备战状态》，《福建日报》2018 年 7 月 11 日。

闸、塘坝、机电泵站、水电站35座，损坏机电井2眼；造成直接经济损失29.02亿元，其中水利设施损失4.48亿元。福州市连江县是此次台风登陆地，经济损失达1.1953亿元①。

二、红十字会的救援行动

面对台风、暴雨等极端天气带来的灾情，中国红十字会从总会到分会都积极响应党和政府的号召，及时根据灾区需求启动应急响应，协助灾区党委、政府及时为受灾群众提供救助。中国红十字会总会根据福建省受灾情况，及时启动四级应急响应，于7月12日从福建省红十字会备灾中心调拨家庭包3000个、毛巾被3000床、夹克衫700件，物资价值共计89.326万元，用于支持当地红十字会开展灾害救助工作②。13日上午，这批救灾物资已经紧急启运，送往福州市的连江、罗源，宁德市的霞浦、福鼎等受灾严重的地区，用于救助生活困难的重灾户，预计受益群众达1.57万人③。

福建省各级红十字会也十分重视灾情，迅速展开对台风受灾地区的救援行动。7月9日下午，福州市红十字会召开机关干部会议，紧急部署迎战台风“玛利亚”的应急救援和救助工作④。10日下午，福建省红十字会专门召开防御第8号台风“玛莉亚”工作会议，省红十字会常务副会长林圣魁向机关各部室和直属事业单位负责人传达了省防指会议精神和省委省政府有关领导的指示，对防汛防台风各项工作进行再动员再部署。全省各级红十字会根据应急预案，及时启动应急响应，突出保障受灾群众的生命安全和生活临时救助；全省各级红十字会共准备应急资金150万元和价值400万元的日常用品，一旦发生紧急情况，立即将物资运送至灾区发放；全省各级红十字会组织应急救援队，全面检查救援设备、装备、车辆、通讯等，如有需要，随时出动，开展救援，并做好人员安全保障⑤。

---

① 《台风“玛莉亚”重创福建　72万人受灾直接经济损失逾29亿》，中国新闻网，2018年7月12日。

② 《总会援助福建台风灾区》，《中国红十字报》2018年7月13日。

③ 《福建省红十字会紧急开展“玛莉亚”台风灾害救助行动》，福建省红十字会网，2018年7月13日。

④ 《我会严阵以待积极迎战台风“玛利亚”》，福州市红十字会网，2018年7月10日。

⑤ 《“玛莉亚”来势汹汹　红十字全力以赴，福建省红十字会全员上阵打好台风防御战》，《中国红十字报》2018年7月17日。

各级红十字会还集结水上救援队和应急救护志愿者260余名。其中，省本级组织中国红十字（福建）水上救援队50名队员在福州集结，包括5名潜水员、2名无人机操作员、28名专业水上救生员、15名龙吸水操作员，出动动力艇、无动力6人艇、独木舟、无人机、水下机器人、潜水设备、急救包、抛绳袋等水上救援抢险装备80余套（台），积极参与市区积水易涝路段抢险救援、人员转移、应急疏通排涝等工作①。福州市一医联体红十字志愿服务总队、福州红十字曙光救援总队及水上救援志愿服务队和社区应急救护队集结待命，确保一有灾情，能第一时间响应、第一时间到位、第一时间抢险救援救助②。泉州市安捷红十字水上救援队的志愿者们救援了多名海上遇险群众，林火烟、林文利、高祖炮、陈辉煌等4位志愿者在巡查海岸时，成功将2名遇险游客解救出来；7月12日下午和晚上，该队志愿者又在石狮红塔湾和晋江衙口海滩，救起因风浪大被卷走和被潮汐上涨困在岸边船只内的8名游客，其中包括2名儿童③。

福建省各级红十字会在积极开展灾区救援工作的同时，也注意开展对灾区人民的慰问工作，增强民众应对灾情的信心与勇气。7月13日，省红十字会党组成员、专职副会长毛文航，赈济救护部副部长洪月榕，福州市红十字会党组书记、常务副会长胡晓强，副会长胡树林分赴受灾较重的连江县黄岐镇及罗源县起步、洪洋、鉴江乡，走村入户慰问受灾群众。每到一户人家，他们都仔细询问受助人员家庭情况，详细了解屋内设施设备等用电安全、防水防漏等情况，并鼓励他们树立克服困难的信心和勇气④。

综上，为了应对台风“玛莉亚”给福建省带来的挑战，中国红十字会从总会到地方分会、广大志愿者都上下一心、不畏艰险地投入灾区的救援工作中，为救助福建灾区的民众发挥了重要作用。

① 《“玛莉亚”来势汹汹　红十字全力以赴，福建省红十字会全员上阵打好台风防御战》，《中国红十字报》2018年7月17日。

② 《我会严阵以待积极迎战台风“玛利亚”》，福州市红十字会网，2018年7月10日。

③ 《台风天的温柔守护——福建省泉州市红十字救生员连救多名海上遇险群众》，《中国红十字报》2018年7月17日。

④ 《省、市红十字会领导分赴连江、罗源县慰问“玛莉亚”台风受灾群众》，福州市红十字会网，2018年7月16日。

三、红十字会救灾工作简评

应对台风等极端天气带来的灾害，充足的救援物资对于灾区人民来说是至关重要的，而各级红十字会的备灾救灾应急体系发挥了突出作用。一方面，备灾救灾信息网络、指挥系统和物流网络等基础设施建设的完备，保证了各级红十字会救援工作协力配合，及时迅速；另一方面，中国红十字会总会统筹各级红十字会建设必要的备灾救灾仓库和应急救援中心，储备必要的救援物资和救援人才，同时配备通讯、车辆等应急救援设备设施，切实保证救援物资的齐全与配送。此外，红会还注重民众领取救援物资的实际情况，注意开展对灾区人民的慰问工作，增强民众应对灾情的信心与勇气，达到物资救助与鼓舞精神的双重效果。

福建省台风灾区救援工作的顺利开展，除了总会对各级红十字会的统筹、各级红十字会与各类救援组织的协作配合外，还离不开奔赴救援一线的各支红十字志愿者队伍的努力。水上救援队员和应急救护志愿者们时刻坚守岗位，积极救援遇险民众，在恶劣的台风天气中守护着灾区人民。因此，各级红十字会应不断加强志愿服务工作，完善培训机制，建立志愿服务诚信体系，从而充分发挥红十字志愿服务在防灾避险、应急救援等工作中的作用，培育出有特色的红十字志愿服务品牌。

各级红十字会在救援福建台风灾区的过程中，还注意利用各种媒体平台及时向民众通报救灾实况，让民众多方面、多角度感知救灾的具体进程。这些举措对加强红会公信力、消除民众对红会工作的误解与偏见具有重要的作用，而中国红十字会微信公众号在7月12号发布一篇长文介绍台风中防灾避险的各项举措，更是起到了向民众普及应灾避险知识的作用。

总而言之，中国红十字会对福建台风灾区的救援工作是切实有效的，在灾情上报、部署、救援方面都应对及时，表明红会的备灾救灾工作机制越来越完善。

（作者系苏州大学社会学院研究生）

2018年红十字会对山东台风灾区救援述略

钟鑫鑫

2018年夏季以来，我国沿海多地遭受台风侵袭，损失惨重。受2018年第18号台风“温比亚”的影响，山东省出现大范围强降雨，潍坊、淄博、菏泽、东营等13个市遭受台风重创。面对突如其来的灾情，各级政府迅速展开救援，中国红十字会总会、山东省红十字会及各市红十字会也在灾区开展了各项救援工作。本文就此问题进行考察。

一、山东省受灾情况简介

台风“温比亚”于2018年8月17日4时5分在上海市浦东一带登陆，登陆时中心最大风力有9级。18日凌晨，台风“温比亚”北上，给山东带来强降雨，菏泽、济宁普降大暴雨、局部特大暴雨，临沂、枣庄、泰安、潍坊和淄博等市出现暴雨，局部大暴雨。据山东省民政厅统计，截至19日12时，全省平均降雨量超过66.3毫米。菏泽、济宁、泰安等市降雨量超过137毫米，最大降雨量出现在济宁李阁站，达370.9毫米[①]。8月18日夜间起，台风“温比亚”的东北侧暴雨云团开始进入山东中部，弥河全流域普降大暴雨、特大暴雨，青州国家气象站24小时雨量记录达263.1毫米，为2000年以来最大、也是有气象记录以来历史第二大；临朐、寿光雨量超过100毫米，虽未达到历史极值水平，但大暴雨面积广泛。粗略推算，“温比亚”在青州、临朐一天之内降水超7亿立方米，相当于近600个济南大明湖的水量，对弥河这样的小流域来说完全容纳不了，临朐、青州、寿光等地因此均发生了洪水，其中造成寿光直接经济损失92亿元，死亡13人，失踪13人，坍塌房屋9999间，

① 《受台风“温比亚”影响山东全省29.5万人受灾》，中国天气网，2018年8月20日。

红十字会调度下，青岛市红十字会先后派出青岛红十字蓝天救援队和青岛红十字山海情救援队紧急赶往灾区搜救遇险群众。8 月 20 日晚 8 时，青岛红十字蓝天救援队派出救援车辆 2 台、冲锋舟 2 艘、救援人员 7 人，携带声呐等救援装备赶赴受灾严重的临淄，与当地救援人员配合，反复搜寻了 10 多公里河道，搜索了 3 座桥梁和 3 道拦水坝。经过两昼夜的紧张搜救，搜索到被洪水冲走的遇难群众 5 人、车辆 1 辆，成功处置一起市民昏厥的突发事件，挽救了市民的生命①。灾情发生后，中国红十字基金会救灾项目负责人与山东省红十字会及地市红十字会组成救灾工作组，情系受灾民众，一起赴灾区一线查看灾情，看望慰问灾区民众，并对救灾物资发放、民众生活状况、灾后恢复工作等事项进行考察，做到经济物资援助与人道主义关怀并重。

第三，呼吁募款，成效显著。为配合党委、政府做好抗灾救灾与恢复工作，帮助灾区群众顺利渡过难关，山东省各级红十字会、山东省慈善总会在全省范围内开展“情系灾情”救灾募捐活动。8 月 27 日，省红十字会发出关于募捐支援台风受灾区的呼吁书，号召社会各界爱心人士发扬“一方有难，八方支援”的精神，积极捐款捐物，支援台风受灾地区，帮助他们渡过难关，重建家园。呼吁书发出后，山东省各级红十字会的干部职工纷纷为台风灾区捐款②。在山东省红十字会、青岛市红十字会和威海市红十字会等的宣传与共同呼吁之下，募捐取得了较好的成果。其中除了各级政府及红十字会干部职工捐款外，还接受社会各界的募捐，范围甚广。如企业募捐，威海盛美健康科技有限公司捐赠了价值 12.8 万元的消毒棒、威巴克消毒技术有限公司捐赠了价值 20 万元的消毒液等；爱心市民刘同欣、穆春玲夫妇捐款 1000 元现金；聊城基督教“两会”为救援寿光灾区募集了爱心捐款 18500 元等。这些都体现出山东省各级红十字会在此次为台风灾区募捐中出色的组织宣传与发动工作。

三、红十字会救灾工作简评

应对台风等极端天气带来的洪涝灾害，红十字会发挥了积极作用。

① 《青岛市红十字会开展志愿潍坊等地抗灾救灾工作》，山东省红十字会网，2018 年 8 月 28 日。

② 《全省红十字会系统积极开展募捐救灾工作》，山东省红十字会网，2018 年 8 月 27 日。

红十字会与各级政府部门相互配合，对山东灾区进行紧急救助，及时提供各种帮助，大大减轻了灾害给当地民众带来的灾难，确保受灾群众能平稳度灾。在这场救援行动中，我们也可以从红十字会工作中得到一些启示。

一是工作机制的创新与完善需放在首位。首先，灾害发生后，救灾信息网络、指挥系统和物流网络等基础设施建设的完备保证了各级红十字会救援工作协力配合，迅速对受灾较为严重的潍坊、寿光等地进行救援，以解决受灾群众的燃眉之急；其次，灾情发生后志愿者的积极参与，对于应急救灾工作的顺利进行以及弘扬人道主义精神起了重要的作用，他们不顾危险协助公安部门赶赴灾区搜救遇险群众，挽救市民生命，这体现出红十字会对志愿者进行了全面的高质量的培训；最后，在募捐救灾款的工作中，红十字会筹资方式呈现出多种模式，除了现场募捐外，更多的是运用网络资源，如“微民爱心筹”、网上银行转账、邮局汇款等途径筹集山东洪涝灾害救助所需的人道资源。

二是储备救援物资与培养救援人员为重中之重。灾害发生后，山东省红十字会便立即启动四级应急响应，根据灾区需求，进行物资救助，向灾情较重的潍坊、寿光、临沂等地分发帐篷、衣服、毛巾、棉被、照明器材等物资。可想而知，如果没有充足的物质储备、完善的通信和车辆等应急救援设备设施、高水平的救援人才，是无法切实保证救援物资顺利配送的。同时，各地红十字会也大多建立了本地区的物资储备库，便于救灾物资的紧急调用。如青岛红会与济南红会在灾情发生后便分别对潍坊、寿光进行了救援，可见人道资源动员的重要性。

总之，各级红十字会对山东台风灾区的救援是切实有效的，在灾情上报、部署、救援方面迅速及时，由此可见，红十字会在今后的防险救灾中的积极作用将会越来越凸显。

（作者系苏州大学社会学院研究生）

2018 年叙利亚战乱中的红十字人道救援

沈　璐

叙利亚内战自 2011 年开始至今已有 7 个年头，战争局势随着各方势力的加入不断恶化。2018 年 4 月 14 日凌晨，叙利亚首都大马士革遭遇轰炸，美国“假借”藏匿化学武器事件，联合英、法发动攻击，向大马士革发射了 110 枚导弹，城市瞬间变成废墟。红十字国际委员会与叙利亚红新月会联合，迅速展开了救援行动，中国红十字会也伸出援手。本文就此次灾难中的救援行动略做考察。

一

美国东部时间 2018 年 4 月 13 日晚 9 时许，特朗普总统在白宫发表讲话，宣布美国联合英国、法国对叙利亚军事设施进行了“精确打击”①。针对所谓的“化学武器袭击”事件，美国总统特朗普曾在 9 日表示，美方在军事上有很多应对选项，将在 24 ~ 48 小时内决定如何回应。不过，12 日，白宫又称尚未做出“最后决定”。而仅仅一天之后，美、英、法三国就发动了“精确打击”。根据叙总参谋部发布的消息称，英、美、法飞机于当地时间 14 日凌晨约 3 时 55 分起，对大马士革和城外目标发射了约 110 枚导弹，造成数名叙利亚平民受伤。叙利亚人民成为这场政治游戏的最大牺牲品，从 2011 年至今，共造成近 50 万人死亡，760 万人流离失所，近 510 万人沦为难民。此次对叙利亚的军事打击，在国际上引起了极大的争议。16 日晚，伦敦数百名民众手持标语牌在英国议会大厦外举行集会，高呼反战口号，抗议英军参与此次军事行动，要求政府拿出合理的证据来证明军事打击的合法性②。俄罗斯总统普京

① 《国际观察：硝烟再起，叙利亚乱局走向何方?》，新华网，2018 年 4 月 15 日。
② 《伦敦民众抗议英国参与对叙军事打击》，新华网，2018 年 4 月 18 日。

在与德国总理默克尔通话中强调，美国及其盟友对叙利亚的侵略行径破坏了包括《联合国宪章》在内的国际法准则，对叙利亚危机的和平解决造成了重大损害。中、日等国也呼吁各方采取对话的方式和平解决问题，反对武力冲突。

二

自从叙利亚战乱爆发以来，国际上对叙利亚的人道主义救援就没有停止过，红十字会工作人员等冒着生命危险为战乱中的叙利亚人民提供帮助。

(一) 红十字国际委员会继续人道救援

深知这场人道灾难单凭红十字会及国际组织的救援是无法结束的，红十字国际委员会在多次会议上向冲突各方提出建议，呼吁各国能够承担国际责任，结束这场人道灾难。红十字国际委员会行动部主任多米尼克·施蒂尔哈特在 2018 年叙利亚问题布鲁塞尔第二次会议上的讲话表示，在这场复杂的冲突中当务之急是各国政府和相关方应利用其影响力缓和目前的紧张局势[①]。红十字国际委员会向冲突各方及具有影响力的国家提出“明确责任、完善问责机制、向涉及违反国际人道法行为的各方转让武器时，必须增加保障措施”等十点建议。

同时，人道救援行动也从未停止过，红十字国际委员会既帮助那些在叙利亚境内由于冲突而面临极端困境的民众，也帮助那些逃往约旦、黎巴嫩和伊拉克的成千上万名叙利亚难民。医疗基础设施的破坏与医疗服务的中断尤为令人不安，叙利亚超过半数的公立医院与医疗卫生中心已经关闭或仅可以部分运转，其中一些机构遭遇多次空袭，某些地区的医疗物资供给以及各地伤者、病者的医疗后送行动始终受阻。红十字国际委员会与叙利亚红新月会合作，分发食物和基本的生活用品，恢复供水以及提供医疗服务。

(二) 响应呼吁，各国以及国际组织提供人道救援

2018 年 7 月 21 日，法国和俄罗斯派遣的一架载运人道救援物资的

① 《红十字国际委员会今日在叙利亚问题布鲁塞尔第二次会议上的发言》，红十字国际委员会网，2018 年 4 月 25 日。

运输机前往先前遭叙利亚反抗军占领的东古塔区，俄国防部表示，专机已经抵达位于赫梅敏的俄罗斯军事基地。在叙利亚政府军于2018年4月收复了东古塔区后，这是俄罗斯和西方国家首度展开的联合人道援助任务。这架载有50吨医药救援与人道物资的俄罗斯安托诺夫124型军事运输机，是当天凌晨3时从法国中部城市沙托鲁起飞的①。法国与俄罗斯的联合声明表示，作为联合国安全理事会决议的一部分，这项计划的目的是要让平民可以更容易地获得救援。

联合国负责人道救援事务的副秘书长洛科克7月27日在安理会就叙利亚人道局势进行通报时表示，联合国人道机构正在为叙利亚各地提供人道援助。联合国及其人道伙伴已经对叙利亚西南部地区成千上万的人展开援助，包括近期通过粮食计划署为达阿省约20万人发放食物。

三

叙利亚危机爆发以来，中国红十字会一直通过多种方式和渠道向叙利亚提供人道主义援助。中国商务部分别与世界卫生组织、红十字国际委员会等国际机构签署多项合作协议，共同在叙利亚及其周边国家实施人道主义项目，为难民及流离失所者提供卫生、粮食等人道主义援助。

（一）捐赠医疗物资，提供综合性卫生服务

2018年5月8日是第71个“世界红十字日”，中国红十字会援助叙利亚人道救援设备启运仪式在上海外高桥码头举行。针对叙利亚人道需求，中国红十字会援助的大型多功能移动医院具备移动和远程医疗功能，可为当地民众提供基本诊疗、手术、体检、疾病筛查、医疗转运等综合性卫生健康服务。

移动医疗单元就像一个移动的县级医院，在偏远地区和医疗条件不便利的地方工作，每天可以为上百人提供医疗服务。每组移动医院由两辆大巴车和两辆救护车组成。每辆大巴车经过改装，装配了手术方舱、生化检验、X光、B超、除颤、心电图等设备，并配套开发了信息系统，可实现远程会诊和实时通讯。

叙利亚红新月会主席布巴迪认为，中国红十字会援助的移动医院不仅设施先进齐全，且可以开到叙利亚任何地方，能够随时就近服务民

① 《俄罗斯与西方首度联合，人道救援专机飞抵叙利亚》，人民网，2018年7月22日。

众，这对于医疗设施遭到巨大破坏的叙利亚来说，无疑是雪中送炭。

（二）“丝路博爱基金”为沿线国家提供人道援助

随着“一带一路”倡议的提出，中国红十字会的国际交流合作迈出了新步伐。2017 年 2 月，中国红十字基金会成立了“丝路博爱基金”，关注“一带一路”沿线国家的民生需求①。

2018 年 5 月 30 日，全国人大常委会副委员长、中国红十字会会长陈竺在北京会见红十字国际委员会主席彼得·莫雷尔，介绍了中国红十字会在国家“一带一路”框架下积极开展国际合作取得的最新成果②；双方并就中国红十字会和红十字国际委员会进一步合作，特别是依托“一带一路”这一重要平台，共同应对日益严峻的国际人道危急与挑战，深入交换了意见。

此次援助叙利亚的移动医院和疫苗分别由北汽福田、中生股份等“丝路博爱基金”公益合作伙伴捐献。根据叙利亚相关法律，中方援助项目获得叙卫生部和总理府许可后，所援助的移动医院将由中远集团免费提供海路运输支持，经马六甲海峡、亚丁湾、红海、苏伊士运河、地中海运抵叙利亚；所援助的疫苗将采取冷链运输，空运至叙利亚。

四

比较 2017 年与 2018 年中国红十字会对叙利亚的救援行动会发现，除了延续以往的人道救援项目之外，还出现了以下新的亮点。

（一）首次针对难民社区进行救助

2018 年 8 月 16 日，中国红十字会援助叙利亚大型多功能移动医疗单元在叙利亚大马士革交接。两个月前，中方援助的移动医疗单元从上海港出发，经海路运抵叙利亚的拉塔基亚港。向叙利亚红新月会捐赠移动医疗单元，是中国红十字会叙利亚人道援助项目组的任务之一③。根据中国红十字会援外工作部署，8 月 13 日，该项目组先期抵达贝鲁特，

---

① 《中国红十字会首批援助叙利亚人道救援设备从上海启运》，《中国红十字报》2018 年 5 月 11 日。

② 《陈竺会见红十字国际委员会主席莫雷尔》，人民网，2018 年 5 月 31 日。

③ 《深入难民聚集社区开展调研，援助叙利亚大型多功能移动医疗单元，中国红十字会首次对难民社区开展综合性人道援助》，《中国红十字报》2018 年 8 月 21 日。

就黎巴嫩境内叙利亚难民人道主义状况进行了考察。据悉，叙利亚战乱导致120余万难民进入黎巴嫩境内。而医疗单元装备的自助发电系统减轻了所受的地域限制，就像一个移动的综合医院，可以帮助叙利亚红新月会，向那些最容易受伤害和需要治疗的人提供基础的医疗保障。

另外，中方项目组还两次深入贝鲁特西贝卡谷地叙难民聚集社区开展调研评估。经与红十字会与红新月会国际联合会中东北非办公室、黎巴嫩红十字会、叙利亚红新月会研究，中国红十字会将为在黎境内的叙利亚难民提供卫生供水、光伏发电、医疗卫生以及过冬物资等方面的人道援助——这是中国红十字会首次针对难民社区开展综合性的人道援助项目。

（二）援助形式多样化，利用互联网联动全球

互联网时代下，援助的方式也逐渐增加，中国红十字基金会与苏州市乐助慈善基金会联合发起的“捐赠一美元，救助叙利亚肢残儿童”国际援助项目在苏州文化艺术中心启动，同时发布项目筹款二维码①。项目向中国及世界爱心人士发出募捐倡议，希望通过互联网和移动支付手段募集1000万人民币（约150万美元）善款，在叙利亚红新月会帮助下，与叙利亚当地公益组织合作建设一个全新的假肢中心。其中，首期筹募善款将为600名以上的叙利亚受战争伤害儿童免费安装假肢并提供后期康复训练。

中国红十字基金会副理事长刘选国表示，爱心和慈善没有国界，人道更是超越国界、种族、信仰的对人类生命与尊严的认同和守护。作为“国字头”的全国性公益组织、国际红十字运动的成员，中国红十字基金会既要帮助国内需要帮助的弱势群体，也要满足中国企业和公民关注全球范围内弱势群体的需求，帮助他们把爱心传递给那些身处战乱、灾害、贫穷国家的苦难民众。

（三）注重对儿童的援助

8月15日，中国红十字会项目组在位于大马士革的假肢康复中心和叙利亚红新月会大马士革分会举行了“中叙博爱儿童假肢康复中心”挂

① 《捐赠一美元，救助叙利亚肢残儿童》，《中国红十字报》2018年1月5日。

牌仪式[1]。中国红十字基金会将向两家假肢康复中心分别提供10万美元，用于向因战争和意外伤害而造成肢残的叙利亚儿童提供假肢安装、更换和复健等人道服务。

中国红十字会还为叙利亚提供脊髓灰质炎、脑膜炎、肝炎疫苗，这些都是该国急需的，将为当地民众特别是儿童的卫生健康发挥重要作用。为儿童免费接种疫苗是叙利亚政府长期坚持的国民卫生政策，即使在战争中也没有停止。但是常年战乱造成了疫苗供应链的断裂，尽管世界卫生组织和一些国家捐献了部分疫苗，但仍存在较大缺口。叙利亚卫生部副部长阿哈默德·哈利法威说，叙利亚饱受战争疾苦，疫苗接种关乎儿童生命保护，关乎民族的未来，是一项利国利民的大事。他非常感激中国红十字会和中国人民的善举。

叙利亚作为“一带一路”沿线国家，依托这个平台，中国红十字会在叙利亚开展人道救援行动，无疑为“一带一路”的国家发展战略增添了新力量，开辟了中国与叙利亚民间外交的新道路。中国红十字会在此次救援行动中也积累了不少的经验，为重创之下的叙利亚提供了物质上和精神上的援助，促进了中国与周边国家之间的友好往来。叙利亚的人道灾难一直牵动着世界人民的心，多年来，国际红十字大家庭始终坚持对叙进行人道援助，在拯救受难人民的同时将人道、博爱的精神宣扬出去，弘扬了红十字文化。

（作者系苏州大学社会学院研究生）

① 《深入难民聚集社区开展调研，援助叙利亚大型多功能移动医疗单元，中国红十字会首次对难民社区开展综合性人道援助》，《中国红十字报》2018年8月21日。

网络公益众筹的弊端探析

——以“小凤雅事件”为例

施林霞

网络公益众筹是指“相关公益机构和个人通过专门的网络平台发起专门的筹款项目，相关出资人对项目发起支持”①。近年来，网络公益众筹以一种崭新的面貌出现在人们的生活中，很好地解决了广大群众不能普遍参与慈善而使得我国慈善事业发展缓慢的痼疾。一方面，网络公益众筹不同于传统慈善，它打破了时间、空间的限制，使得求助者无须通过烦琐的程序即可实现募捐；另一方面，网络公益众筹平台可以连接各方主体，使慈善公益活动实现规模化发展，仅最近半年，民政部指定的首批11家（原13家，后退出2家）互联网公募平台为总计992家网络公益众筹组织发布相关信息超1.1万条，得到35.7亿人次关注，通过在线筹款功能募集了超过9.8亿元的慈善资金②。相比于传统慈善而言，网络众筹公益更为开放，使“人人公益、随手公益、指尖公益”成为潮流。虽然网络公益众筹有着不可比拟的时效性与便利性，但仍存在着诸多弊端。2018年3月发生的“小凤雅事件”，更是将网络公益众筹推向舆论的风口浪尖。

一、“小凤雅事件”始末

2018年3月，一篇名为《王凤雅小朋友之死》的文章在一夜之间迅速“霸占”各大媒体头条并引发网友激烈讨论。文章“披露”称，因患有一种名为“视网膜母细胞瘤”的癌症但无力治疗，在多个网络众筹平

① 杨睿宇、马箫：《网络公益众筹的现状及风险防范研究》，《学习与实践》2017年第2期。

② 《2018年上半年慈善组织互联网公开募捐事业健康有序发展》，民政部网，2018年8月8日。

台发起募捐的河南太康县两岁女童王凤雅不幸去世，原因是其父母将此次募集所得的15万善款私自挪用于治疗王凤雅哥哥的兔唇，并未用于治疗王凤雅的眼疾，任由其病情恶化并最终导致病逝。该文章经广泛传播后，小凤雅的遭遇在社会上激起轩然大波，大家将讨伐的矛头纷纷对准“草菅人命”的王凤雅父母，指责他们重男轻女，诈捐骗捐。后经多方调查证实，王凤雅父母实际共募得善款3万余元，并且几乎都用来救治王凤雅①。事实与该文章的报道完全不符，给当事人家属和网络公益众筹带来了巨大伤害。经历了声势浩大的舆论谴责之后，“小凤雅事件”想要平息，显然不只是道歉就能解决的，我们更应该反思并力求解决网络公益众筹背后所存在的弊端。

二、网络公益众筹存在的弊端

（一）互联网信息庞杂，内容真假难辨

一方面，借助于网络信息方便快捷、互动性强等优点，网络公益众筹项目形式灵活、覆盖面广、成本低、效率高，有效地弥补了传统公益事业的一些不足；另一方面，网络信息庞杂、内容真假难辨，公益众筹出现了众多乱象。网络世界的不稳定性、复杂性使得不可能在短时间内完整且真实地得到救助人信息，加上尚未完全落实到位的网络实名制准入制度，这些都为虚假众筹提供了可乘之机。网络公益众筹一般要经过一系列审核程序：身份信息、求助情况、家庭经济调查等等，但公益平台对这些调查仅局限于文字说明（求助者自我描述）、图片查看（病历单、检查单等）、电话回访等方式，很少采取实地核实的办法。“‘简陋的’审核程序极易导致‘不完全骗捐’甚至是‘完全骗捐’事件的发生。”② 另外，在这个信息爆炸的时代，人们往往会根据看到的某些信息片段就做出推断，急于占领道德制高点，对当事人口诛笔伐，却选择忽视背后的事实真相。“小凤雅事件”中，一些自媒体仅根据小凤雅母亲朋友圈的一张截图，就发文质疑王凤雅家属诈捐并将原本筹救女儿的善款用来给儿子治疗唇腭裂。后经权威媒体跟进调查，证实该质疑文章中

① 《“小凤雅”事件真相出来了　谁该反思？反思什么？》，新华网，2018年5月28日。

② 于江磊：《法治视角下公益众筹中骗捐陷阱防范》，《山东行政学院学报》2018年第3期。

诸多数据严重失误，存在歪曲事实、断章取义、博取眼球的嫌疑。“小凤雅事件”发酵至此，一些自媒体负有不可推卸的责任。由此可见，网络公益众筹的本质虽然以公益为核心，却暴露了很大的道德缺口①。

（二）善款使用流向不明，缺乏公开透明性

无论是哪种慈善筹款方式，公开透明、向公众公布资金使用情况都是赢得信任的基本要求。根据《中华人民共和国慈善法》第四十二条有关捐赠人权利的规定可知，捐赠人具备知情权和监督权，以保证自己投入的资金不被滥用②。社会公众是公益众筹资金来源的主体，因此公众有权了解求助者真实完整的信息以及资金的使用情况。然而，现实中的事实恰恰相反，诸如水滴筹之类的公益众筹平台在求助者募得善款之后，几乎很少向公众公开资金使用情况。

一般来说，项目众筹成功后，发起人可以得到募集钱款，若此时善款被平台侵占或后期被项目发起人不当使用，甚至众筹项目本身就是以筹资之名进行诈捐，以上种种不良情况一旦发生，不仅会损害求助者、捐赠人以及众筹平台的合法权益，也会对我国公益众筹事业造成不可弥补的巨大损失。“小凤雅事件”中，众筹平台与受助方都没有及时向社会捐助者同步公开资金使用情况，这才引起大家的质疑。据报道称，王凤雅家属在使用善款时实际上已留存票据，或许由于双方均缺乏公开透明的意识，家属与众筹平台都没有及时对外公开善款使用情况，这是网络公益众筹存在的一大弊端。

（三）救助机制不够成熟，缺乏专业性

在“小凤雅事件”中，一些公益志愿者的角色与做法存在很多争议之处。首先，某些参与此事的志愿者在没有完全弄清楚事实的情况下就在网上“爆料”，使用了诸如“重男轻女”“虐待”“诈捐”等极具煽动性的词汇，导致在事件初期大量的舆论谴责纷纷指向小凤雅的家人，这显然带有很大的情绪误导性。其次，志愿者与小凤雅家属的沟通交流存

① 陈颖婷、金豪：《“朋友圈”众筹捐助——游走在失信灰色地带》，《上海法制》2016年第9期。

② 《中华人民共和国慈善法》第四十二条：捐赠人有权查询、复制其捐赠财产管理使用的有关资料。慈善组织应当及时主动向捐赠人反馈有关情况。慈善组织违反捐赠协议约定的用途，滥用捐赠财产的，捐赠人有权要求其改正；拒不改正的，捐赠人可以向民政部门投诉、举报或者向人民法院提起诉讼。

在较大问题：志愿者向家属承诺已经帮他们联系好北京儿童医院并可以直接入院治疗。然而，当小凤雅与家属到达北京后，志愿者并没有兑现他们的承诺，由此造成了家属与志愿者之间的信任危机。随后，家属未通知志愿者就带着小凤雅离开了北京。因此，志愿者在微博发文寻人，并称家属已经放弃治疗小凤雅，由此又引发了网友对小凤雅家属的强烈谴责。在此次事件中，志愿者没有与被救助者家属及时沟通，使得家属与志愿者之间的矛盾越来越深；同时，一些志愿者的表现不尽如人意，显然不能算真正合格的专业志愿者和公益从业者，只能算是一个爱心和热心人士，他们的职业操守、专业素养与救助能力都未达标。

三、网络公益众筹的改进举措

（一）加大众筹信息审核，引入监管新势力

真实有效的信息是网络公益众筹平台必须坚守的第一原则。实际上，“信息表述不到位，透明度低，信息披露机制尚未完善，网络公益众筹与捐赠大众信息不对称，公众由尚未了解转为尚未信任，是网络公益众筹持续性筹资的硬伤”[①]。因此，受助人在求助时，平台要仔细审查其病情、医保情况和家庭情况等，对于不能提供相关证据的求助者，平台应该根据实际情况采取相应措施，以保证求助信息的真实性，求助者只有通过审查后才可以发布救助信息。

网络公益众筹作为新生事物，很多方面尚未完善，需由除平台及当事主体之外的第三方监管。《中华人民共和国慈善法》第六条明确规定了民政部门是各类慈善活动和慈善组织的监督主体[②]。除了重视民政部门的监管，也应当加强官方以外的社会舆论力量，如新闻媒体、社会组织、人民群众的监督等，从整体上发挥出更好的监管作用[③]。除此之外，平台内部可建立有效的信息反馈系统，如在官方网站或者微信公众号等

① 朱星宇：《我国网络公益众筹监管法律制度研究》，安徽财经大学 2018 年硕士学位论文，第 10 页。

② 《中华人民共和国慈善法》第六条：国务院民政部门主管全国慈善工作，县级以上地方各级人民政府民政部门主管本行政区域内的慈善工作；县级以上人民政府有关部门依照本法和其他有关法律法规，在各自的职责范围内做好相关工作。

③ 王丹阳：《善法视域下网络众筹平台的规制途径——以“轻松筹”为研究样本》，《天津法学》2017 年第 3 期。

设立举报窗口，受理可疑或虚假信息的举报。对于举报内容，可由专门小组调查相应问题项目，并及时向社会反馈。

（二）追踪善款动态，增强民众慈善信心

捐赠人最关心的问题是善款是否真正被用于公益，通过审查的公益众筹成功上线后，所有善款的保管、提取与使用明细要实时在线公布以接受公众的监督；公益款项均直接进入指定银行账户，之后再由平台经过审批流程分批拨发。善款使用后，求助者需要上传相关使用证明，将资金使用情况实时反馈给捐赠人，从而保证善款的专款专用以及众筹项目信息的公开透明性，以增强平台的公信力。民政部应以部门规章的形式对网络公益众筹平台进行规范，明确对网络公益众筹平台资格准入的认定方式，在众筹平台运行初期采取备案制的方式，以促进网络公益众筹事业平稳发展①。民政部目前已经对网络公益众筹平台提出了标准，据悉，下一步还将会持续贯彻落实《中华人民共和国慈善法》等相关法规制度，落实平台主体责任。正是由于这些积极措施的陆续跟进，公益众筹平台正展现出前所未有的良好势头，在进一步增强民众慈善信心、拓宽社会慈善事业的路上越走越远。

（三）妥善救助受助人，保障捐赠人权益

对于需要公益众筹的求助人，平台应分派专门的工作人员或经专业认可的志愿者进行对接帮扶，保证帮扶及时有效；平台内部应积极进行相关培训，组织员工及志愿者学习诸如相关法律及心理学、社会学等专业知识，增强自身的专业性与公信力；落实求助信息，综合评估求助者的情况，将众筹金额控制在一个合理范围内，并将信息公示于众筹平台内；网络公益众筹发起时，严正告知项目受助人需严格遵守相关法律法规，严禁提供不实信息以骗取捐赠人的投资款项，倘若有诸如此类的不良行为应做出相应的惩罚性赔偿，严重时应严格追究其法律责任。此外，还应明确告知捐赠人存在的风险（捐赠的“赠予”属性）等，确保其知情权；若众筹平台、求助者无法按照先前约定条款履行职责时，或信息存在不实以及其他危害捐赠人权益的情况发生时，捐赠人有权追回捐款并可索要一定赔偿，以此保障捐赠人的基本权益。

① 朱星宇：《我国网络公益众筹监管法律制度研究》，安徽财经大学2018年硕士学位论文，第9页。

网络公益众筹作为互联网金融和公益慈善的一种全新组合，凭借平台的开放性、运营的市场化、资金的规模化，打破了空间、时间的限制，为更多的个人和组织提供了帮助，为互联网应用、慈善事业发展提供了更多的选择和可能。但法律监管滞后、相关法规不完善、运营模式不成熟等问题，使网络公益众筹面临平台信用风险、资金管理风险以及内外监管风险等问题。“对于新形势下的‘互联网+公益’模式的众筹模式，应当提出更明确和细致的法规条例来进行规范，从专项法的角度明确界定公益众筹的概念、适用范围和各方的权利义务关系等内容”[①]。相关部门需完善法律法规，加强平台管理的内控规范，增强投资人风险意识教育，才可以避免网络公益众筹发展面临的风险，促进众筹平台形成良好的信用体系和抗风险能力，从而推动我国慈善事业健康有序、可持续地发展。

（作者系苏州大学社会学院研究生）

① 王佳鑫、王娟：《社交媒体上的公益众筹信息透明度影响因素研究》，《电子商务》2018年第7期。

南通市“暖暖农情”博爱项目解析

——中组部推广精准扶贫的一个典型案例

陶婷婷

2018年7月，根据江苏省人民政府《关于授予第四届“江苏慈善奖”的决定》（苏政发〔2018〕92号），由南通市委组织部、市红十字会联合实施的南通市“暖暖农情”博爱项目获得江苏省慈善奖“最具影响力慈善项目”称号，成为全省红十字会系统唯一获得此类奖项的项目。

该项目也是南通起步最早的精准扶贫项目之一，由南通市委组织部和市红十字会于2012年联合设立，全市先后有700多名驻村第一书记参与，先后募集资金455.05万元，有17382户困难家庭从中收益。该项目之所以能得到省政府慈善大奖，在于它创新的理念、科学的设计、精准的执行、切实的效果。有关做法与经验可概括为以下几点。

一、坚持理念先导

为推进农村经济社会发展，加强村级党组织建设，密切党群、干群关系，帮助“三弱两重”村脱贫致富，自2010年起，南通市委组织部开始选派第一书记到薄弱村任职，每届任期两年。实践中发现，第一书记要在短短两年派驻时间内，帮助薄弱村脱贫致富并不现实，特别是部分因病、因灾或突发事件面临生活困境的特殊家庭已经失去“造血”功能，先纾困、再脱贫是一个基本路径。因此，必须在致富理念与脱贫思路上有所创新，既要在引进开发脱贫项目、促进长远发展上有战略性思维，又要在精准救助、输血“复活”上有切实有效的帮扶措施，有序推动纾困向脱贫的转变。为此，2012年，市委组织部、驻村第一书记代表与市红十字会主动沟通会商，拟围绕“输血”纾困目标指向，设立一个博爱救助专项基金，精准救助第一书记驻在村的特殊困难家庭，并作为派驻第一书记脱贫致富工作的有机组成部分。

二、科学设计方案

目标明确之后，南通市委组织部与市红十字会反复研究，科学设计精准救助实施方案，明确资金募集、救助执行、项目载体，并制定了《南通市“暖暖农情”博爱基金使用管理办法》，成立了基金管理委员会对基金运行进行全过程管理。

一是纵向贯通。“暖暖农情”博爱基金由市委组织部和市红十字会共同管理，作为南通市红十字人道救助基金旗下的分基金运行。通过市、县两级组织部门和红十字会拓展延伸，直通所有第一书记派驻村（社区）。项目以生活最困难、遭遇最不幸的村（社区）家庭为资助对象，包括特困老党员、烈军属家庭。给予第一书记派驻村（社区）困难家庭最实质性的关心，让困难群众充分感受到党委政府的关爱和红十字的博爱情怀，在第一书记派驻村（社区）中引起了很好的反响。

二是横向融合。在项目资金募集上，通过驻村第一书记筹集、派驻单位扶持、企事业单位捐赠、社会爱心募集等多个渠道进行，市红十字会给予相应的资金配套支持，自 2012 年以来，共有近千家爱心单位或个人为“暖暖农情”博爱基金捐款。项目以第一书记为媒介，加强横向融合，凝聚多方优势，助力第一书记驻在村（社区）的精准扶贫工作。

三是载体设计。驻村第一书记既要承担建强基层组织、提升治理水平职责，又要推动精准扶贫、脱贫致富工作，任务繁重。要实施好“暖暖农情”博爱救助项目，必须优化项目执行载体，形成合力。为此，项目将市县两级组织部、红十字会，第一书记所在镇、村（居）一同纳入项目执行平台体系，各司其职，既把第一书记工作量简化为其中一个环节，又使项目执行更为规范清晰。同时，南通市红十字会还将该项目的集中执行与每年春节前开展的“红十字博爱送万家”活动融合推进，每年遴选一个县（市）区，当地组织部和红十字会共同承办南通市“暖暖农情”送温暖暨红十字博爱送万家启动仪式，邀请第一书记代表参加，形成共享共鉴模式。

经过 6 年的不断实践，形成了一套项目管理纵向贯通、资金募集横向融合、救助执行载体化运行的运行体系。

三、精准规范运行

南通市委组织部将“暖暖农情”项目纳入第一书记考核加分项，从而使精准扶贫工作加载到第一书记工作职责中一体化运行。项目执行中，第一书记主要承担驻在村（居）救助慰问对象的调查走访、筛选、公示及救助申报，各县（市）、区委组织部、红十字会负责救助对象的初审把关、汇总，南通市红十字会负责各地救助方案的业务审核，南通市委组织部负责最终审定。救助款物由市、县两级红十字会负责拨付，第一书记亲自上门送达或通过银行打款到贫困家庭手中。整个救助过程环环相扣，层层把关，确保了救助程序严格规范、公平公正、公开透明。项目年度执行结束后，南通市红十字会负责整理保存项目救助台账资料、制作项目执行情况报告等，邀请相关单位对项目执行等情况进行检查，接受社会监督。

四、宣传升华品牌

凝聚脱贫攻坚正能量，打造第一书记品牌，加强“暖暖农情”博爱助农项目宣传，既是第一书记的扶贫工作重要内容，更是一项整合全社会力量共同参与脱贫攻坚的有效途径。只有当社会普遍知晓了第一书记实施的“暖暖农情”助农项目给予贫困家庭实实在在的关怀，才能呼吁更多的好心人加入；而派驻第一书记通过实施“暖暖农情”项目，深深领悟到自己是贫困村“脱贫致富领路人”的使命感，才能真正内化于心、外化于行，带领大家共同致富奔小康。每一次项目实施，我们都邀请市级各媒体和相关领导参加活动，同时积极向上报道，不断提高项目实施的知晓率。江苏省红十字会对“暖暖农情”项目非常关注，分两年给予共计 14 万元的项目支持费，鼓励我们继续做大做强“暖暖农情”这一全省红十字会系统最早实施的“精准扶贫”的人道救助项目。同时，我们还要求第一书记派驻村（社区）注意利用现有宣传栏、板报、电子显示屏、小区广播、社区微信等载体，加强宣传，让百姓深切感受到第一书记在勤奋实干，想方设法干事创业，更有力地促进了大家跟着书记“撸起袖子加油干”，朝着共同富裕的目标不断迈进。

随着项目影响力的扩大，南通设立“暖暖农情”专项基金实施精准救助的做法与经验也编入党建读物出版社“党的干部工作读物基础工作”丛书，成为中组部推广的特色工作。

策划实施“暖暖农情”博爱项目，高度契合党的十九大提出的脱贫攻坚战略，项目将驻村第一书记的责任担当、组织部门的职能优势、红十字会的专业优势充分整合，形成“1+1+1>3”的精准扶贫成效和影响力。这既是南通工作的创新，也是同类工作中具有标杆意义、可复制推广的人道服务基层平台，从而在实践中成为广大驻村第一书记工作中不可分割的有机组成部分，深深扎根于百姓之中。

（作者系江苏省南通市红十字会办公室副主任）

调研报告

群团改革背景下基层红十字组织发展活力研究

——以上海市基层红十字组织为例

嘉定区红十字会、奉贤区红十字会联合课题组

本课题以基层红十字组织为研究对象，采用文献研究、实证调研和案例分析等相结合的方法，以上海市嘉定区、奉贤区两地为例，通过构建发展活力评价指标体系、发放调查问卷，对基层红十字组织发展活力进行定量评估，据此分析两地基层红十字组织在提升发展活力方面存在的问题和困难。接着，对我国基层红十字组织发展普遍存在的问题进行了总结归纳。最后，围绕如何提升基层红十字组织发展活力这一目标，分析指出当前群团改革的大形势为基层红十字组织带来的机遇，并结合群团改革目标和要求，从夯实基层基础、创新组织设置、创新工作方式方法等方面，提出了增强基层红十字组织发展活力的对策措施。

一、前言

（一）选题背景

红十字运动自 1904 年进入中国，至今已有百余年历史。各级红十字会作为从事人道主义工作的社会救助团体，曾在战时救护、灾区救援、扶贫济困、保护人民生命与健康等方面做了大量卓有成效的工作。近年来，随着经济社会的进步，中国红十字组织不断发展壮大，特别是基层红十字组织，作为中国红十字会的重要组成部分，作为各级红十字会直接联系和服务群众的桥梁和纽带，在社区救灾、救护、救助以及志愿服务等方面，发挥了不可替代的作用，成为传播人道主义精神、开展人道服务的主力军，以及调节社会利益、维护社会秩序、化解社会矛盾的缓冲器和调节器。

随着经济体制改革的深化和社会结构的深刻变动，人道事业的发展

条件正在发生新变化。红十字事业既蕴藏着新的发展机遇，也面临着新的挑战。加强基层红十字组织建设，是加强和创新社会管理的时代要求，是服务发展、服务群众的客观需要，也是提高红十字事业发展能力的内在要求，对提高社会治理水平、保障和改善民生、维护和促进社会公平从而不断满足人民群众对美好生活的向往，具有重要的现实意义。

（二）国内相关研究综述

目前，国内对红十字基层组织的研究，主要从红十字运动史、红十字组织管理等方面展开。在红十字运动史方面，从20世纪末开始，研究晚清时期红十字运动历史进程、研究各地红十字运动发展史的著作陆续涌现，话题比较宏观，对红十字运动研究的内容也不断扩展丰富。例如，郭进萍对红十字在华传播过程进行研究；杨红星、池子华等对近年来中国红十字运动进行综合研究；崔家田对近代中原地区红十字运动进行研究；沈燕燕对江苏红十字青少年运动进行研究等。在组织管理研究方面，则依据内容形成了许多研究方向，包括红十字公信力、红十字项目管理、红十字组织功能等，研究内容向细微纵深处挖掘。例如，潘勇等人通过问卷调查研究中国红十字公信力现状并分析原因、提出对策；陶美娟以江苏中部某区红十字会为例，结合第三部门的管理机制理论，对红十字会基层组织如何加强内外部管理提出建议；段雯从非营利性组织这一第三部门的视角，结合绵阳市红十字组织发展现状，对中国红十字组织发展问题及对策进行研究；崔海燕以上海市红十字会为例，对红十字会的法定职责进行探析等。

诸多研究成果都有很好的借鉴价值，推动了红十字理论和实践的发展，但这些研究以理论探讨居多，研究对象也比较宽泛，针对基层特别是乡镇、社区等最基层的红十字组织的研究不多，仅有的少数针对基层红十字组织的研究，内容细化深化是可取之处，但不够全面系统，不论是分析问题，还是总结经验，能够结合实际案例进行研究的比较少。

（三）研究内容、方法与框架

1. 研究内容

以群团改革背景下基层红十字组织为研究对象，通过对上海市嘉定区、奉贤区两地基层红十字组织的建设、发展情况进行分析，重点研究影响基层红十字组织发展活力的问题与不足，剖析深层次原因；在此基础上，结合群团改革的方向和要求，提出增强基层红十字组织发展动力、释放发展活力、提高服务能力的思路和措施。

创新之处在于，研究建立基层红十字组织发展活力评价指标体系，对基层红十字组织的发展活力进行定量评价，测量活力指数，形成可量化、可比较的参考体系。

2. 研究方法

（1）文献法。系统搜集国内外红十字组织建设的相关资料，嘉定、奉贤区红十字会的档案、文件及年鉴等，进行分析总结。

（2）案例调研法。通过调研座谈会、问卷调查等方式，全面了解嘉定区、奉贤区基层红十字组织的发展历程、发展特点、工作成效和存在问题及背后原因。

（3）经验总结法。根据文献资料，对已有的基层红十字组织工作实践进行总结和提炼，使之系统化、理论化。

3. 总体框架

全文分为六个部分：第一部分，主要介绍基层红十字组织发展面临的环境，指出研究基层红十字组织发展活力的重要性和紧迫性；第二部分，界定概念，明确基层红十字组织的定义、涵盖范围，并指出与其他群团组织的区别；第三部分，根据“活力”的内涵和红十字工作职责等，研究设计出基层红十字组织发展活力指标评价体系；第四部分，以嘉定区、奉贤区为例进行问卷调查、数据处理和结果分析；第五部分，分析总结我国基层红十字组织发展面临的问题和困难；第六部分，对策建议，针对问题和困难，结合群团改革要求，提出增强基层红十字组织发展活力的思路措施。

二、基层红十字组织的基本概念

（一）基层红十字组织的定义

根据《中国红十字会章程》，按照层级，我国红十字组织分为全国、地方、行业和基层组织四类，其中基层组织是指城市街道（社区）、农村乡镇（村、组）、企业和事业单位、学校、医疗机构和其他组织中建立的红十字会，例如，社区红十字服务站、卫生系统和教育系统红十字组织、各行业协会的红十字组织等，都属于基层红十字组织。

从上海实际情况来看，作为直辖市，其下辖的各个区虽然从行政级别上看属于地方政府，但红十字会的各项工作与街道、村居社区红十字工作联系非常紧密，甚至直接参与其中。结合《中国红十字会章程》和上海红十字工作实际，本课题组把区级红十字组织也纳入基层组织研究范围。因此，本课题所研究的基层红十字组织包括：区级红十字会、街镇红十字会、村居社区红十字服务站以及机关、卫生、教育系统等红十字组织。

（二）基层红十字组织与其他群团组织的区别

根据《中华人民共和国红十字会法》《中国红十字会章程》和《上海市红十字会条例》等法律法规，红十字组织是从事人道主义工作的社会救助团体，以发扬人道、博爱、奉献精神，保护人的生命和健康，促进人类和平进步事业为宗旨。对基层红十字组织而言，其主要职责是宣传普及红十字知识，开展人道主义的救助活动，举办初级救护培训、群众健康知识普及和其他符合红十字宗旨的活动。

基层红十字组织与其他群团组织有相似之处：一是均为群团组织；二是管理体制上接受双重指导，既受上级红十字会业务上的指导，又受当地政府的指导；三是人员管理方面，与其他群团组织一样，基层红十字组织中的工作人员，若是机关编制，则参照公务员进行管理，工作人员工资、福利和行政经费纳入财政预算，由政府拨款；四是资金运作上，财产来源和运作资金来源包括会员会费、社会募捐、动产和不动产收入、国家财政支出等。

基层红十字组织与其他群团组织的不同之处在于：一是工作任务不同，红十字会的工作任务是对社会上的困难群体进行人道救助，同时开展卫生健康知识普及等宣传活动；二是基层红十字组织目前的地位和作用以及受到的关注和重视程度，与工会、青年团、妇联等相比，还有一定差距。

此外，社会上也常将红十字组织与慈善部门混为一谈。虽然二者的确有相似之处，红十字组织担负着一定的慈善职能，这部分工作内容与慈善组织相似；但二者也有区别，红十字组织更多的是要承担法律赋予的特定职责，如“三救”“三献”和国际人道援助工作等，而且红十字会与政府的关系更为密切。

三、基层红十字组织发展活力内涵及指标体系

（一）基层红十字组织发展活力内涵

“活”，从本义上是指生存、生长、灵活和生动活泼。“活力”，顾名

思义，指旺盛的生命力，朝气蓬勃、富有力量。所谓组织的发展活力，是指组织在现有的内外环境下自我生存、自我发展的能力。活力是否充足，关系到这个组织能做多大、能走多远、能在社会上起多大作用，是影响社会组织生存现状、服务水平和发展趋势的重要因素。

对红十字组织而言，发展活力是指在内在动力和外在需求的共同作用下，激发出来的不断提高社会救助服务水平的能力。换言之，保证红十字组织不断发展完善的力量主要有主观因素（内在动力）、客观因素（外在需求）和服务能力。具体而言，主观因素主要包括内部的组织架构、规章制度、工作标准、运行规则等管理体制机制安排，这些内部因素是组织自身发展的源泉和动力，是影响红十字组织发展活力的关键因素。客观因素则分为两个方面：一是困难群众的人道救助需求，越是困难的地方、困难的人群，越是需要红十字会发挥作用，募集善款物资开展救助；二是政府需要红十字会在人道领域发挥联系群众的桥梁和纽带作用，因此政府会对红十字组织给予人力、物力和财力的支持。众多的外在因素中，政府的支持是红十字组织发展活力的重要保障。

服务能力包括筹措物资的能力以及救助的广度、力度、速度等，是主观因素和客观因素共同作用的结果，同时其也具体、直接地体现红十字组织的发展活力。

（二）基层红十字组织发展活力评价指标体系

为了能更具体直观地评价基层红十字组织的发展活力，本文按照指标全面、精简、效能和可行性原则，借鉴上海市红十字会“博爱家园”建设评估指标体系，同时结合红十字基层组织在区、街镇和村居社区的发展实际，从发展活力的主要体现因素出发，设计了基层红十字组织发展活力评价指标体系。

四、嘉定、奉贤两区基层红十字组织发展活力案例分析

随着经济社会的发展，上海红十字事业进入了不断创新、快速发展的新时期，基本形成了较为完整的红十字基层组织网络体系。各级红十字组织整合各方资源，大胆创新模式，激发基层工作活力，群众的幸福感、获得感有了明显增强。但客观而言，在上海这样的超大城市，既有完全城市化了的中心城区，也有正在快速城市化进程中的郊区，以及城

市化水平相对较低、农村面积较多的远郊。嘉定、奉贤两个区都处于上海远郊，红十字组织发展水平可以说是上海郊区的代表；两个区地域面积广而城市化水平低，辖区内农村较多而且散落分布，经济社会发展条件与全国很多地方相似；地处大城市郊区，与其他地区相比，民生改善和社会治理的期望更大、要求更高，是人民群众向往美好生活的典型代表；基层红十字组织有一定发展和工作成效，但与群众的需求、自身职责的充分发挥，还有一定距离，这也是全国大部分地区红十字组织的普遍现状。总之，嘉定、奉贤两地基层红十字组织发展活力的现状可以视为上海郊区的代表、全国基层红十字组织的缩影。因此，本课题选取了嘉定、奉贤两区为例。

（一）嘉定、奉贤两区红十字组织发展概况

近年来，嘉定、奉贤两地根据上级要求，结合区域实际，积极推进基层红十字组织建设，区域内红十字基层组织网络不断完善，服务群众的能力不断提升。

1. 嘉定区红十字组织

红十字运动很早就在嘉定发起。1924 年 9 月 1 日，嘉定红十字会正式成立，历经民国时期的战乱、新中国成立后的短暂中断、改革开放以后特别是进入 21 世纪以来的长足发展，嘉定红十字组织不断健全完善。目前，嘉定区红十字会现有工作人员 12 人，其中公务员 4 人、事业编制 5 人、少儿医疗互助基金办公室聘用人员 3 人；已在嘉定区教育系统、区级机关系统成立了行业红十字组织；建立了 12 家红十字服务中心，建成 218 个村（居）红十字服务站，其中标准化服务站 103 家，全区基层红十字组织网络基本形成。截至目前，共发展红十字成人会员 59491 人，红十字团体会员 491 家。

在完善基层组织的同时，嘉定区红十字会也积极创新工作方式，借助互联网技术，持续推进“互联网+红十字工作”，积极搭建各类信息化平台。一是建立综合性业务管理平台。将捐赠财务管理、救助项目管理、救援物资管理、志愿服务管理等业务整合到区、镇一体的综合性平台，实现了数据共享、业务协同，提升了工作效能。二是开通“嘉定红十字”微信公众服务号，宣传红十字文化，介绍红十字活动，公示红十字信息，成为宣传推介红十字文化、加强红十字机构和民众双向交流的新途径、新平台，形成了线上线下有机融合的工作新局面。三是实施“阳光朵朵”互联网公益众筹，为突发重大疾病、家庭特别困难的 14 周

岁以下儿童提供救助，开创了上海市红十字工作领域互联网众筹的先河，成为嘉定区红十字工作的一大特色。项目自2016年5月开展以来，已筹集善款30万余元，为4位儿童提供了救助，受到了社会的广泛关注和热烈赞誉。四是加强网络监管平台建设，运用“制度+科技”的手段，在已有的市民大病重病帮扶项目公示平台基础上，依托区纪检监察网站建立了“嘉定区红十字会人道救助基金监管项目”，每月及时将信息上网公布，主动接受监督，确保人道资金管理公开透明。通过信息化建设，嘉定区红十字基层组织能力和组织水平不断提升。

2. 奉贤区红十字组织

奉贤区红十字会始建于1986年，原隶属于奉贤县（区）卫生局，2005年8月建制单列。目前，奉贤区红十字会现有工作人员13人，其中公务员4人、事业编制4人、少儿医疗住院互助基金办公室聘用人员4人、后勤1人。全区现有镇、街道、社区、开发区红十字会12家，学校红十字会65家，红十字护理院4所，镇级红十字服务总站12家，村居红十字服务站238家，团体会员单位86家，红十字会员59231人（含青少年会员43617人），家庭会员1166户。

近年来，奉贤区红十字会持续加强基层组织建设。2017年，街镇红十字服务总站和村居红十字服务站的规范化、标准化建设继续深入推进，基本实现了基层红十字组织的网络化覆盖和志愿服务工作的全覆盖。与此同时，红十字组织的业务能力也不断增强，参与社会建设的力度不断加大。2017年，奉贤区结合推进“博爱家园”建设，主动参与区政府实事项目农村“宅基睦邻‘四堂间’（吃饭的饭堂、聊天的客堂、学习的学堂、议事的厅堂）”创建，探索红十字工作向宅基睦邻点延伸。针对农村养老难题，庄行镇在全区率先推出村居宅基睦邻点，通过四结合（与家庭医生服务相结合、与居家养老服务相结合、与便民服务相结合、与社区文艺团队服务相结合）开展红十字服务，让农村老人养老“不离乡土，不离乡邻，不离乡音，不离乡愁”；通过固化红十字“四大员”志愿服务工作模式，强化了红十字志愿者队伍能力建设，将联系、宣传、服务群众从“最后一公里”推至“最后一米”，让红会与人民群众面对面、心贴心、实打实；做到“四个主动”，即：主动摸排情况、主动了解需求、主动提供对应服务、主动对接重点工作，让红会与群众更和谐。目前，庄行镇已开辟了19个睦邻点开展红十字服务，并成功创建市级“博爱家园（街镇）”，另有18个居、村委申报创建“博爱家园（村居）”。红十字基层组织的覆盖范围不断扩大，联系、宣传、服务群众的距离不断缩短，服务力度不断增强。

（二）问卷调查及结果分析

课题组根据“基层红十字组织发展活力评价指标体系”，本着目标明确、通俗易懂、符合逻辑、处理简便等原则，研究设计了“关于街镇基层红十字组织发展状况的调查问卷”，并将调查问卷发至两个区的各个街镇红十字组织，共发放24份（奉贤12家，嘉定12家），实际收回22份。根据评分标准对收回的问卷逐一打分，然后求得平均分数，进而测评总体情况；从各街镇分数的差距，来分析基层红十字工作的开展均衡情况；对分数构成进行分析，据此研究基层红十字工作做得好的地方，以及有待改进之处。

调查问卷处理结果显示，22个街镇平均分为71.5分，最高分87.3分，最低分55.35分，反映出这两个区的基层红十字组织发展活力，总体来看处于中等偏上水平，但各街镇之间发展不够平衡。具体分数的构成如下：

1. 组织建设方面

政府对红十字工作的重视程度有待提高。个别街镇还不能按期召开会员代表大会、每年召开理事会，有的街镇还没有将红十字工作纳入年度考核，有的没有将红十字工作纳入街镇整体工作规划，有的没有把红十字重点工作纳入街镇议事日程。同时，基层红十字组织覆盖工作还难以跟上城市化进程的脚步。两个区73.1%的村居委设立了红十字服务站，与全覆盖相比还有一定距离；分区来看，奉贤区组织覆盖率81.8%（238/291），嘉定区65.5%（218/333）。近年来，嘉定区城市化进程加快推进，新成立的城市社区居委会较多，居委会红十字服务站的设立速度相对滞后。

2. 基础工作方面

基础工作相对其他指标而言总体情况较好，但编制缺乏、人手缺乏的问题比较突出。22个街镇红十字服务总站，有5个没有专职工作人员，其余17个街镇专职人员最多也只有2个。有的村居委红十字服务站的配备标准尚不能达到上海市红十字会的要求，有的街镇红十字服务总站没有专职工作人员，个别服务站在制度建设方面也不够完备、落实不到位。

3. 业务工作方面

各项工作普遍失分项目较多，几个重要指标普遍得分不高，反映出基层红十字工作目前尚处于组织覆盖的“粗放式”发展阶段，还难以实现工作覆盖、功能覆盖的精细化发展，这也是发展活力不足的表现。例如，社区救护方面，超过三分之一的街镇，救护培训人次占辖区内户籍人口的比例低于1%；社区救灾方面，只是按照上级要求设立了报灾员、明确了救灾制度等内容，对预防火灾、逃生避险宣传活动开展较少；社区宣传方面，22个街镇有7个在本辖区公共场所内没有固定的宣传场所，其他有固定宣传场所的街镇，内容更新也不够及时，只有20%的街镇能够做到每月更新一次，有的街镇甚至每半年才更新一次；志愿服务方面，奉贤有4个、嘉定有7个街镇，开展了志愿服务特色项目，体现出一定的创新性，但项目比较少且服务对象比较集中，主要针对老人、儿童等群体，基本是上级部门“规定动作”的扩展，对产业工人、白领等职业群体的志愿服务非常少。

五、我国基层红十字组织发展面临的问题和困难

改革开放以来，特别是进入新世纪以来，随着经济社会的持续快速发展，我国红十字组织有了长足的进步，日益成为党和政府在人道工作领域的得力助手、构建社会主义和谐社会的重要力量。当前，我国社会的主要矛盾已经转化为人民日益增长的美好生活需要和不平衡不充分的发展之间的矛盾。人民日益增长的美好生活需要，包含了诸多人道需求。伴随时代发展的节奏和脉搏，这一人类朴素的价值追求也在不断发展变化。但不容忽视的是，基层红十字组织的发展相对滞后，在外部保障、内在动力和服务能力等方面，都难以适应红十字工作的时代要求。

（一）人财物资源匮乏，外部支持不足

一方面，人道需求不断变化对红十字工作提出了新要求。过去，红十字人道工作是保护群众生命，动员更多社会人士奉献爱心，宣传红十字文化；如今，还要保护健康、保障尊严，服务好爱心人士，保障群众知情权、加强信息公开，社会发展对红十字工作的要求越来越高。而与之形成鲜明对照的另一方面是，政府对红十字基层组织的配套支持不够，人财物资源匮乏，削弱了红十字基层组织的基础。

1. 人力资源缺乏

面广量大的基层红十字组织中，红十字工作人员非常匮乏。在街镇基层，工会组织有工会主席，团委有团支部书记，妇联有妇联主任，红

十字会工作人员却没有相应的编制和级别，在人员配备上往往会安排一些老同志或非重点条线的负责人兼任，导致不能全身心投入红十字各项工作。在最基层的村居社区，红十字工作人员往往就是居委会的工作人员，很难有专职工作人员负责日常运行、培训演练、志愿者活动等组织管理工作。

2. 经费保障缺少

虽然上级政府部门每年也拿出一部分经费用于红十字活动，但与妇联、共青团、科协等群团组织相比，红十字会的经费比较紧张，而且经费往往只能顾及街镇层面。特别是村居社区红十字服务站，由于没有固定的收入来源，平时的工作经费靠政府划拨，经费非常有限，工作的开展受到很大的限制，即使想开展活动，也往往是巧妇难为无米之炊。

3. 活动阵地缺失

以红十字社区宣传活动为例，在我们的调查问卷中，约三分之一的街镇在本辖区公共场所内没有固定的宣传场所，形成“无场所、不宣传，不宣传、更无场所”的不良循环。静态的文化宣传如此，动态的会员活动、志愿者集体活动等，更难有专门场所，往往只能共用或者借用其他资源。

（二）体制机制不完善，内在动力不足

长期以来，红十字会在经过过渡、合并、中断、恢复，到现在的独立，定位“比较尴尬”。作为社会组织，却有强烈的“官方色彩”，但在政府机构面前，又是弱势机构。体制机制的不完善，制约了基层红十字组织的发展。

1. 管理体制尚未理顺，独立性不够强

基层组织设置自上而下，往往是根据上级文件要求建立并开展相关工作的，而不是基层单位充分认识到红十字工作的重要性自发建立的，因此，红十字工作人员的积极性就会受到一定的影响。管理受制于政府，基层红十字组织接受上级红十字组织工作指导时，服从政府统筹规划，行政色彩较浓。地市级以上红十字会的领导多是来自于政府部门，难免会对基层红十字组织的工作和运行方式产生影响。比如，捐助活动中，政府干预过多，存在变相摊派现象；有的单位还经常组织被动性捐款，开展行政性劝募活动，易引起公众反感，从而影响红十字的形象和公信力。具体工作中红十字会是弱势机构，基层红十字组织不属于政府组成部门，手里没有社会资源，政府内部协调往往只能是靠“个人人

脉”。当工作内容与其他政府部门有重叠时，便需要争取该部门的同意和支持，如学校的红十字青少年工作就需要教育部门的强力配合，否则工作很难开展。

2. 管理机制不够健全，难以持续健康发展

越往基层，接触的群众越多，宣传红十字文化、开展人道主义救助、普及健康知识的任务就越重；再加上日常的管理工作，基层红十字组织要充分发挥作用，必须要有科学有效的管理机制。但现实情况是：队伍建设软弱无力，基层工作人员多为兼职，受编制限制、职业发展路径影响，再加上经费缺乏，无法经常性地开展活动；对工作人员开展专业化培训较少，激励机制的缺乏致使工作人员的工作热情和服务能力都难以满足群众的实际需求；内部管理制度不健全，基层红十字组织分布区域广，服务群众工作内容多，人员需求量大，但人事管理、财务收支以及募捐款物、救助项目开发等方面大都缺乏相应的管理制度，有的即使形成了管理制度，内容也不够完备。比如，财务审计，只按照收支两条线来审计，方式比较粗略，对烦琐、细小的捐款数目并未进行分类和核算，不能满足公开、透明的需要；又如，信息公开制度，虽然现在很多基层组织能做到定期公布捐赠款物信息，但大多是收支数字简单罗列，而对善款的具体去向、使用明细等都缺乏详细的公布和分析，难以让公众信服。制度的不完备造成内部监管不严、管理涣散，出了问题无人担责，红十字会工作的社会信任度不高。

（三）社会影响力有限，服务能力不强

1. 基层组织覆盖面需要扩大

在新时期新阶段，随着经济体制、社会结构和利益格局的深刻调整，人们的思想观念也发生了深刻变化，就业、生活、聚集方式日益多元，许多新的“社会细胞”正在蓬勃生长，基层红十字组织在服务这些新“细胞”方面“手臂”不长、“触角”不够，导致覆盖不全、影响力不大。一是人员分布广、流动性大，带来基层红十字组织覆盖盲区。例如，工业园区、创客园区、专业市场、商圈、楼宇、重大项目工地等区域，聚集大量的非公有制经济组织和社会组织，以及自由职业者、流动人口、农民工等，这些人群往往很难被基层红十字组织覆盖到。二是基层红十字组织工作人员多为体制内人员兼职，不是从群众中产生，对这些群体接触不多、了解不够，群众也难以感受到红十字组织的存在，红十字工作的服务能力和影响力都受到影响。如何适应时代要求、扩大有

效覆盖面，是基层红十字组织提升发展活力必须面对的难题。

2. *工作方式方法有待改进*

基层红十字工作存在简单化倾向，组织工作和活动方式显得单一呆板，缺乏发展活力和吸引力。一些基层红十字组织干部往往身兼数职，对工作缺乏研究，只做一些表面性、应付性的工作；一些干部自身认识也不到位，存在应付、畏难情绪，没有真正把红十字工作当作事业来干。另外，由于经费、场地等客观条件制约，一些红十字组织开展活动精打细算，或者是“裹足不前”，久而久之养成了不敢想、怕做事的心态。如部分基层红十字组织在宣传工作中，往往局限于社区宣传栏、社区服务站报刊订阅等形式，随大流、蜻蜓点水，致使群众没有兴趣了解或者缺乏了解渠道；即使组织动态的宣传活动，也往往是“跟班式”地“走过场”，活动质量不高，影响力有限。另外，知名度和知晓率低下，动员社会奉献爱心、服务爱心人士的能力不强，使得红十字会开发资源的能力难以提高，依靠市场化筹款的动力不足，捐赠的社会化程度较低，不能很好地满足新时期人民群众的人道需求。

六、提升基层红十字组织发展活力的对策建议

基层工作是立会之本，没有基层工作，就没有红十字会工作。当前，基层红十字组织面临自身发展活力不足而难以适应新时代新要求的挑战。因此，当群团组织改革的机遇到来时，红十字组织必须抓住契机，从强化外部保障、激发内在动力、增强服务能力三方面入手，不断提升基层红十字组织发展活力，才能发挥好新时代的爱心桥梁和纽带作用。

（一）加强红十字基层组织建设面临的机遇

坚持在发展中保障和改善民生，是新时代坚持和发展中国特色社会主义的基本方略之一。在这样的时代背景下，在促进社会公平正义，增强人民群众获得感、幸福感、安全感方面，红十字组织将大有可为，也面临着难得的历史机遇。

1. *群团改革指明了发展目标和方向*

群团改革是全面深化改革的重要任务。2015 年，党中央召开群团工作会议，对党的群团工作和群团改革做出全面部署，全国总工会、上海、重庆作为试点单位和地区，开始实施包括工会、共青团和妇联在内

的第一批群团组织的改革。从上海来看，在 2015 年第一批群团组织改革启动的基础上，2016 年又确立了 9 家群团组织进入第二批改革名单，其中包括上海市红十字会，目前各项改革举措正在推进和落实中。

上海市红十字会围绕“提升基层实力、回应社会关切、健全管理模式、强化公开透明”的目标而提出的改革方案获得通过，为基层红十字组织的发展指明了前进的方向。

其一，改革的目标——祛除“四化”、回归“三性”。“机关化、行政化、贵族化与娱乐化”使群团组织脱离大多数群众，进而影响到党的群众基础的巩固。特别是在非公有制经济组织、社会组织和各类新兴群体中，群团组织的影响力亟待增强。随着社会主体多元化、个性化的发展，群团组织回归“政治性、先进性与群众性”成为群团改革首要目标。

其二，改革的核心——解决脱离群众问题。群团组织发展存在的最大问题是脱离群众的问题，脱离了群众，群团工作就成了无源之水、无本之木。因此，推进群团组织改革，需要加大对特殊群体、流动人口和底层农民的关注，需要更好地组织动员群众、教育引导群众、联系服务群众、维护群众合法权益，充分激发蕴藏在人民群众中的巨大创造力。

其三，改革的重点——组织体系、工作队伍与工作机制。随着市场化、城镇化、信息化、网络化、全球化时代的到来，根据变化的社会结构与民众生存状态，创新组织生态、壮大工作队伍、完善工作机制、提高服务群众能力，成为群团组织改革的重点内容。

其四，改革的路径——坚持问题导向、需求导向。群团组织每个阶段都有自身的发展特点、问题与实际需求，当前阶段推进群团组织改革，要紧盯问题导向、需求导向，坚持重心下移、扎根基层、深入群众，大力加强红十字组织的基层基础建设。

2. 党和政府高度重视支持红十字事业发展

2012 年，国务院印发《关于促进红十字事业发展的意见》，全国各地纷纷出台相应的贯彻落实文件，越来越多的地方政府将红十字事业纳入国民经济与社会发展规划，为推动红十字事业发展营造了良好的政策环境。2013 年，党的十八届三中全会提出全面深化改革的总体目标，强调“创新社会治理，激发社会组织活力”，表明政府将为社会组织的发展提供更为广阔的空间，意味着政府许多职能将由社会组织承接。2014 年，国务院印发《关于促进慈善事业健康发展的指导意见》，进一步激发了社会组织的活力。2015 年 5 月，习近平总书记在接见中国红十字会

"十大"代表时指出:"我国红十字事业是中国特色社会主义事业的重要组成部分，中国红十字会是党和政府在人道领域联系群众的桥梁和纽带。党和政府高度重视这支力量。""红十字是一种精神，更是一面旗帜。"这不仅使红十字人深受鼓舞，也激励越来越多的人投身红十字事业，为红十字事业大发展营造了良好的社会环境。

3. 新修订的《红十字会法》带来法律保障

新修订的《红十字会法》已于2017年5月正式实施。新《红十字会法》着重强化了对红十字会的监管，加大了对违反《红十字会法》行为的打击力度，不但在红十字会的法律责任方面增设专章进行规定，还增加了红十字会在参与推动遗体捐献等工作方面的职责，进一步完善细化了红十字会的法律依据，为红十字事业发展保驾护航。

（二）增强基层红十字组织发展活力的对策建议

基层红十字组织要增强发展活力，紧扣"政治性、先进性与群众性"的目标，结合社会转型特征和群众实际需要，坚持眼睛向下、重心下移，面向基层、扎根群众，加快实现工作重心、力量配备、服务资源等向基层倾斜；同时改革体制机制、创新工作方式方法，不断提升基层红十字组织的发展活力，进一步发挥党联系群众的桥梁和纽带作用。

1. 强化配套保障，注入外部能量促进发展活力

解决基层缺编制、缺经费、缺办公场所、缺工作人员的问题，关键在于构建科学完善的工作保障机制，推动群团工作重心下移、力量下沉、资源下沉。

其一，确保基层红十字工作有人干、能干好。抓住群团组织改革的机遇，积极争取制定并落实新的"三定"方案，切实解决好基层红十字组织的组织架构和人员编制问题。一是扩大领导机构中基层一线代表比例，增强广泛性和代表性。在理事会、常务理事会、专业工作委员会中，增加基层组织、先进人物、会员、捐赠者、志愿者等基层一线代表的占比，优化人员构成，努力提升领导机构的履职意识，以更好地发挥决策和监督职能。二是通过增加街镇红十字组织编制、挂职、购买社工服务、招募志愿者等多种方式，充实基层工作力量，设立专职岗位和人员，真正做到组织建设纵向到底，人员配备也纵向到底。通过多渠道、多形式充实基层工作力量，为红十字会长远发展留足空间。

其二，确保基层红十字组织"有阵地"服务。从区域发展大局出发，要认真贯彻落实上级红会提出的标准和要求，对基层红十字组织活

动场所进行整体布局规划，保障日常运转和活动场地需求。一方面，要加强镇、街道、社区红十字服务总站、村居红十字服务站的规范化、标准化建设，为社区红十字工作提供必要的工作场所，打造基层红十字工作的有效平台和帮助社区困难群众的服务平台。另一方面，在场地资源有限的情况下，要整合打造群团组织活动阵地，加强党群资源统筹、功能整合，在街镇社区公共服务中心、村（社区）便民服务中心等场所，设置红十字服务窗口；在新建社区，要努力争取上级红会、同级政府和社区的支持，开辟专门、固定的活动场所。

其三，确保基层红十字组织“有财力”开展工作。作为非营利性组织，要建立红十字工作经费的合理增长机制，逐年加大扶持力度，为基层组织开展工作提供物质保障。一方面，上级红十字会下拨一定的经费，可以通过工作表彰、项目验收合格等方式发放，既推进工作开展，又使基层得到一定的经费保障；另一方面，也要积极争取上级政府及红十字会的政策支持，通过财政部门出台文件，明确乡镇、街道财政将红十字工作经费纳入年初预算，形成制度化的财力投入，以保证红十字事业发展的需要。

2. 完善体制机制，激发内在动力增强发展活力

其一，理顺管理体制，加快基层红十字组织去行政化。一是要在群团改革中增强独立性。针对红十字组织行政色彩浓、独立性不强的问题，结合群团改革祛除“四化”的要求，努力形成政府主导、红会自主、部门协同、社会参与的工作体制。政府将红十字事业纳入国民经济和社会发展规划，统筹安排，协调发展，指导红十字会开展工作；红十字会完善内部决策机构，实行党政合一，自主独立进行宏观决策和具体工作执行，依法依章开展工作；各部门按照分工将红十字会相关工作纳入本部门职责，各司其职、密切配合；社会各界采取灵活多样的形式，广泛参与，形成合力，共同推进基层红十字工作。

二是要在政府职能转变中提高地位。随着全面深化改革的推进和政府职能由管理向服务的转变，社会管理体制改革也将不断深化，会有越来越多的社会组织出现，并在参与社会治理工作中发展壮大。在这一进程中，基层红十字组织要围绕自身功能定位和职责要求，积极参与社会治理与民生服务，把红十字事业与以改善民生为重点的社会建设结合起来，把红十字会“三救”“三献”核心业务与精准扶贫帮困结合起来，积极承担更多的符合红十字宗旨的社会管理职能，拓宽服务内容，增强参与社会管理的能力，为后续发展提供更广阔的舞台。

其二，完善管理机制，推动基层红十字组织健康发展。一是健全干部队伍激励机制，增强工作积极性。要畅通红十字会工作人员职业发展通道，建立优秀干部的培养、交流机制，有计划地安排专职干部到党政部门、企事业单位、基层一线锻炼成长。通过上下交流、系统内外交流、体制内外交流的用人机制，优化干部培养和使用。要健全培训体系，充分运用各种教育培训平台，有计划、有步骤、分层次地开展各类培训，使广大基层红十字组织工作人员掌握新形势下红十字工作的新特点、新技能，推动基层队伍的职业化、专业化建设，提高一线工作力量。

二是完善内部管理制度，并落实到位。上级红十字组织要尽快完善法律规章，为基层红十字组织开展工作提供制度依据和指导。基层在自觉落实上级制度要求的同时，要加强自身制度化、规范化建设，逐步推行决策、执行和监督分离的运行机制。比如，创新工作评价机制，科学合理制定绩效考核指标体系，委托第三方机构定期开展项目或工作满意度测评，并加强考核结果的运用；探索建立问责机制，严格实行责任追究制度，对于作风不严不实、落实工作不力、工作评价较差的工作人员，进行岗位调整，逐步建立能上能下的用人机制。上下共同努力，多措并举，建立长效管理机制，以保障基层红十字组织健康良好运行。

3. 提高工作效能，增强服务能力彰显发展活力

服务群众是红十字会工作的生命线，紧跟人民群众日益增长的对美好生活的需求，必须坚持深入基层、贴近群众，必须坚持改革创新、需求导向，在提高群众的获得感和满意率的过程中，进一步体现基层红十字组织的发展活力。

其一，扩大组织覆盖，提高红十字会影响力。一方面，扩大基层组织覆盖范围，除了传统的体制内企事业单位、城乡社区以及学校外，要重点聚焦新出现的非公经济组织和社会组织，重点聚焦外来人口、自由职业者、个体劳动者等不断壮大的新群体，重点聚焦非公经济组织和社会组织集中的区域，依托楼宇、园区、商圈、市场等载体，加快设立基层红十字组织，努力实现“全覆盖、不留白”。

另一方面，要创新基层组织设置形式，可以根据产业特点、人群结构等灵活设置。比如，依托行业协会，以行业管理形式建立基层红十字组织；围绕产业链条，在产业集群集聚的生产基地、商务楼宇、经营市场等场所，各单位共建基层红十字组织；在发展不平衡的地区，城市社区与农村社区、农村社区与集体或国有企业、龙头企业与小企业之间，

结对建立基层红十字组织等。

其二，创新方式方法，切实满足公众需求。一是推进社会化工作机制。要动员社会力量，整合社会资源，丰富载体形式，采取项目社会化招标等方式，吸引和动员社会组织参与，撬动企业、个人和社会组织的人力、资金等资源，通过开展主题鲜明、易于操作、富有特色的活动，打造社会化服务品牌，增强红十字工作的服务效能。

二是推进“互联网+”工作模式。实现红十字服务和互联网信息技术的深度融合，利用网站、微博、微信等现代互联网交流工具，打造综合业务平台、信息公示平台、互动交流平台，逐步实现基层红十字工作的数字化、信息化，提高工作便捷度、信息透明度，打造网上网下相互促进、有机融合的工作新格局。

三是推进网格化运行机制。传统的红十字工作运行模式高度行政化，条块分割、以条为主，难免造成供需错位、效能低下。奉贤区红十字宅基睦邻点的探索创新，聚焦重点区域、重点群体、重点需求，通过建立红十字工作网格化运行机制，条块结合、精准对接，既拓宽了工作内容、打造了服务品牌，也提高了基层红十字组织精准帮扶群众的能力和效率，值得其他基层红十字组织学习。

大学生对红十字志愿服务的认知及参与度调查报告

课题组

红十字志愿服务一直以来是红十字会的主要职责之一。大学生作为时代的新兴力量，正源源不断地为红十字志愿服务注入青春活力。近年来，大学生参与红十字志愿服务的人数显著增加，但仍有进步空间，对此需要展开进一步调查。本项目以大学生为研究对象，通过网络平台发放问卷，了解大学生参与红十字志愿服务的现状，指出存在的问题并分析其中原因，提出对策与建议，以此来提高大学生对红十字志愿服务的认知及参与度。

一、前言

志愿服务长久以来是国际红十字运动的基本原则之一，是红十字精神的具体体现。近年来，红十字志愿服务团队不仅关注困难和弱势群体，还致力于为社会大众服务，深入基层、社区，在海内外建立红十字志愿服务队，弘扬“人道、博爱、奉献”的红十字精神，大力宣传“奉献、友爱、互助、进步”的志愿者精神，为社会福利事业、社会公益以及社会进步做出了巨大贡献。对于大学生而言，红十字志愿服务不仅能够磨炼大学生的意志，锻炼其各方面的能力，更能帮助大学生培养乐于奉献的价值观和社会责任感，为大学生展示自我、实现自我价值提供平台。随着红十字志愿服务的发展，大学生逐渐成为红十字志愿服务的主力军，与高校合作促进大学生参与志愿服务成为红十字会开展志愿活动的一种重要形式。许多高校纷纷建立红十字志愿者协会，但是通过我们初步访问得知，某些高校大学生对红十字志愿服务仍然一知半解，参与人数并不多，因此，提高大学生对红十字志愿服务的认知及参与度，成为发展壮大红十字志愿服务队伍的关键。本次调查将大学生作为研究对象，以红十字会为载体，通过研究大学生对红十字会志愿服务的认知及参与度，来加强高校红十字会基层组织建设，提高大学生思想道德素质，弘扬志愿服务精神。

我们此次主要采取问卷调查法，以在校大学生为调查对象，通过网络平台发放问卷，共回收问卷313份。从调查结果来看，被调查者来自江苏、浙江、安徽、北京、上海、陕西、吉林、河南、湖北、湖南、广东、四川等多个省市的高校；性别比例方面，男生160人，占总人数的51.12%，女生153人，占总数的48.88%；年级比例方面，本科生占比99.04%，其中，大二的同学即我们的重点调查对象共182人，占总人数的58.15%；专业比例方面，理工类占53.35%，文科艺术类占35.78%，医学类占5.75%，其他类占5.11%。总体上看，学校、性别、年级及专业分布都较为合理。

二、认知及参与度现状

红十字会志愿服务项目包括应急救援及相关培训、无偿献血、造血干细胞捐献、遗体和器官（组织）捐献，以及宣传预防艾滋病、宣传红十字精神、筹资劝募、灾害救助等。为反映被调查者的初步认知情况，问卷设计了相关问题。调查结果显示，平均每一项都有近85%的同学能甄别，说明大学生对红十字会志愿服务项目有着最基本的认识。根据调查，在被调查的313人中，认为自己对红十字志愿服务十分了解的有17人，认为自己比较了解的有89人，听说过但没什么了解的有197人，完全不了解的有10人（具体占比如图1所示）。大学生对红十字志愿服务了解的平均水平是听说过但没什么了解，说明大学生对红十字志愿服务缺乏深入的认知。

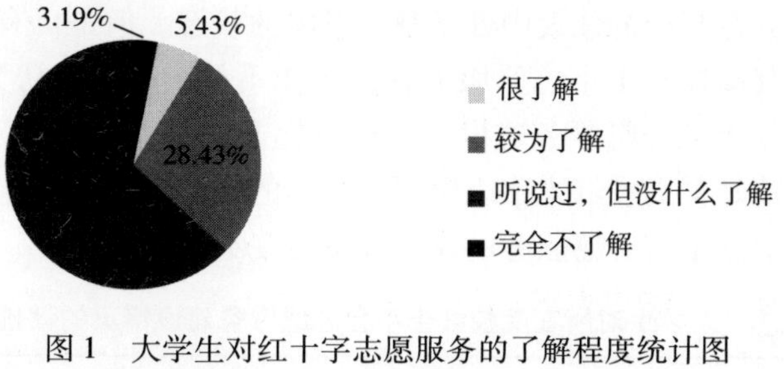

图1　大学生对红十字志愿服务的了解程度统计图

调查大学生参加过哪些红十字志愿服务，结果显示，应急救援及相关培训、无偿献血、造血干细胞捐献、遗体和器官（组织）捐献、宣传预防艾滋病、宣传红十字精神、筹资劝募、灾害救助等，这些红十字志愿活动均有近3成的同学参加过，但有39.62%的同学表示从未参加过这些志愿活动。另外，通过调查大学生参加红十字志愿服务的频率（如图2所示），可知其中有31位同学一年至少参加两次红十字会的志愿活动，45位同学平均每年参加一次，104位同学很久参加一次，133位同学从未参加过相关志愿活动，未参加的同学占总人数4成，与前项结果相一致。这两个调查结果表明，大学生对红十字志愿活动的参与度并不高。

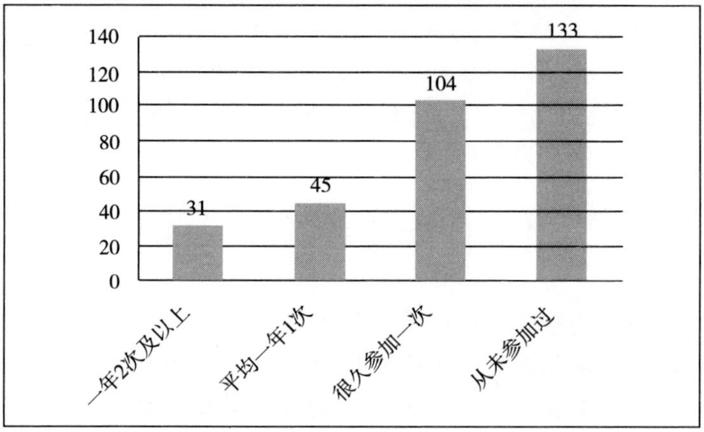

图2　大学生参加红十字志愿服务的频率统计图

通过调查大学生对其所在高校红十字志愿服务建设情况的评价，将其分为较为成熟、逐步发展、仍须改善、还未开展、不清楚五个方面。如表1所示，我们了解到有超过一半的同学认为其高校的红十字志愿服务工作处于稳步发展、日趋成熟的阶段，只有少部分高校还未开展红十字志愿服务工作，这在一定程度上肯定了红十字志愿服务工作的开展情况，说明红十字志愿服务在高校的建设中处于健康发展的状态。但是仍有接近四分之一的同学对其高校红十字志愿服务建设工作不是很满意，认为仍须改善，这说明高校红十字志愿服务建设工作还有提升空间。此外，还有22.68%的同学并不清楚其高校红十字志愿服务工作的开展情况，一定程度上表明部分大学生对红十字志愿服务的认知及参与度不高。

表1　大学生对所在院校红十字会志愿服务建设情况的评价表

	具体评价	百分比（%）	有效百分比（%）	累积百分比（%）
较为成熟	55	17.6	17.6	17.6
逐步发展	106	33.9	33.9	51.4

（续表）

	具体评价	百分比（%）	有效百分比（%）	累积百分比（%）
仍须改善	70	22.4	22.4	73.8
还未开展	11	3.5	3.5	77.3
不清楚	71	22.7	22.7	100.0
合计	313	100.0	100.0	

三、认知及参与度不高的原因

（一）学校支持力度不够、宣传及信息传递不到位

高校是红十字会与大学生联系的重要媒介。调查表明，学校支持力度不够、信息传递不到位是降低大学生参加红十字志愿服务积极性的重要原因。许多高校的红十字组织没能充分利用各种媒体向学生介绍、宣传相关志愿活动，导致学生不知道相关志愿活动的开展情况，自然也就难以参与进来。一些高校设立了红十字会学生组织，没有加入或者没有密切关注这些组织的同学也可能会因此错过相关信息的发布。由此可见，由于学校的宣传推广与支持力度不够，红十字会志愿活动在高校中的开展自然无法获得足够多的经费支持，从而造成信息传递受阻、宣传效果大打折扣，因此难以在学生中形成广泛的影响力和参与度。

（二）组织管理及表彰机制缺陷

据调查，有些学校与红十字会的联系并不紧密，未能在校内成立专门组织来管理红十字会的相关事务；或是已经成立了相关组织，但是在校内的知名度并不高，志愿活动的招募对象存在局限性，不适合多数大学生参与。已成立的校内红十字会组织同样存在管理混乱、规章制度不够规范的现象，造成了一些志愿活动的组织过程不够完善，进而影响活动体验，导致大学生对红十字志愿活动丧失积极性。此外，问卷结果显示，部分同学认为红十字志愿服务的表彰制度存在缺陷，对优秀志愿者的评估标准不够规范。由于大众对红十字志愿服务的认知不够，导致大学生参加此类志愿活动难以得到社会的认可，无法满足其精神需求。为

此，高校红十字会亟须建立一套系统的激励机制，鼓励更多的学生参与到志愿服务中。

（三）志愿服务培训不够专业

红十字会作为从事人道主义工作的社会团体，主要开展救灾工作、卫生救护、红十字青少年工作、人道主义救援工作等。这些工作需要一定的专业知识和素养，需要相关的专业人才指导志愿者的工作。问卷结果显示，部分大学生认为红十字志愿服务培训不够专业，缺乏相关的专业性人才为其讲解志愿活动注意事项以及专业知识。这种情况造成了大学生志愿者缺乏相应的技能，导致志愿服务工作中不规范、不合格、态度散漫、效率低下等问题的出现，大大降低了志愿服务水平。参加过此类志愿活动的大学生难以获得成就感、满足感，未能获得良好的志愿服务体验，从而导致志愿者的流失，长期如此易形成恶性循环。

（四）部分大学生对该类志愿活动不感兴趣

红十字志愿服务的项目虽然丰富，但是内容较为单一，某些志愿服务过于专业化、针对性较强，这对部分不具备此项专业技能的同学来说，十分具有挑战性，使得部分大学生产生畏惧心理，从而失去对此类志愿活动的兴趣。这说明红十字会的志愿活动类型不够吸引学生，活动内容不够丰富、多样；大学生对红十字志愿服务的了解程度还不够；在某种程度上又说明大学生的主观奉献精神仍然不够。这需要社会各界加强合作，共同营造博爱、奉献的社会文化环境，使奉献精神在大学生中得以弘扬。

四、对策及建议

（一）加强宣传及信息传递效率

首先，需要高校认可并支持红十字会开展活动，红十字会相关组织可以利用各种渠道、资源向学生宣传志愿活动，具体包括直接在校内举行相关说明会，学校广播放送，发放报纸、杂志、传单、手册，建立并推广 QQ 群及微信公众号或其他网络平台，建立官方或高校实体组织等一系列方式，大力宣传红十字志愿活动的内容、特点及意义，弘扬奉献、友爱、互帮互助等正能量，及时发布志愿信息，在全体高校师生中募集志愿者。这样做既能增强大学生对红十字志愿服务的了解程度，又能提高相关志愿活动的公众参与度。

（二）加强组织管理，健全表彰机制

高校对设立的相关组织应当加强监督管理，建立规章制度，形成较为成熟的管理体系，加强与当地红十字会的沟通、交流与合作，促使其提高运行水平。对于组织中的工作人员和参与活动的志愿者，应当开具符合实际的志愿时间证明，其中表现优异者应给予各种奖励。宣传正面人物、典型事件，让社会大众对志愿服务有通透的认识，从而在社会各界的高度认可下，让志愿者得到精神上的满足感和价值感。通过这种方式，可以吸引更多的学生参加志愿活动，加入相关组织，并在组织活动中让学生受到潜移默化的影响，形成正确的价值观与社会责任感，将奉献、互助作为自己的座右铭，从而形成一个良性循环。

（三）提高志愿服务专业性及服务水平

高校需设立相关组织，例如红十字志愿者协会，与其他校级学生组织并行，由当地红十字会指导运行。组织内部应当设立专门的志愿活动培训小组，在每一次志愿活动前为志愿者讲解在志愿服务中可能涉及的法律关系、活动流程以及专业知识。掌握专业知识以及专业技能后，志愿者们才能为需要帮助的人提供更好的服务。红十字会如有与医学相关的志愿活动，例如应急救援等，必须请专业医学人士进行培训，设置相关评判标准，确认培训合格的志愿者才能参加志愿活动。这样做可以提高志愿服务水平，从而确保志愿活动的完成质量，学生也会更加放心参与。同时，这些举措对高校红十字会相关组织的建设发展也十分重要。

（四）增强志愿活动多样性，提高学生参与积极性

尽管就目前来看，红十字志愿活动在高校中的认知度及参与度并不高，但是通过问卷我们可以看出大部分同学对于参与红十字志愿活动有一定的热情，并且表达出通过参加红十字会组织的各项志愿活动来增加社会阅历、结交朋友、提高个人能力的诉求。因此，高校中相关的学生工作部门与学生组织应加强与红十字会的合作，积极拓展红十字志愿活动的丰富性、多样性，着力打造有特色、品牌化的志愿活动，以便更好、更确切地满足群众需求。此外，红十字志愿服务应注重增强活动的趣味性，注重发挥学生群体的特性，与学生形成良性互动，调动学生参

与的积极性，并定期组织相关培训工作，提高志愿者的服务意识和服务能力。

（五）保障志愿者权益，打通多元化经费来源

红十字志愿服务一直秉承无偿自愿的原则，以无私奉献作为行为标杆，以共同进步作为活动报酬，为志愿者提供实现自我价值的平台，着力于营造奉献友爱、互帮互助的社会风尚。正是由于这一特殊性，志愿者的权益问题应当更受保障。必须及时告知志愿服务中存在的法律关系、潜在的危险以及应具备的专业知识，采取规避危险或处理险情的必要保护措施，及时为志愿者提供人身和精神的双重保障，避免出现志愿者“乘兴而来，败兴而归”的现象，从而减少志愿者的流失。此外，红十字志愿服务的经费来源不应局限于政府，应当呼吁社会各界集资募捐，鼓励企业、各类机构以及民众慷慨解囊，利用名人效应带动更多的人参与集资。这不仅有利于改善红十字志愿服务的资金结构，为志愿活动加强物质保障，而且可以打响红十字志愿服务品牌，提高红十字会的社会影响力。

五、小结

红十字志愿服务是红十字会的基本工作之一，是红十字会延续与发展的中坚力量，号召社会公众参与到红十字志愿工作中来是一项重要任务。要壮大红十字志愿服务的队伍，大学生群体的力量不容忽视，大学生积极主动参与红十字志愿活动，可以实现自我价值，增强社会责任感，提高思想道德素质。而目前红十字会要做的是为大学生扫除认知障碍，与政府、企业、高校、民众联合起来，并在社会主义核心价值观的指引下，建立起“奉献、友爱、互助、进步”的价值观，宣传志愿服务精神，注重自身建设，吸引各方人才，推动红十字志愿服务队伍向专业化、制度化、规范化方向发展。

（课题组指导老师：池子华、郝珺；成员：韩晶晶、时云娇、沈成乾、王舒怡、张顾涵）

历史研究

清代山东济南府慈善事业概述

周立文

清代是中国慈善事业发展的新阶段。这一时期，山东的慈善组织得到了进一步的恢复和发展，“地方官府对地方社会慈善组织不断渗透，使得山东慈善组织官方化更加明显”①，从而呈现出自身的特点。作为山东首府的济南府，形成了以养济院为中心的慈善救济系统，与之配套的普济堂、育婴堂、漏泽园等慈善组织也获得了一定程度的发展。济南府慈善组织的发展，在一定程度上能够映射整个山东慈善事业的面貌。

济南府，领州一、县十五，包括历城、章邱、邹平、淄川、长山、新城、齐河、齐东、济阳、禹城、临邑、长清、陵县、德平、平原、德州。本文依据清代济南府各州县地方志，对济南府的慈善组织进行简单的梳理，以期厘清清代济南府慈善组织的基本脉络。

一、清代济南府的养济院

养济院又名孤老院，“洪武五年诏天下孤老院饬名养济院”②。养济思想在中国由来已久，“周官大司徒以保息六养万民，三曰振穷，四曰恤贫……云保息谓安之，使藩息也”③，体现了以民为本的民本思想。作为官方设置的机构，养济院主要面向“鳏寡孤独及笃废之人，贫穷无亲属依倚，不能自存”④ 的人，明确规定了其收养的目标对象。在清代，

① 张宗鑫：《明清时期山东慈善组织述论——以养济院为中心的考察》，曲阜师范大学2009年硕士学位论文，第2页。

② 道光《长清县志》，卷二《地舆志下》，凤凰出版社2004年版，第322页。

③ 道光《济南府志》一，卷二十一《恤政》，凤凰出版社2004年版，第441页。

④ 《大清律例》，卷八《户部·收养孤老》，法律出版社1999年版，转引自王莎莎：《明清山东慈善事业研究》，山东师范大学2009年硕士学位论文，第15页。

养济院“遍布全国县治以上的城市，以每城一所的情况最为常见，但也有例外”①。城市越发达、等级越高、规模越大，养济院受当地人口、财力及地方官作为等影响也越大。

具体就山东而言，总体孤贫数量偏多，“伏查大清会典各省孤贫，山东额设口粮银二万三千四百六十九两有奇，米四千五百十九石有奇，其数亦云多矣。今济南所属养济院及普济堂收养至两千三百七十一名”②。从一开始，济南府养济院在城内众多慈善组织中就处于核心地位，带有浓厚的官方色彩，资金主要依赖地方财政，同时“为提高官员的重视程度，清政府将养济院的经营情况列入考绩内容，并具体规定地方官的管理责任”③。因财力有限，养济院在收养人数上有名额限制，“清承明制……各地参照明代户部则例的养济标准，对境内鳏寡孤独残疾不能自存者重新统计核定名额，申报户部，按照经户部拟定的养济院名额和养济标准，收养于养济院”④。与明代相比，清朝养济院的收养数额，除额内孤贫外，还有依据实际情况申报增加的额外孤贫，济南府养济院“共收养额内孤贫一千三百十九名，浮额五百二十七名……国朝定制，每年给发口粮，由地丁坐支，而浮额之数赴司请领，俱系报部核销之款”⑤。根据《中国地方志集成》，济南府养济院的定额与浮额人数及其位置列表如下：

表1　山东济南府养济院设置情况表

州县	养济院位置及房屋数	定额与浮额人数	资料来源
历城	《通志》云在城内，今移至西门外	242；79	道光《济南府志》一
章邱	《县志》云在县治西南，旧共三十三间	135；27	道光《济南府志》一 道光《章邱县志》
邹平	《县志》云在北门外	61；20	道光《济南府志》一
淄川	《县志》云在城内仓巷路西	50；5	道光《济南府志》一

① 王卫平、黄鸿山、曾桂林：《中国慈善史纲》，中国劳动社会保障出版社2011年版，第33页。

② 道光《济南府志》一，卷二十一《恤政》，凤凰出版社2004年版，第441页。

③ 王卫平、黄鸿山、曾桂林：《中国慈善史纲》，中国劳动社会保障出版社2011年版，第35页。

④ 张宗鑫：《明清时期山东慈善组织述论——以养济院为中心的考察》，曲阜师范大学2009年硕士学位论文，第22页。

⑤ 道光《济南府志》一，卷二十一《恤政》，凤凰出版社2004年版，第443页。

（续表）

州县	养济院位置及房屋数	定额与浮额人数	资料来源
长山	《县志》云在旧治西南	56；19	道光《济南府志》一
新城	《县志》云在预备仓西	36；10	道光《济南府志》一
齐河	《县志》云在北关内	90；34	道光《济南府志》一
齐东	《县志》云在惠鲜街	80；19	道光《济南府志》一
济阳	《县志》云在城内大寺西	76；18	道光《济南府志》一
禹城	《县志》云在东门内	67；29	道光《济南府志》一
临邑	《县志》云在城东钟楼巷	49；65	道光《济南府志》一
长清	《县志》云在城内东南隅孝堂街	65；22	道光《济南府志》一
陵县	《县志》云在县治东南	73；24	道光《济南府志》一
德州	《州志》云在北察院址	82；21	道光《济南府志》一
德平	《县志》云在西门外	69；17	道光《济南府志》一
平原	《县志》云在县治西南小十字街，共计房屋三十二间，雍正九年知县李国祥修	98；78	道光《济南府志》一 乾隆《平原县志》

由表1可得，济南府各州县定额孤贫平均在83人左右浮动，人数最多的是历城和章邱，最少的是新城；高出定额平均值的有历城、章邱、齐河、平原4县，其余11县1州在平均值以下。同理，济南府浮额的平均人数在30上下变化，人数最多的是历城和平原，最少的是淄川；高出浮额平均值的有历城、齐河、临邑、平原4县，其余11县1州在浮额平均值之下。综合定额和浮额人数可知，历城、齐河、平原三县孤贫人数较多，不仅反映在定额人数上，更反映在浮额人数上。

济南府养济院的经费“由地方丁漕坐支，其人数和标准均有严格的标准，地方无权增减，只有额内出现亡故遗缺时，才能依次递补”①。一般支给孤贫米和银，合称“粮银”，有时也把粮食折合为银两，分额内、额外两项。据《中国地方志集成》，章邱“额内孤贫……口粮并冬月布花银四百八十六两，除扣小建，实支银四百七十七两九钱。浮额孤

① 赵宝爱：《慈善救济事业与近代山东社会变迁，1912—1937》，济南出版社2005年版，第28页。

贫……每年实支口粮银九十五两五钱八分”①；长山“额内孤贫……每年实支银一百九十八两二钱四分。浮额孤贫……每年实支口粮银三十四两九钱”②；齐东“额内孤贫……每年实支月粮米二百八十三石二斗，冬衣布花银二十二两，折米二十二石。浮额孤贫……实支口粮银六十七两二钱六分”③；临邑“收养正额孤贫四十九名，岁支米一百五十四石四斗，布花银二十二两。浮额孤贫六十五名，每名日给银一分，岁赴司领银二百三十五两二钱七分”④；长清正额和浮额孤贫加起来，“岁支月粮冬衣银二百三十四两”⑤。

二、清代济南府的普济堂、育婴堂和漏泽园

济南府各州县均设有普济堂1所，房间大致20间，如邹平“普济堂一座，共房二十间，县志云在东门内”⑥；临邑“普济堂在东街，共房十八间，现存十间，收养贫民十九名”⑦；而数量多的如长清“普济堂一所，共房四十五间”⑧；少的如新城“普济堂一所，共房一十二间”⑨。

与养济院相比，济南府普济堂有随堂地或捐地，如新城普济堂“置地二顷八十四亩五分，捐地二十亩”⑩。随堂地和捐地又称义田，“本是由北宋范仲淹以救助本宗族而设……到明后期就被运用到了国家养济事业中……效法范式义庄，设官田给予贫民耕种……具有官田性质，突破了义田义庄仅仅救济族人的狭隘性。在设置办法上，利用倡捐”⑪。利用随堂地和捐地，普济堂收获谷物粮食满足日常温饱，同时收取租银维持日常经营，其“依靠官民捐置的不动产和银两等来维持运转，堂产的多

① 道光《济南府志》一，卷二十一《恤政》，凤凰出版社2004年版，第442页。
② 道光《济南府志》一，卷二十一《恤政》，凤凰出版社2004年版，第442页。
③ 道光《济南府志》一，卷二十一《恤政》，凤凰出版社2004年版，第442页。
④ 道光《临邑县志》，卷三《食货志·恤政》，凤凰出版社2004年版，第80页。
⑤ 道光《长清县志》，卷二《地舆志下》，凤凰出版社2004年版，第322页。
⑥ 道光《济南府志》一，卷二十一《恤政》，凤凰出版社2004年版，第444页。
⑦ 道光《临邑县志》，卷三《食货志·恤政》，凤凰出版社2004年版，第80页。
⑧ 道光《济南府志》一，卷二十一《恤政》，凤凰出版社2004年版，第446页。
⑨ 道光《济南府志》一，卷二十一《恤政》，凤凰出版社2004年版，第444页。
⑩ 道光《济南府志》一，卷二十一《恤政》，凤凰出版社2004年版，第444页。
⑪ 张宗鑫：《明清时期山东慈善组织述论——以养济院为中心的考察》，曲阜师范大学2009年硕士学位论文，第15—16页。

寡决定了所收贫民的数量和补助标准的差异”①，如淄川普济堂“捐输义田二十亩，置买义田地一顷八十五亩，筹备赡贫经费生息本银二百六十四两”②。遇到经费不足或贫民病故的，由地方知县负责捐给，如历城普济堂“按以上每年除动用租谷碾米并动用经费银买米及单衣裤棉衣裤外，不敷银与贫民病故棺木，俱由历城知县捐给”③。由此可见，官方力量的支撑在普济堂的日常经营过程中发挥了重要作用。

除普济堂外，济南府分布较广的还有育婴堂和留婴堂。育婴堂按规定收养弃婴、无亲人婴儿，满足条件的婴儿才有被收养的资格；留婴堂分布在经济较发达的州县，收留本地弃婴，再转送育婴堂抚养。济南府一半左右州县设有育婴堂和留婴堂。根据《中国地方志集成》，济南府育婴堂和留婴堂的情况列表如下：

表2　济南府育婴堂和留婴堂设置情况表

州县	育婴堂和留婴堂数目	育婴堂和留婴堂位置	资料来源
历城	育婴堂一座，共房三十六间；留婴堂一所	育婴堂《通志》云在城内北；留婴堂安设育婴堂大门里	道光《济南府志》一
邹平	育婴堂一座，共房九间；留婴堂一座，共房二间	育婴堂《县志》云在东门内	道光《济南府志》一
长山	育婴堂一所，共房九间	《县志》云在县治东南隅	道光《济南府志》一
临邑	育婴堂一所，共房八间	《县志》云在东街	道光《济南府志》一
长清	育婴堂一所，共房十间	《县志》云在城内西街	道光《济南府志》一
德州	育婴堂一所，共房十间	《州志》云在大西门外迤北	道光《济南府志》一
平原	正瓦房三间，两边小瓦房二间，土房十三间，大门一间。雍正十二年奉文饬建	育婴堂《县志》云在普济堂北邻	道光《济南府志》一 乾隆《平原县志》

① 赵宝爱：《慈善救济事业与近代山东社会变迁，1912—1937》，济南出版社2005年版，第28页。

② 道光《济南府志》一，卷二十一《恤政》，凤凰出版社2004年版，第444页。

③ 道光《济南府志》一，卷二十一《恤政》，凤凰出版社2004年版，第443页。

由表2可知，济南府小部分州县设有育婴堂和留婴堂，一般有育婴堂1所，房间10间左右；个别州县的房间数较多，如历城育婴堂有房36间；从位置上说，婴堂多位于城内普济堂内。

育婴堂的经费多来自堂产或官捐，如德州志云“乾隆四十二年，督粮道曹锡宝倡捐买地三顷六亩一分八厘，为育婴堂用，现归州征租收养”①，通过堂产或官捐的土地收取租银来维持育婴堂的运转。育婴堂的土地通常由捐赠获得，平原“知县张祖阜倡捐，置地二百四十五亩，坐落城南郭家庄。又节妇朱张氏捐七里屯水坡地六十亩。生员辛鉴捐张家庄西南地二十三亩二分六厘，以上共地三百二十八亩二分六厘”②。根据地方志记载，济南府育婴堂采取堂养的方式，雇乳妇到育婴堂喂养婴儿，月结口粮和工钱，从官方财政中支出，如邹平有“乳妇一名，月给口粮谷三斗，工食银三钱，系官捐”③，长山县“乳妇一名，每月给工价银四钱，谷六斗”④。

自古以来，中国即有掩埋无人认领尸骨的善举，“按礼记载，孟春之月掩骼埋胔，古人泽及枯骨之意也”⑤。漏泽园创始于宋元年间，其职能是掩埋死后暴露的无名尸骨，用来掩埋尸骨的土地称为“义冢”或者“义地”。明成化年间，皇帝下诏在京城范围内建造漏泽园。时年，山东境内遭遇了大饥荒，“文安刑公居正出按属邑，见而怜之，遂檄所部各建一所，凡贫民死无后者，悉收于此”⑥。由此，山东各州县设置义地，创建漏泽园。

济南府的义地、义冢，包括官捐和民捐两种形式。地方官在任时根据本州县的情况置办义地，如历城漏泽园“康熙二十九年布政使司卫既齐增置十四亩，在早石桥西”⑦；章邱义冢“在南关外，共地四亩，知县吴璋捐置，并为砌冢树碑”⑧。而民捐主要是号召当地乡绅捐赠，如康熙三十五年，邹平县廪生王汝甫捐赠义冢；临邑“义冢一南门外一东门外，按南门外演武厅西义冢一处，有碑，系乾隆十四年方大珍捐地三

① 道光《济南府志》一，卷二十一《恤政》，凤凰出版社2004年版，第446页。
② 乾隆《平原县志》，卷二《建置志》，凤凰出版社2004年版，第20页。
③ 道光《济南府志》一，卷二十一《恤政》，凤凰出版社2004年版，第444页。
④ 道光《济南府志》一，卷二十一《恤政》，凤凰出版社2004年版，第444页。
⑤ 道光《济南府志》一，卷二十一《恤政》，凤凰出版社2004年版，第447页。
⑥ 道光《济南府志》一，卷二十一《恤政》，凤凰出版社2004年版，第447页。
⑦ 道光《济南府志》一，卷二十一《恤政》，凤凰出版社2004年版，第447页。
⑧ 道光《章邱县志》，卷二《建置志》，凤凰出版社2004年版，第42页。

亩，东一处在董家庄，后有碑无捐舍姓名”①。

三、结语

在清代山东济南府的慈善事业中，形成了以养济院为主导，辅以普济堂、育婴堂、漏泽园等慈善机构的传统救济系统。在这个传统救济系统中，官方力量是不容忽视的重要因素，尤其体现在养济院的经营运作过程中；养济院日常运转所需资金主要依赖于地方财政，可以说，地方财政直接影响着慈善机构的运转。而对于普济堂、育婴堂、漏泽园来说，除了官方影响外，民间力量的辅助也在其中发挥着重要作用。

（作者系苏州大学社会学院研究生）

① 道光《临邑县志》，卷三《食货志·恤政》，凤凰出版社2004年版，第80页。

迈向百年的人道救助：温州红十字会

徐华炳　连家豪

纵览红十字会150多年的历史，可以说“讲起今日的红十字就要说到战争，当战争发生的时候，却可算是红十字会出力的时候”[①]。温州红十字会的创设也有着当时社会救助和战争救护的迫切需求。

一、江浙战争催生温州红十字会

（一）江浙战争及温州红十字会成立

1924年6月14日，第一次江浙战争[②]爆发，战争双方投入相当规模的兵力，进行了一个多月的拉锯战，最终以浙军失败而结束；1925年1月，第二次江浙战争爆发，为时不到一个月，战争以苏军失败而告终。接连两次江浙战争，给江浙人民的生命及财产安全造成了极大威胁。

中国红十字会总会第一时间奔赴江浙战场进行救护[③]。在总会的统一领导下，各地分会纷纷兴起，战争救护工作陆续展开。在浙江，不仅地方士绅依靠总会力量积极进行战争救护，而且地方红会的数量也显著增长，仅1924年9月12日一天，就有平湖、嘉善和青马镇红十字分会

---

① 《红十字会》，《申报》1924年10月13日。

② 江浙战争是指1924—1925年在江浙两省之间爆发的战争。论及战争原因，源于江浙两省长期存在的诸多问题，加之时值军阀混战时期，直系控制的江苏与皖系掌控的浙江之间的冲突加重了两省矛盾。江浙问题的日益恶化，最终导致两次江浙战争的爆发。

③ 中国红十字会总会对温州地区的人道救援在1922年9月就开始了。当时，温州所属缙云、丽水水灾兼“疠疫丛生，死亡相继”。为此，总办事处派出以潘佩声为首的救护队，乘“飞鲸”轮赶赴温州，医赈灾民。

成立；19 日，“正式成立分会者，有衢县万良才、叶元馨，永嘉分会会长吕渭英”[①]；20 日，丽水成立红十字分会；此后，温州、金华等地相继成立分会，出现了“凡有未曾设立各处，均纷纷由当地人事组织”[②]的局面。关于温州红十字会的成立，《申报》曾载：“温州分会来电云：敝分会已于巧日成立，乞先将徽章及旗帜速寄温州分会。”[③] 浙江各地红十字会成立后，主动与总会联系并请求帮助，积极安排人员及材料，开展战争救护。

（二）20 世纪 20 年代至 40 年代的温州红十字会人道救援

1. *劝停战争与救护伤员*

温州红会成立之初，积极参与战场伤员的救护工作，同时也为停战做出努力。早在闽浙混战时期，吕渭英就受地方官员之托同一神甫向郝、彭[④]调停劝说，并承诺以好处，“彭军待郝军离开后和平进入温州，使得百姓免遭兵戈之苦”[⑤]。江浙战争爆发之后，温州红会一方面致电总会：“平阳浙军已停战，闽军仍猛攻不已，地方糜烂。敝分会因旗帜、徽章未到，不克行使职权。务请急电闽军督帅迅电前方部队，停止进攻，以维现状。”[⑥] 温州红会会长林卓、副会长杨振炘、白文俊等更是为停战而奔走，希望能停止人员伤亡、制止战争继续进行。另一方面，温州红会积极参与战争人道主义救援活动。其主要任务包括：一是借助总会力量为停战做准备，二是不断地进行伤兵救治。为了更好地治疗伤员，温州红会改建、增设了大量的战地救护医院（红会医院）。直到战争结束，总会和温州地方红十字会的救援工作仍未停止，各级红十字会对江浙战争的人道主义救援在当时产生了良好的社会影响。

2. *救助战争难民*

江浙战争结束后，伤员的安排、难民的处理以及赈济地方社会等又成了战后的最大难题。1927 年，温州红会主要通过暂时收容和设法资送回籍两种方式，着手解决流民问题。例如，“查此次闽军抵境数逾巨万，

---

① 《红会消息并志》，《申报》1924 年 9 月 20 日。吕渭英（1855—1927），温州永嘉人，光绪十一年中举，历任福建惠安、闽县、浦城知县，福州海防同知，署福州知府。致仕期间，致力于兴办地方实业，更为社会慈善事业做出巨大贡献。

② 《浙省增设红会之报告》，《民国日报》1924 年 9 月 23 日。

③ 《红十字会救护消息》，《申报》1924 年 9 月 22 日。

④ 彭：指闽军彭德铨部；郝：指浙军郝国玺部。

⑤ 李定荣主编：《温州市鹿城区水利志》，中国水利水电出版社 2007 年版，第 244 页。

⑥ 《救济消息并录》，《申报》1924 年 9 月 25 日。

所有输送夫役，多有漂泊无依者，敝分会业就永嘉府学巷潭茶场庙内，设一输送卒收容所，藉资□纳，而免流离，日来到所请求收容者，已达四十余人。会曾预备粮食棉衣稻草各物，雇员照料，除设法资送回籍……”①

温州红会办公场所移至永嘉②铁井栏后，继续开展战争救护工作。除在府学巷潭茶场庙内设置了收容所，对流离的夫役进行收容和照料管理外，还做好登记收容人员、设法筹集钱款帮助其回家等事宜。

3. 组建抗战救护队

抗战期间，尤其是日军三次轰炸温州城区时③，温州红十字会积极组织战场救护，特别是组建战时救护队④对受难平民进行施救，对轻伤者进行现场包扎并送回家，对重伤者进行急救并就近送往医院救治。

在抗战中，日军对浙江部分地区进行了细菌战，温州虽不是投毒区域，但也受到波及；加之当时温州社会环境较差，经常有各种疫灾流行，永嘉红十字分会积极展开防疫和控制疫情活动。此外，温州是上海沦陷后当时唯一可通往内地的口岸，为了顺利输送一批革命积极分子、骨干去皖南抗日根据地，温州红十字会负责人罗德明⑤等提供了积极的帮助。

4. 战后疾病防治服务

抗战胜利后，温州红十字会着手进行“复员”，其活动取向也从救助向服务转型，积极致力于沙眼防治工作就是一个案例。沙眼作为顽固性、易感染的慢性疾病，对人民尤其是贫困地区人民的生产生活造成极大困扰。为此，在中国红十字会总会的倡导下，永嘉县红十字分会的诊疗所开始防治沙眼⑥。经过努力，温州地区的沙眼得到较好的控制，并使民众对防治沙眼的知识也有了简单的了解。

---

① 《浙皖红会消息》，《申报》1927年1月4日。

② 20世纪早期，永嘉包括现属温州的瓯海区、龙湾区、鹿城区、永嘉县以及青田县温溪等地。

③ 日军先后于1938年2月27日，1940年10月16日，1942年3月2日，三次轰炸温州。

④ 战时救护队的成员自费制作统一的服装，佩戴红十字肩章、胸章。

⑤ 罗德明为慈联会救济战区难民委员会副主席，闻兰亭的学生，是中国红十字会驻温州办事处主任。

⑥ 《中华民国红十字总会卅五卅六年度工作简况》，《红十字月刊》1948年第2期，第7页。

二、调整转型中的温州红十字会

（一）改组中的发展壮大

新中国成立初期，依照《中国人民政治协商会议共同纲领》中有关“提倡国民体育、推广卫生医药事业，并注意保护母亲婴儿和儿童的健康”之规定，中国红十字会总会进行了改组。1950年8月，总会下发《中国红十字会各地分会整理暂行办法》和《中国红十字会分会暂行组织通则》。温州红十字会积极响应号召，着手整顿会务。温州红十字会在向上一级红十字会抄送了组织成员名单并于协商后重组，设会长1名、副会长2名、常务理事5人、理事9人等①。1952年，温州地方红十字会完成改组。

改组后的温州红十字会作为新兴社会组织，基础尚显薄弱，作用发挥仍然有限。为此，当时采取了与地方卫生局合署办公的方式来开展工作②。亦因此，20世纪50年代的温州地方红十字会通过挂靠卫生局，多以协助政府进行大规模卫生救护训练以及医疗预防服务为主。红会成立了医防服务队，在党的领导以及总会的指示下，配合相关卫生部门，积极开展爱国卫生运动。在此过程中，温州市红十字会贯彻“预防为主”和“卫生工作与群众运动相结合”的方针，同时坚持“边发展、边组织、边训练、边巩固”的原则。到1960年，温州市红十字会已经发展会员5374名，训练卫生员2024名，成立基层红十字组织9个，人民公社红十字会2个，特别是在重点学校、工厂和全市街道居委会建立了80个红十字卫生站③。

（二）转型中的救助工作

1. 主动投身卫生防疫活动

20世纪五六十年代的温州，公共空间卫生状况较差，诸多街道都存

① 温州市人民政府卫生局：《为复温州市红十字会协商重组温州市红十字会分会的经过并抄送组织成员名单》，温州市档案馆，J051-001-025-027，1950年。

② 温州市人民政府卫生局：《为报告温州市红十字会分会已改组完成与卫生局合署办公》，温州市档案馆，J051-003-018-054，1952年。

③ 温州市红十字会：《温州市红十字会一九六零年一季度红十字会工作情况报告和今后工作意见》，温州市档案馆，J118-009-074-105，1960年。

在着“小巷多、单位住地多、路面狭窄不平、环境卫生差、搞卫生困难重重”[①] 等情况。因此，大搞群众运动，开展以除害灭病为中心的爱国卫生运动就成为温州红十字会的基本任务之一。温州红会通过组建卫生站来宣传防疫知识，并组建了“除四害、讲卫生”的专业队伍。通过组织社区居民来对本社区的环境卫生状况做自我改进和管理，使环境质量有了显著提升。以松台街道三角居委会为例，该居委会原先基础建设落后，环境卫生差，农业户占半数，猪牛栏多、垃圾什草多、瓦砾多、洼地多。温州红十字会通过建立红十字卫生站，发展了108名会员，并培养了一批卫生员，再由会员带头发动群众开展爱国卫生运动，组织除害队伍。通过两个星期的整改，将45条阴沟改造为活门式，并将20处洼地填平。该居委会也由原来的落后单位变为先进单位，成为推行爱国卫生运动的成功示范。

疾病防疫工作也是温州红十字会的重要任务。该会不仅加大卫生防疫宣传，及时报告疫情，更是通过日常药物喷洒以及接种疫苗来预防疾病。以呼吸道传染病预防为例，1960年，温州红十字会组织了24名卫生员，依照“边宣传、边检疫、边喷药”的原则，对分布全市的水陆交通要道进行检疫喷药预防；两个月的时间，就给往来旅客喷洒药物多达67.5万人次[②]，有效地控制了传染病的发生与流行。此外，红十字会配合医务人员进行各种疾病的预防注射工作。如1960年第一季度，仅上岸居委会就完成了对1244人的白喉预防疫苗的注射，并在之后的10天内做到“人人嗽喉、个个不漏”[③]，有效地控制了白喉。

2. 积极开展国防救护[④]训练

20世纪50—70年代，美国对越南发动侵略战争，战火波及中国边境，对国家安全造成了诸多不确定因素。受此时局影响，对人民群众进行必要的国防救护训练显得十分必要。温州市区以公社为单位进行培训，由各卫生所或者相关系统聘请有关人员义务担任救护培训员。在培训员的教导下，学以致用，用少而精的方式进行训练。仅1965年，温州市区受过国防救护训练的人员就达2648人次，并组建了176支卫生救

---

① 温州市红十字会：《温州市红十字会一九六零年一季度红十字会工作情况报告和今后工作意见》，温州市档案馆，J118-009-074-105，1960年。

② 温州市红十字会：《温州市红十字会一九六零年一季度红十字会工作情况报告和今后工作意见》，温州市档案馆，J118-009-074-107，1960年。

③ 温州市红十字会：《温州市红十字会一九六零年一季度红十字会工作情况报告和今后工作意见》，温州市档案馆，J118-009-074-107，1960年。

④ 国防救护训练主要从陆地以及水上两个方面进行，陆地上的训练以四项基本技能为中心，而水上的国防救护训练分为水上溺水急救、岸上急救处理以及水上国防救护四大技术等。

护队，队员达737人[①]，其中大部分成员基本掌握了创伤止血、骨折固定、三角巾包扎、战地搬运等四项基本技能，为开展群众性国防救护活动奠定了基础。

此外，温州红十字会还积极致力于贯彻“计划生育”政策，向社会广泛宣传，并起模范带头作用，如要求未婚的青年会员做到晚婚，而已婚且有生育能力的会员应采取节育措施等。

三、改革开放进程里的温州红十字会

（一）复建与组织建设的完善

“文革”中浙江省各级红十字会停止了工作，直到80年代才陆续恢复。1984年，温州市人民政府办公室发函报送了出任省红十字会理事的名单[②]。1985年12月，温州市红十字会提交《关于恢复市红十字会组织的报告》，获得温州市人民政府的批准[③]。1986年9月30日，温州市红十字会正式召开复建大会[④]。1987年10月，就全市红十字会复建问题，市卫生局向市政府正式请示[⑤]并得到批准。至此，受“文革”影响而停止了十多年工作的温州红十字会真正完成了复建工作。

复建以来的温州红十字会，在市政府的领导之下进行了各项人道主义救援，在保护人的生命和健康与社会主义“两个文明”建设中发挥了重要作用。1987年，为了更好地开展各项人道主义救援活动，同时也为了加强红十字会自身建设以及调动工作人员积极性，温州红十字会相继建立了医疗服务部、劳动服务公司、医疗经营部等基层红十字组织。到1993年底，全市11个县（市）、区已全部成立红十字会，共有基层组织338个，会员共5万余人。2004年，与温州市卫生局联合办公半个世纪的温州红十字会正式成为独立的机构，由市政府领导联系；其下属的办

---

① 浙江省温州市人民委员会：《批转市人武部、红十字会关于一九六六年开展国防救护训练意见的报告》，温州市档案馆，J040-018-007-105，1966年。

② 温州市人民政府办公室：《关于报送出任省红十字会理事名单的函》，温州市档案馆，J309-001-049-206，1984年。

③ 温州市人民政府办公室：《关于成立温州市红十字会筹备组的通知》，温州市档案馆，J202-004-028-166，1985年。

④ 温州市人民政府办公室：《关于成立温州市红十字会筹备组的通知》，温州市档案馆，J202-004-028-166，1985年。

⑤ 温州市卫生局：《关于要求复建温州市红十字会的请示》，温州市档案馆，J309-001-106-114，1987年。

公室成为常设机构，负责红会的日常工作。

（二）多领域人道救援的拓展

1. 进一步推动无偿献血事业发展

1987年，中国红十字会总会联合卫生部制定了《关于无偿献血奖惩办法（试行）》，通过给无偿献血志愿者颁发“献血卡”以及不同等级的纪念章[①]的方式，来对市民无偿献血的行为进行鼓励。温州红十字会积极响应号召，在全市范围内对无偿献血进行有效宣传；1992年，为了进一步组织开展义务献血工作，加强对医疗用血的管理，经过政府部门的同意，成立了温州市义务献血办公室[②]；1993年，为了更好地宣扬人道主义精神以及救死扶伤品德，温州红十字会不仅实现了全市性的无偿献血活动的常规化，而且对无偿献血中的先进单位及先进个人进行表彰，以促进更多市民有效参与。

2. 开办机动车驾驶员救护训练

进入90年代，私家车日渐增多，交通事故也相应频发。驾驶员作为交通事故的直接接触者及第一现场者，掌握必要的急救技能有利于自救以及互救。因此，对机动车驾驶员进行救护培训刻不容缓。1992年，温州红十字会积极响应《关于对机动车驾驶员进行卫生救护训练的联合通知》[③]，发布了《关于全市机动车驾驶员进行救护训练的联合通知》[④]，规定了相关训练内容：统一使用省红十字会编印的《卫生救护普及教材》，注重“四大救护技术”以及“心肺复苏技术”的训练。在培训中，温州红会注重理论教学与实际操作结合的方法；规定初学者不得少于24个学时，并组织考核，通过者颁发《机动车驾驶员卫生救护训练合格证》且进行登记注册、存档；建立健全复训、补训以及相关的考核制度。除举办驾驶员救护培训外，1994—1998年，温州红十字会还在市域交通要道设置救护站，如先后在瓯北以及104国道线南、西、北路段设置急救站。

---

① 参与无偿献血即可获得纪念章一枚，累计献血满1升者，授予铜质奖章；满1.6升者，授予银质奖章；满2.4升者，授予金质奖章；满3.4升者，授予无偿献血奖杯。

② 温州市人民政府办公室：《关于成立温州市义务献血办公室的通知》，温政办机〔1992〕010号。

③ 浙江省红十字会、浙江省公安厅、浙江省卫生厅：《关于对机动车驾驶员进行救护训练的联合通知》，浙红字〔1990〕027号。

④ 温州红十字会：《关于全市机动车驾驶员进行救护训练的联合通知》，温红字〔1992〕004号。

3. 积极进行国内外的抗灾救援

因地理位置和地貌地质因素，温州受台风和山洪影响甚重，历来属多灾害区域。结合地区灾害特性，温州红十字会参与抗灾救援主要从两方面展开：一是进行广泛的社会宣传并募捐，二是直接安排红十字会会员以及相关医疗队奔赴灾区进行救援。如1996年8月，8号台风袭击温州，红会第一时间向社会各界发起紧急救援的呼吁，并将募捐所得的棉被、衣物、药品、食品等大量物资按照捐赠方的意愿，结合各地受灾实情进行及时有效的分配①。除积极应对自然灾害外，温州红十字会在参与社会突发性灾难事件的救护中也发挥了有效作用。如在2011年“7·23甬温线特别重大铁路交通事故”的救援过程中，红会及时组织会员安排急救，同时组织开展献血以及募捐活动，得到了温州热心市民的广泛响应②。在善后工作中，温州红会又将人道主义救济金45万元用于遇难者家属慰问、住院伤员慰问、事故伤残人员后续人道救援三个方面。

温州红十字会秉承红十字运动兼具“国际性”和“区域性”的特点，不断从温州境内走向全国乃至全世界，参与抗灾救援。如1998年，为张家口地震灾区筹集善款；同年8月，为长江洪水灾区开展募捐活动③。2008年汶川大地震发生，温州红会第一时间呼吁市民开展捐助；在组织线下捐款捐物的同时，还开通了救灾捐款热线，并设立了救灾专用银行账户，以便更好更快地处理募捐款项④。在国际救援方面，2004年，为赈济印度洋海啸灾民，温州红会在全市范围内展开募捐活动⑤；2011年，组织全市捐款捐物救济日本大地震灾民，并协助开展震后人员的搜寻工作。

4. 其他的人道救援活动

随着社会系统的不断复杂化和环境安全的不确定性因素的增强，需要救助的群体愈加多样且千差万别。温州红十字会以问题为导向，结合不同人群的需求，组建针对性、专业化的分会，在学校、医院、机构等多个社会单位内创建分会，并依靠群众的力量、集体的力量进行多元化

① 温州红十字会：《关于九六年度救灾物资分发情况的报告》，温红字〔1997〕001号。

② 温州红十字会办公室：《红十字会系统开展“7·23”甬温线特别重大铁路交通事故人道救助》，温红办〔2011〕第10期。

③ 温州红十字会：《关于为长江流域灾区开展募捐活动的通知》，温红字〔1998〕013号。

④ 温州红十字会：《温州市红十字会紧急呼吁救助四川汶川地震灾区的通知》，温红字〔2008〕005号。

⑤ 温州红十字会：《市红十字会紧急呼吁援助印度洋地震及海啸灾民的通告》，温红字〔2005〕001号。

的人道救援，树立了“哪里需要帮助、哪里就能见到温州红十字会和红十字会会员的身影”的良好社会形象。如1997年，赴苍南为当地因贫困而难以就医的民众开展医疗义诊活动①；1999年，在全市开展“献爱心肝病知识咨询赠药”活动，增进了市民对肝病知识的了解②；2001年，为泰顺县矽肺病人开展募捐，并赴当地慰问矽肺病人③；2002年，在“12·4”法制日举办大型献爱心义诊活动④；同年11月，组织眼科专家进行“送光明献爱心”活动⑤；2007年，结对多名贫困大学生家庭，助力他们顺利完成学业⑥；对永嘉、乐清等受台风影响较重的家庭和泰顺、文成、洞头等县的特困户人群，更是连年开展“博爱送万家”的活动⑦。最值得一提的是，建立了温州市先天性心脏病专项救助基金、造血干细胞移植专项救助基金等多个专项基金，对相应的患者进行实效性的救援，可谓给患者带去了意义重大的福音。

纵观温州红十字会近百年的发展历程，可以清晰地看到其始终本着“人道、博爱、奉献”的红十字精神和“团结、实干、开拓、高效”的做事原则，既不忘初心、始终如一地坚持人道主义救助，又因应时局变化和社会变迁，自我改革、自我创新，适时调整救援内容、对象与方式，社会服务呈现出持续性、专业化和实效性特点。

（作者分别为苏州大学社会学院博士研究生，浙江音乐学院副教授、硕士生导师）

---

① 温州市政协专门委员会办公室：《关于赴苍南开展扶贫医疗义诊活动的通知》，温政协专委办〔1997〕015号。

② 温州红十字会：《关于在全市开展“献爱心肝病知识咨询问药”活动的通知》，温红字〔1999〕018号。

③ 温州红十字会：《关于向泰顺县矽肺病人送温暖慰问活动的通知》，温红字〔2001〕008号。

④ 温州红十字会：《温州市红十字会在“12·4”法制日举办大型献爱心义诊活动》，温红字〔2002〕006号。

⑤ 温州红十字会：《温州市红十字会组织眼科专家开展送光明献爱心义诊活动》，温红字〔2002〕008号。

⑥ 温州红十字会：《市红十字会发放162000元助学金　文成县54名贫困大学新生获捐助》，温红办〔2007〕第5期。

⑦ 温州红十字会：《关于2005年春节“博爱送万家”活动安排的通知》，温红字〔2004〕004号。

全面抗战时期红十字组织救护行动中的公信力体现

王媛婷

公信力是社会群体对红十字会履行职责的满意度和评价，也是红十字会的立业之本。发生于2011 年的“郭美美事件”在社会上引起了轩然大波，中国红十字会的公信力被推向了舆论的风口浪尖。新时期如何重塑红十字品牌、提高红十字会的公信力、促进红十字事业健康发展，成为每一个红十字人必须回答的时代课题。

以史为鉴，上海是中国红十字会的诞生地，从日俄战争中上海万国红十字会成立至今的各个时期，红十字运动都深深地扎根于上海这块土地并开出绚烂之花。全面抗战时期，上海的红十字运动非常活跃，组织有序，社会民众大力支持，使得红十字会的公信力极高。虽然并非尽善尽美，但是当时的很多有益的经验，仍然值得我们借鉴。

一、公信力的释义

公信力，汉语词典上解释为使公众信任的力量，即社会公众对于组织的认可和信任。中国红十字会是慈善组织，因此可以借用学界对于慈善组织公信力研究的理论，将红十字会公信力的研究分为两个维度进行：一是社会维度，即社会对慈善组织的认可及信任程度，它通过法律约束和自律规范来体现①；二是公众维度，即以公众对慈善组织的普遍认同感、信任度和满意度来评价②。此外，公信力的测量是个比较复杂

① 参见王名、刘国瀚、何建宇：《中国社团改革——从政府到社会选择》，社会科学文献出版社 2001 年版。

② 参见张伟珍：《从慈善组织公信力维度论中国慈善事业的发展》，《贵州工业大学学报》（社会科学版）2007 年第 2 期；咸红心：《公信力是慈善事业的真正底线》，《中国妇女报》2007 年 9 月 22 日。

的问题，根据慈善组织的实际情况，结合慈善组织的具体工作内容，可以设计出慈善组织公信力的评价指标体系，其中有6个一级指标和18个二级指标（具体如下表所示）①。

慈善组织公信力评价指标体系表

一级指标	组织资源	组织参与	组织运作	组织监督	组织风气	组织能力
二级指标	资金资源 人力资源	领导形象 知名人士 慈善责任 公众参与	办事效率 服务成本 机构设置	公众监督 政府监督 自我监督 媒体监督	廉洁奉公 遵纪守法	服务能力 管理能力 教育能力

本文根据上述理论和评价指标体系，结合抗战时期的社会特点、红十字组织的实际情况，从4个方面对抗战时期红十字会公信力进行研究：

（1）政策公信力：主要对照评价指标体系中的“组织资源”以及“组织运作”，重点分析抗战时期红十字会组织自身组织建设的合法性、组织的使命、组织的资源利用（资金、人力）以及机构设置等。

（2）行为公信力：主要对照评价指标体系中的“组织能力”，重点分析抗战时期红十字会组织的服务能力、管理能力、专业化水平以及协调能力等。

（3）资信公信力：主要对照评价指标体系中的“组织参与”，重点分析抗战时期红十字会组织的社会动员能力、财务透明、信息公开、公众的认同和信任等。

（4）绩效公信力：主要对照评价指标体系中的“组织风气”，重点分析抗战时期红十字会组织自身的考核以及所取得成绩，公众的满意度等。

二、红十字政策、行为、资信、绩效公信力分析

（一）政策公信力

1932年12月，国民政府制定公布了《中华民国红十字会管理条例》；1933年，颁布了《中华民国红十字会管理条例施行细则》。1934

① 石国亮：《慈善组织公信力研究》，人民日报出版社2015年版，第294页。

年9月，中国红十字会召开第四次全国会员代表大会，大会修订了《中国红十字会章程》；在此后召开的理事、监事第一次联席会议上，推定蒋介石为中国红十字会名誉会长，黄绍竑、吴铁城为名誉副会长，王正廷为会长，史量才、刘鸿生为副会长[①]；新一届领导人上任后仅月余，副会长史量才遇害，杜月笙则被补选为副会长。

1936年，随着战争阴云的迫近，完善救护体系迫在眉睫。5月6日，中国红十字会救护委员会正式成立，上海各知名团体纷纷响应红会号召，18个组织应邀加入救护组织，其中包括中华医学会、全国医师联合会、上海市商会等历史较为悠久的社会团体，一定程度上缓解了红会人力、资金的压力。可以说，救护委员会是当时社会各界力量凝聚的结晶[②]，规模较大，由此也可见中国红十字会的凝聚力之强。救护委员会内设常务委员会及执行委员会两大机构，下设“训练”“供应”“人事”等部门，分别负责具体事务[③]。

1937年七七事变后，全面抗战爆发，社会各界积极参与战场救护。1937年7月20日，上海市救护委员会改组，由中国红十字会会同上海市商会、上海市地方协会，各医药团体、医事教育机关以及与救护事业有关的机关和团体，各推代表参加，公推颜福庆为主任，许冠群、俞松筠、翁之龙、郭琦元等人为副主任，下设训练推行委员会、药品供应委员会及总干事；总干事之下分设总务、医务两组，总务组下辖文书、记录、会计、庶务、运输、情报、交际、稽查、慰劳、掩埋等课，医务组下辖事务、医院、材料、救护队四课，分掌日常会务[④]。上海市各协会、公会、市民会、同乡会、机关、学校等500余团体，在市商会议事厅举行抗敌后援会成立大会，并决议通过“本会既经成立，所有本市合法团体，皆应加入本会，一致行动，不得再有任何其他救国性质之团体，单独行动案”[⑤]。之后，中国红十字会总会鉴于战事吃紧，以总会为全国救护事业总汇，负有统筹调度之责为由，规定了非常时期之非常工作办

① 马强、池子华主编：《红十字在上海，1904—1949》，东方出版中心2014年版，第234页。

② 马强、池子华主编：《红十字在上海，1904—1949》，东方出版中心2014年版，第243页。

③ 马强、池子华主编：《红十字在上海，1904—1949》，东方出版中心2014年版，第244页。

④ 崔龙健：《抗战时期中国红十字会上海国际委员会研究》，合肥工业大学出版社2017年版，第42页。

⑤ 《抗敌后援会成立》，《申报》1937年7月23日。

法，并将上海救护委员会办事处迁至新闸路中国红十字会总会内，以便于“在中国红十字会旗帜下，集中力量统一组织，依照日内瓦条例编练救护人员”①。也因历史、地缘等各种优势因素，中国红十字会上海市救护委员会成为当时上海“全市办理救护事宜之最高机关”②。当时，上海市救护委员会的各项组织工作非常完备，成绩也是突出的，这些都源于长期以来中国红十字会规章制度的不断完善。

早在1904年，五国合办的上海万国红十字会在救援实践的基础上制定了《上海万国红十字会暂行简明章程》；1907年，中国红十字会“独立”；1910年，以沈敦和为首的上海红十字人推出《中国红十字会试办章程》。民国时期，红十字会的发展进入新的阶段，不仅从事战地救护、自然灾害救济，而且每年还循例开办时疫医院、接种牛痘等，与之相关的规章亦陆续出台，其中既包括经中国红十字会全国会员大会修订完善的基本章程，也包括政府参照红十字会基本章程拟定的管理条令等。具体而言，基本章程主要是《中国红十字会章程》及《中国红十字会分会章程》等，其是以南京临时政府时期的《中华民国临时约法》、北京政府时期的《中华民国约法》及南京国民政府时期的《中华民国宪法》为依据，并参照万国红十字会章程起草拟订、经全国会员大会审议通过的；管理条令主要包括修订的《中国红十字会条例》及《中国红十字会条例施行细则》《中华民国红十字会管理条例》等③。这些规章是中国红十字会制定其他章程的基础，也是国家宪法和法律之外中国红十字运动实践的规范性文件。

中国红十字会各项制度的确立经历了反复修正的过程，日趋完善，最终形成了一个较为庞大的制度体系，其间可见红十字组织在立法程序、组织建设、人道救护等方面的总体特征④。例如，红会的章程保护受难群众的基本生存权，保障其救助行为的开展，为难民管理提供了行为准则；推动以工代赈项目等救助活动的规范进行，不仅为维持难民生机提供了就业机会，还为战后国民经济的恢复与发展提供了借鉴。

---

① 《中华民国红十字会总会三年来总报告·沪战救援》，《中国红十字月刊》第57期（1940年3月），第15页。

② 《上海市救护委员会工作概况》，《中国红十字会月刊》第27期（1937年9月），第38页。

③ 李欣栩：《民国时期中国红十字会制度建设》，合肥工业大学出版社2017年版，第12—13页。

④ 李欣栩：《民国时期中国红十字会制度建设》，合肥工业大学出版社2017年版，第203页。

以制度化推动规范化，确立组织运行规则，规范红十字运动实践，是红十字会实现科学管理的基础，也是红十字会救护行动顺利进行的根本保障。红十字会的建设必然是与当时社会的政治、经济、文化息息相关。比如，民国政府设立议会，明确了立法权，使法律建设成为一种常态，人们在“三权分立”“法治”等观念影响下逐渐接纳和信赖法律①。这些有优势也有局限，但不可否认，一个有生命力的组织，必然会有一套相对完善、富有自身特色的制度。中国红十字会制度建设为其自身发展提供了可靠的理论依据和实践准则。从红十字运动实践看，制度建设涉及运动中的组织运行、会员管理、财务会计、人道救助、文书档案、标志使用等，并形成了相对完整的制度体系，对抗战时期的红十字运动有指导、规范、约束作用。制度建设与红十字运动实践相辅相成：一方面，在遵循统一章程的前提下，中国红十字会的规章制度会因时、因地、因事而异，服务于不同地区、不同灾情乃至人们不同的需求，而且许多具体规章虽是暂时行之，却为红十字会救灾救贫活动提供了法律保障；另一方面，无论是战争期间各地区有识之士结合当地人道形势成立分会、组织救护队、设立救护学校，还是复员期间设立专职部门发展红十字青少年、服务妇女儿童等工作，其活动的开展均对制度体系的完善有积极作用②。

综上所述，正是由于完善的规章制度才使得抗战时期中国红十字会的各项工作有章可循，顺利开展，由此表现了红十字会的政策公信力较高，这为后来的红十字运动奠定基础。

（二）行为公信力

从1904年成立至全面抗战爆发前，经过30多年的发展，中国红十字会在慈善事业方面成绩卓著。无论是国内战争，还是抵抗外敌侵略，中国红十字会的战事救护一直未有中断，始终履行着自己的职责。而在日俄战争、辛亥战事、“二次革命”、江浙战争、淞沪战争、长城抗战、绥远战争，以及历次水灾旱灾的大规模救护行动中，中国红十字会积累了相当丰富的经验，也积淀了深厚的社会和群众基础，主要表现在：战前筹备，未雨绸缪；战场救护，任务明确；建立分会，发挥“造血”功

① 李欣栩：《民国时期中国红十字会制度建设》，合肥工业大学出版社2017年版，第220页。

② 李欣栩：《民国时期中国红十字会制度建设》，合肥工业大学出版社2017年版，第234页。

能；征集会员，积聚能量；筹款募捐，为救护行动提供后援保障；战后防疫，纾解社会问题等。在此期间，各项工作有序开展，成效明显，各级红十字组织也很好地完成了自身能力建设，这些都为即将到来的全面抗战救护提供了宝贵的经验和广泛的群众基础。可以说，在全面抗战爆发前，中国红十字会已经在国内和国际上产生了一定的影响力。

卫生医疗服务是红十字救援“大灾”和“大疫”后绕不开的重要工作环节。以淞沪抗战救护机制中的伤兵医院为例，中国红十字会上海市救护委员会医务组医务课自 1937 年 7 月成立以来，即着手设立伤兵医院，以期迅速应付事变。为获得较高的效率，务求每个负伤士兵得到治疗的机会，从接收伤兵入院起到伤愈出院的整个过程，上海市救护委员会与各救护医院都有一套统一的管理办法①。根据 1945 年 10 月中国红十字会总会救护总队部编印的《全体工作人员参加抗战救护工作纪念册》中的统计，自 1937 年 8 月 14 日至 1938 年 4 月 30 日止，上海市救护医院收容伤病兵民 19539 人，由上海伤兵分发站运送伤病兵民 7128 人，由上海前线救护队护送伤病兵民 17722 人。可见短短 8 个半月的时间内，中国红十字会上海救护委员会救护了 7 万多军民②。

从“以救护医院为基础的救护体系”中可以看到，基于中国红十字会的服务能力、协调能力及管理能力，特别是依托上海丰富的医疗资源进行专业化救护（1937 年，上海已成为全国具有战略地位的医事中心③)，才能在短期内应付如此之多需要救护的军民。

1937 年 10 月 12 日，在法国神父饶家驹的主持下，中国红十字会上海国际委员会设立了南市难民区，收容难民。至 1940 年 6 月，30 万中国难民在此受到保护与救助④。这一难民救护模式后来在南京、汉口等地得到“复制”。“南市难民区”案例与西班牙案例，共同催生了“日内瓦第四公约”即《1949 年 8 月 12 日关于战时保护平民的日内瓦公约》的诞生⑤。

---

① 马强、池子华主编：《红十字在上海，1904—1949》，东方出版中心 2014 年版，第 265 页。

② 马强、池子华主编：《红十字在上海，1904—1949》，东方出版中心 2014 年版，第 269 页。

③ 马强、池子华主编：《红十字在上海，1904—1949》，东方出版中心 2014 年版，第 268 页。

④ 彭望荃：《上海国际红十字报告》，上海市图书馆藏，旧档信字第 109 号。

⑤ 池子华：《红十字运动：历史审视与现实思考》，合肥工业大学出版社 2016 年版，第 134 页。

1937年12月13日，日军攻占南京，随后进行了惨绝人寰的大屠杀，先后有30万同胞惨遭杀害。中国红十字会南京分会在当时异常艰苦的环境中进行了掩埋同胞尸骨的工作，据统计，从1937年12月至1938年5月底，半年中共掩埋尸体22371具①。

1938年，中国红十字会救护总队部在汉口宣告成立，救护总队部是中国红十字会“专负军事救护之机构”②，直至抗战胜利后的1946年5月才撤销。救护总队部成立后，因战事关系，先迁长沙，继迁祁阳，最后迁至贵阳图云关。作为抗战救护的中枢，救护总队组织医疗、医护、医防、急救、X光等队，遍布全国各战区，全盛时有150支队伍，医护人员达3420人，同时拥有救护汽车200辆，卫生材料库11个，“规模之盛达于极点”③。抗战期间的各大战役，中国红十字会几乎无役不从。据战后的1946年统计，从1938年至1945年9月，外科方面：手术119856人次，骨折复位35522人次，敷伤8784731人次；内科方面：住院人数2142997人次，门诊军人2481685人次，门诊平民2002996人次，预防接种4632446人次；其他：X光照相5631人次，X光透视52798人次，灭虱人数792148人次，灭虱物数3881176件，检验226593人次，特别营养934833人次，可谓业绩辉煌④。

总之，中国红十字会在抗战中，“以全力从事军民之救护，血汗交织，艰苦卓绝，救治军民达一千六百万人，其贡献于国家者殊大”⑤。这些成绩充分说明了红十字会战事救护成绩突出，在行为公信力方面也非常有说服力。

（三）资信公信力

资信公信力，笼统地说就是作为慈善组织，红十字会从事慈善活动的能力和社会对其能力等的综合评价。从前文中我们可以看到，抗战时

① 《中国红十字会南京分会关于难民救济工作概况》，中国第二历史档案馆档案，全宗号476，卷号3118。

② 胡兰生：《中华民国红十字会历史与工作概述》，中国红十字会总会编：《中国红十字会历史资料选编，1904—1949》，南京大学出版社1993年版，第506页。

③ 胡兰生：《中华民国红十字会历史与工作概述》，中国红十字会总会编：《中国红十字会历史资料选编，1904—1949》，南京大学出版社1993年版，第520页。

④ 中国红十字总会编：《中华民国红十字会战事工作概要》，1946年内部印行，第56页；又参见池子华：《红十字运动：历史审视与现实思考》，合肥工业大学出版社2016年版，第135页。

⑤ 沈怡：《本会募集事业基金——人人有帮助红十字的义务》，《红十字月刊》总第20期（1947年8月），第1页。

期，成立已经30多年的中国红十字会其发展已日趋成熟，众多国内外知名人士参与其间；同时通过设立分会，以及在历次战事救护和自然灾害救助中的优越表现，中国红十字会已经在民众中积累了相当的人气，资信公信力良好，具有较强的社会动员能力，主要体现在经费筹集、社会名流推动、文化传播等项事务的社会动员上。

经济原因往往制约着慈善组织的发展和慈善事业的开展，正如恩格斯所指出的："我们自己创造着我们的历史，但是第一，我们是在十分确定的前提和条件下创造的。其中经济的前提和条件归根到底是决定性的。"① 20世纪二三十年代，由于战事频发、经济萧条、就业困难，使以募捐为主要收入来源的慈善组织的经费发生了问题，各慈善组织纷纷告急，资金短缺有时达到了非常困难的地步，几乎影响到组织的存亡。例如，1927年7月成立的上海慈善团体联合会是一个具有重要影响力的慈善机构，首任委员长为王震，副委员长黄庆澜，上海华人当时主办的30多家各类组织大都是其会员单位②。但最终，上海慈善团体联合会也无法避免近代中国民间慈善组织普遍面临的经费不足的尴尬。

中国红十字会经营事务繁多，除战时进行兵灾救护外，平时还从事自然灾害救助和时疫的防治，经费筹集也是一大难题。中国红十字会成立后建立分会，发展会员，扩大业务，并为此广为募捐且探索多样的募捐方式，比如宝塔捐等，但是仍然感到经费不足的压力，特别是抗战爆发后，资金尤其缺乏，因而多次向国际社会呼吁求援，并得到国际红十字组织的有力援助。正如时任中国红十字会秘书长的潘小萼所指出的，"红十字会得自海内外各团体与个人协助甚大，苟无此种有力的协助，红十字会之整个救护事业，势将无由进行"③。

全面抗战爆发后，尤其是进入1938年后，美国援华运动的规模扩大，且美红会援华之举得到政府的支持和首肯。1938年1月24日，罗斯福总统致函美红会，提出在全国募捐百万美金，以救济中国受难民众之需。罗斯福称："吾觉美国人民对中国民众必极表同情。"④ 截至6月15日，美红会已收到救济中国难民捐款计75万美元，而在罗斯福总统

---

① 《恩格斯致约·布洛赫》，《马克思恩格斯选集》第4卷，人民出版社1995年版，第696页。

② 上海档案馆藏档案：全宗号Q144-1-1。

③ 潘小萼：《创刊赘者》，《中国红十字会会务通讯》创刊号（1941年1月），第2—3页。

④ 《美总统函红会救济中国难民，请捐募百万美金》，《大公报》1938年1月26日。

向全国呼吁捐输之后，社会各界响应颇为热烈，于三星期内即收到捐款50万美元①。从这一捐募成绩可以看出，作为以社会捐赠为主要经费来源的红十字组织，资信公信力在红会捐募中起到的巨大推动作用。

据相关史料记载，从1937年8月30日至1938年3月21日，中国红十字会共收入国币448443.98元。中国红十字会总会内迁重庆后，其经费来源虽有部分政府补助，但多数依赖于国际援助，1942年中国红十字会共收入2000万元，1943年共收入约2500万元，1944年共收入约14000万元，1945年共收入约60000万元。其中，国际社会的"捐款数目最大，占全部收入百分之五十强，而向（国）外捐款又占百分之九十五以上。就中以英国红十字会与援华会等经常捐助及美国医药助华会捐助为最多"②。

以捐赠中国最力之美红会为例，粗略估计，全面抗战八年间，或经美红会之手，或为美红会对华直接援助，其款物总值当在1000万美元，而其援助尚有无法以金钱衡量者。尤其是40年代以后，美红会多数款项和医药物资经由国民政府内政部全国卫生署接收委员会统一接收分配后，中国红十字会成为最主要的受捐对象，由此充分发挥了捐赠的救急效用，这是值得肯定的。例如，据史料记载，截至1945年11月，仅重庆市卫生局接收外国捐赠的医药器材、药品、布匹共计24批，重庆市民医院接收计16批，重庆妇科医院接收2批；1947年5月15日，经重庆市卫生局清点，自"1940年以来接收使用的美国红十字会捐赠的各种药品、器材及其它物品共538种（件、套）"③。

全面抗战八年间，援华的国际红十字组织遍及世界各地，即使在抗战初期，各国红会因救济欧洲战事而经费难以为继之时，积极响应国际红十字组织援华呼吁的仍"有十二国，其中有两国红会，更形努力，募捐结果几两倍于救济西乱之捐款"④。在外来援助的物资中，大部分为药品，其余为敷料和器械⑤。这些医药物资源源而来，与时任中国红十字

① 《美红十字会援华集款七十余万》，《申报》1938年6月18日。

② 胡兰生：《中华民国红十字会历史与工作概述》，《红十字月刊》第18期（1947年6月），第11页。

③ 秦孝仪主编：《革命文献》第100辑，抗战建国史科《社会建设》（五），（台北）"中央文物供应社"1984年版，第172页。

④ 林康侯：《中国红十字会代表参加第十六届万国红十字会大会报告书》，中国红十字会总会编：《中国红十字会历史资料选编，1904—1949》，南京大学出版社1993年版，第402页。

⑤ 胡兰生：《中华民国红十字会历史与工作概述》，中国红十字会总会编：《中国红十字会历史资料选编，1904—1949》，南京大学出版社1993年版，第516页。

此外，日本并向德国政府告知医院船的情况，希望德国方面能遵守关于医院船的公约条款。

此次乘坐医院船的救护员共102名，其中有60名是看护妇。“博爱丸”和“弘济丸”各自进行了8次航海任务。1914年12月21日，“弘济丸”在结束了第八次航海之后，顺利完成了自己的救护使命。

日本红十字会的医院船先后在中国的龙口、崂山湾、沙子口收容病人运回日本后，将患者向门司、下关、宇品、吴等后方输送。被送往后方的患者共有2084名，在这些患者中，患有常见疾病的人数要略高于战时受伤的人数，而且重伤者较少，所以在医院船上进行的都是比较简易的治疗。然而，在航海过程中，经常会遭遇船身剧烈摇晃的情况，包括救助者在内的晕船现象持续出现，这就给在船上进行救助增加了一定的难度。

经由医院船送往后方的患者，大体上是日本的士兵，也包含3名德国的俘虏。在对待俘虏方面，日本红十字会社长花房义质对医院船配备的救护员做出训示，强调在对待外国俘虏时要特别注意。例如，在饮食方面，日本人和俘虏就有所区别，日本人吃的是料理，但是给俘虏提供的是西餐。这实际上体现了一种无差别的人道主义精神。

（二）向佐世保海军医院派遣救护班

对德宣战两个月后的10月20日，海军大臣八代六郎命令日本红十字会组织一支由看护妇为主的救护班前往佐世保海军医院。之后不久，海军大臣又一次下令，向佐世保海军医院再派遣一个救护班。根据这些命令，日本红十字会向佐世保海军医院派遣了长崎第十七班和广岛第七十班，两个班共计52名救护员。

自1914年10月28日至1915年1月20日，在不到三个月的时间内，救护班在佐世保海军医院治疗和看护了11553名患者。根据长崎第十七救护班的报告，该救护班担负了55名外科患者和75名传染病患者的救护活动。在外科患者中，因战斗负伤的仅有9名；至于传染病，主要有赤痢、伤寒和副伤寒，患有赤痢的多为重症患者，伤寒患者的症状则相对较轻。

（三）向青岛派遣救护班

日本对德战争的主战场在青岛。战斗在很短的时间内就结束了，因而日本红十字会派出的救援队的规模很有限，但是这次的救援与之前的相比有着明显的不同，那就是看护妇首次因救援活动而被派往海外战地。

1914 年 10 月 12 日，日本红会从陆军部副部长津野一辅处获悉，要求在德军于青岛开城投降之际派遣救护班，对被俘虏的伤病患者进行收容和救助。同年 11 月 10 日，陆军部长下令向青岛派遣两个救护班，福冈和佐贺支部的救护班接到命令后于 11 月 22 日抵达现场。在救护班被派遣之前，日本红十字会佐贺支部长对护士们做出训示，要求他们进行敌我无差别的救护，这就体现了红十字会对于人道主义精神的一贯坚持。救护班一开始是被派往德华高等学校医院，之后又被派遣到了青岛守备军医院（原本是德国总督府医院）。

在德华高等学校医院共有 111 名外科患者和 73 名内科患者（包括 53 名传染病患者）。在外科患者中存在着伤口化脓，绷带、衣服和寝具被污染的情况。在内科患者中，除了 1 名伤寒重症者正处在恢复期，其他痢疾患者均没有受到严重损伤。在此期间，卫生状况恶化，排泄物被放置在病房或是走廊，床和衣服上也沾满了污垢，而清洗所需的水也处于必须通过被破坏的水管、从井中以人力运输获得的状态，这些都使得在德华高等学校医院的救护活动变得难以为继，因而从 12 月中旬起，就将德华高等学校医院的患者慢慢转移到了青岛守备军医院。

在青岛守备军医院，护士的工作以及对待俘虏方面的情况，详细记载于《关于日本红十字会救护班在青岛德华高等学校医院的工作》的报告中。根据这份报告可以看到，在派遣看护妇时，有一件事是令人担忧的，那就是与平时在国内医院的工作相比，护士们能否承受来自精神和身体的双重困难，特别是在应对像德国战俘这样有着不同习俗的人时①。

12 月 25 日，在青岛守备军医院，俘虏们举行了盛大的圣诞节庆祝活动。据报告记载："我们应该尊重那些为国家而战的受害者，而且我们应当秉持红十字会的博爱主义，在军纪许可的范围内，让他们举行庆祝活动，以此作为安慰。"② 圣诞节前两日，看护妇们就已经开始缝制圣诞节礼物——慰问袋。圣诞节当天，在唱完赞美歌、听完牧师的说教之后，由德国志愿者和日本红十字会制作的礼物被赠予战俘。

① ［日］日本赤十字社：《大正三四年戰役　日本赤十字社救護報告》，1917 年，第 9—92 页。

② ［日］日本赤十字社：《大正三四年戰役　日本赤十字社救護報告》，1917 年，第 93 页。

从1914年11月23日至1915年1月22日，日本红十字会共向青岛派遣了67名救护员，其中有40名看护妇；救助了5339名患者，其中至少有106名战俘[①]。

向青岛战地派遣女护士，对于日本红十字会来说尚属首次。但这次派遣可以说是成功的，看护妇在战地医院顺利地完成了救护任务，特别是对于俘虏患者尽心尽力的救护，凸显了人道主义精神。与此同时，她们也获得了海外派遣救护的实践经验。

二、向英、法、俄三国派遣救护班

第一次世界大战期间，根据内阁决议，日本红十字会在1914年9月11日的会议上决定向英、法、俄三国派遣救护班。当时日本红十字会的负责人获得了陆军部长和海军部长的许可，并且通过外务部获得了来自派遣地政府的许可。救护班人员主要从看护妇中挑选，因为是派往欧洲发达国家，所以在人选方面格外注意，挑选的都是一些技能娴熟、身心健康的优秀人才。

（一）向俄国派遣的救护班

1914年10月23日，日本红十字会派往俄国的救护班从东京出发，利用西伯利亚铁路，经过大约四周到达彼得格勒（现在的圣彼得堡）。派往俄国的救护班总共20人，比起派往英、法的人数要少，其中有13名看护妇。救护班将彼得格勒的“上流绅士”俱乐部重新装修后，作为“日本红十字会救护班医院”。

日本红十字会救护班医院从12月20日开始收容患者，到23日即达到了规定收容的患者数100名。在这些患者中，以战斗负伤为主，包括枪伤48名、炮伤43名、近战伤1名、摔伤4名以及冻伤、烧伤、扭伤、轧伤各1名，且伤患者都是下级士官和士兵[②]。救护班医院曾在1915年6月搬往同市的避暑地，直到10月又搬回彼得格勒。受到战局的影响，要收容的患者人数增加，为此医院增添了200张病床。另外，日本红十字会又增派了7名救护员于12月到达彼得格勒。但是随着战斗的减少，

① ［日］黒沢文貴、河合利修：《日本赤十字社と人道援助》，東京大学出版会2009年版，第179页。

② 日本赤十字社：《日本赤十字社社史続稿》下卷，1929年，第361页。

再加上其他医院的建成，各医院出现收容患者的“竞争”现象，日本红十字会医院所收容的患者减少了50多名。1916年3月末，收容患者数为215名，此后患者数逐渐减少。

在这样的情况下，俄国方面仍希望救护班医院继续存在，希望派遣时间能再次延长。关于俄方进一步延长停留期限的要求，日本红会方面表示“绝对不可能”，遂决定让救护班回国。1916年4月25日，救护班从彼得格勒出发，经由西伯利亚回国；5月15日，救护班正式解散。派往俄国的救护班自1914年12月19日开始进行救护活动，直至1916年4月8日，共治疗患者496名，其中死亡6名。

（二）向法国派遣的救护班

1914年12月16日，日本红十字会派往法国的救护班从东京出发，经由苏伊士运河，于1915年2月4日到达法国马赛。派往法国的救护员共计29名，其中看护妇占了22名。救护班在第二天就进入了巴黎。3天后，日本红十字会医院在位于凯旋门附近的旅馆开院，这个旅馆原隶属于法国陆军部。

1915年3月，阿拉斯战役打响，9月，香槟之战又随之而来，再加上1916年的凡尔登之战，这几次战役导致伤病住院人数急剧增加，医院变得相当忙碌。而且，由于日本红十字会医院的医疗水平较高，救护班在当地得到了很高的评价，这一点从院长盐田广重的报告中也可得知。该报告称，伤病士兵计划以各种方式入住日本红十字会医院，这也从侧面反映了红十字会医院在医疗救助方面起到了很大的作用。另外，在《费加罗报》上也报道了有关日本看护妇的救护活动，看护妇同样获得了高度评价。

当然，看护妇的活动存在困难也是一个不可否认的事实。例如，因为语言不通存在着沟通的困难；长期工作使得看护妇大多精神疲惫；而且在22名看护妇中，有3名看护妇的健康状况不是很好，分别患有类风湿性关节炎和胫骨骨膜炎，在短时间内难以治愈①。

派往法国的救护班，原本打算在法国停留5个月，但在法国政府的强烈要求之下，停留时间在6月和12月两度被延长。法国政府方面希望救护班的停留时间能够尽可能延长，但是日本红十字会方面认为，救护

① 日本赤十字社：《欧洲戰乱　仏国派遣救護班報告》，報告書第二十一号，1915年6月24日。

班已完成在法国的救护工作，而且救护员们普遍存在着疲劳过度、身体状况不佳等情况，遂决定回国，日本红十字会医院的救护工作由英国红十字会接手。于是，1916 年 7 月 10 日，日本红十字会救护班从巴黎出发，经由开普敦回国；9 月 16 日，救护班正式被解散。日本红十字会救护班在法国医院救护期间，入院患者 910 名，其中外伤 858 名，外科疾病患者 40 名，内科患者 12 名，只有 3 人死亡①。这在战时的情况下，已经是相当高的救助水平。

（三）向英国派遣的救护班

日本红十字会派往英国的救护班于 1914 年 12 月 19 日从东京出发，通过美国前往英国，大约在一个月后到达。此次派遣的救护班共有 26 名救护员，其中看护妇 22 名，占了很高的比例。先前派往俄国和法国的救护班都是在当地设立医院进行救护活动，但有别于此，同时也应英国方面要求，派往英国的救护班是在英国医院里护理伤员的。

救护班到达英国后，在伦敦郊区的红十字医院开展活动。同时，日本红十字会的看护妇向英国护士学习英语和当地习俗。由此，救护人员的语言得到了很大的改善，患者对于日本红十字会看护妇的熟练护理也感到非常满意。关于这一点，英国军队医生铃木次郎在致救援人员的信中这样写道："看到日本看护妇的工作，切实感受到日本女子的柔顺和勤勉，日本女子不像外国女子那样注重外在形式，而是衷心、亲切地对待任何事物。特别是当日本看护妇与英国看护妇一同生活工作时，日本看护妇的勤勉亲和日益显现出来。"② 可见铃木医生对日本看护妇的赞赏。

派往英国的救护班没有延长派遣时间，而是按照最初的约定，在 1915 年 12 月 31 日结束了救护活动。在救护活动结束之前，英国国王乔治五世接见了救护医长及两名救护看护妇。在归途中，救护班在伦敦停留了三周，这期间，救护班人员出席了英国民众举行的各种聚会，这些聚会都是为了向救护班表达谢意。救护班在 1916 年 1 月 22 日离开英国，3 月 24 日在东京解散。

① ［日］黒沢文貴、河合利修：《日本赤十字社と人道援助》，東京大学出版会 2009 年版，第 184 页。

② 《鈴木医長英国派遣救護班の勤務状況に関する演述要旨》，1916 年 3 月 31 日。

三、结语

日本红十字会成立之初最重要的活动就是战时救护，在一战期间，日本红十字会的救护活动扩展到海外，向俄、法、英三国派遣救护班，提供人道主义救援。同时值得注意的是，在救护活动中，日本看护妇这一群体逐渐崭露头角，以其专业的救护水平赢得世人的赞誉。因而，这三次海外救护活动对日本红十字会来说可谓意义重大，既体现了日本红十字会积极贯彻无国界的人道主义精神，也让世人看到女性的坚韧细腻，为提高看护妇地位做出了一定的努力。

（作者系苏州大学社会学院研究生）

学术评论

“晚清时期中国红十字运动研究”项目[①]最终成果简介

池子华

一、该项目研究的目的和意义

中国红十字会成立于1904年3月10日，历经清朝、中华民国、中华人民共和国三个历史时期，是近代以来历史最为悠久的社会团体。100多年来，中国红十字会抱牺牲志愿，本博爱襟怀，救死扶伤，扶危济困，谱写出一曲曲人道赞歌，在中国近代史和中华人民共和国史上留下了闪光的足迹。而晚清时期则是中国红十字会孕育、萌芽、产生、初步发展、转型的关键时期，是中国红十字运动发展史上不能忽略的重要环节。因此，该项研究对于弥补相关研究之不足，以及对深化晚清史、社会史研究都是有所裨益的；对中国红十字事业的当代发展，亦不无借鉴价值。

二、研究成果的主要内容和重要观点或对策建议

（一）研究成果的主要内容

该研究成果共8章，提炼归纳如下：

1. 红十字运动的启蒙

从红十字文化“本土化”入手，梳理“新媒体”推动下红十字文化在一定范围内尤其在东南地区得以广泛传播的实态；在红十字启蒙运动中，孙中山和孙淦发挥了独特的作用。孙中山翻译《红十字会救伤第一法》而成为第一位系统引进红十字救护知识的中国人。作为“华文的第

① 该项目负责人为池子华，项目批准号为16FZS028。

一部关于红十字会的书籍”，孙中山译著不仅具有实用价值，而且其启蒙意义亦不容忽视。孙淦为在中国创兴红十字会“号呼奔走，艰苦备尝”。作为“请准回国倡导红十字会第一人”，孙淦的“创兴”之梦尽管没有实现，但其振聋发聩的启蒙，为红十字会的创立铺平了道路。有识之士的“启蒙”宣传，加之“西人”及日本赤十字社的“示范”，更使国人领略到红十字的魅力，创设红十字会的必要性、紧迫性激起共鸣，在这样的时代氛围中，陆树藩走上了历史舞台，开始了“移花接木”的实践。

2. 最初的尝试：陆树藩及其中国救济善会

陆树藩开启国人创办红十字会的最初尝试，他所创建的“中国救济善会”，成为中国红十字会的“先声”。八国联军侵华战争，虽然没有使中国救济善会走得更远，但陆树藩“移花接木”的实践和对未来的“设想”，却使人们看到了“红十字”的熠熠光辉，预示着中国红十字会的创建指日可待。

3. “发轫于俄日之战”——中国红十字会的成立

1904 年，日俄战争的血雨腥风，最终使中国红十字会在上海横空出世。上海是中国红十字会的发源地。中国红十字会何以首先在上海诞生？主要基于上海是近代中国首批对外开放的城市，得风气之先；上海慈善家“敢为天下先”的探索精神积累了宝贵的实践经验；上海工商业发达，经济实力雄厚，为兴办红十字事业奠定了物质基础；肥沃的慈善文化土壤，浓郁的公益氛围，上海有着良好的社会基础。这些因素交叉互动的合力，最终使红十字会在上海诞生。

4. 上海万国红十字会日俄战灾救援

上海万国红十字会的成立，标志着中国红十字会的诞生。为救助日俄战争中的难民，红十字会做了较为充分的救援准备与人道资源的动员；之后在东北创设分会，救护难民出险；“大兵之后”广泛开展赈济，直至 1907 年。

5. 上海万国红十字会终结与中国红十字会“自立”

1907 年，日俄战争救援结束后，五国合办“上海万国红十字会”完成救护使命而“终结”，中国红十字会蜕变而出，走上“自立”之路。为“巩中国红十字会之初基”，红十字会同仁设医院、培养医学人才、参与社会救助活动，中国红十字事业得到初步发展。1910 年，盛宣怀被朝廷任命为会长后不久，将中国红十字会易名“大清红十字会”，给这一民间社团抹上浓重的“官办”色彩，由此造成“沪会”与“京会”

的对峙。

6.“大彰于武汉之师”——辛亥战时的救护行动

大清红十字会开办不久，改变中国命运的辛亥革命爆发了。为适应战时救护需要，沈敦和抛开大清红十字会，另行组织中国红十字会万国董事会，负责实施战地救护事宜。与此同时，清政府任命吕海寰继任会长，把“大清红十字会”正名为“中国红十字会”。无论“沪会”，还是“京会”，都开展了卓有成效的战地救护行动。尤其是“沪会”，遍设分会，成效显著，举世瞩目。“大彰于武汉之师”，中国红十字会因救伤瘗亡功勋卓著而声震遐迩，中国红十字运动亦因此走出低迷状态。

7. 中国赤十字会的辛亥救援

辛亥之役，战事惨烈，伤亡累累。中国红十字会全力以赴，其他慈善团体也身体力行，纷纷加入伤兵救护行列。特别是巾帼豪杰张竹君发起成立的中国赤十字会，俨然与中国红十字会比肩。它虽然自树一帜，但却不是“另类”，而是中国红十字运动的“旁系”，在中国红会史上当有一席之地。

8. 清王朝覆灭与中国红十字会的转型

1912 年，民国肇建，中国历史翻开了新纪元。作为创始于清末、以博爱恤兵为宗旨的人道救助团体，中国红十字会将何去何从，面临新的抉择。适应新形势的要求，中国红十字会改弦更张，主动求变：一方面，谋求新政当局的支持，达成“立案”成为合法社团；另一方面，对外积极参与国际事务并力图有所担当，对内建章立制实现规范化运作。通过不懈努力，中国红十字会在民国肇建之年，基本完成了自身的转型，以新的面貌出现在世人面前。

（二）研究成果的重要观点或对策建议

其一，晚清时期的中国红十字运动，实际上经历了三个时期或阶段：1904 年 3 月 10 日之前，为红十字在中国的启蒙时期；1904 年 3 月至 1907 年 7 月，为五国合办上海万国红十字会时期；1907 年 7 月至 1912 年 10 月，为中国红十字会的自立和转型时期。如此算来，晚清时期中国红十字运动有将近 20 年的风雨历程。

其二，一般来说，红十字运动随着红十字会组织的建立而开展，但在中国不同，先有红十字运动，包括理念的传播、启蒙运动的鼓起、“嵌入”红十字元素的实践，而后才有中国红十字会组织的建立以及红十字运动更广泛的开展。这种独特性，意味着中国红十字运动之路的曲

沟通历史和现实的对话

——《红十字运动：历史传承与当代发展》简评

郭进萍

池子华教授所著《红十字运动：历史传承与当代发展》一书，于2018年5月由合肥工业大学出版社出版发行。该书为“红十字文化丛书”再添新葩，值得庆贺。

该书是池子华教授继《中国红十字运动史散论》《红十字运动：历史与发展研究》《红十字运动：历史回顾与现实关怀》《红十字运动：历史审视与现实思考》之后推出的第五部有关红十字运动研究的专题文集。全书37万字，收录了最近几年来作者研究红十字运动的部分成果。与前几部文集类似，根据论文的性质，将其大致归为理论探索、文化研究、能力建设、观察思考、历史纵横、学术评论等几大类，同时又新增了“杂文随笔”。有些文章是作者和弟子共同完成的，书中均一一注明。附录中收录的《奋力挖掘不该被遗忘的“角落”——一位历史学者与红十字运动的缘分》，将作者与“红十字”结缘的心路及实践历程娓娓道来，令人动容。

几部文集的旨趣，大抵都着眼于历史与现实的结合，以便更好地为现实服务。与前几部文集相比，该文集虽与之一脉相承，但也呈现出诸多亮点，在此笔述一二，以飨读者。

一、理论研究紧扣红十字事业发展的时代主题，积极回应时代关切

任何工作如果没有正确的理论做指导就将迷失方向，“或南辕北辙，或事倍功半”。基于此，作者孜孜不倦地开展理论探索，与时俱进，以红十字事业的发展现实作为研究的立足点，着眼于新的实践问题，积极建言献策。

"理论探索"板块紧扣改革和《中华人民共和国红十字会法》(以下简称《红十字会法》)修订及志愿服务的时代主题，积极回应时代关切。以新时期红十字会改革为例，作者从红十字会改革的目标、实现的路径、改革的焦点与难点等方面入手，条分缕析，为改革助力。

《红十字会法》修订是近几年攸关红十字事业发展的一个核心议题。作者围绕这一主题，先是探讨了依法治会的基础、依据、路径，辨析了依法治会与依法治国及与红十字事业发展的关系，彰显了依法治会的重要性；接着，作者缕析了《红十字会法》修订草案中的若干表述，建议宗旨、定位、职责等应进一步斟酌，积极为《红十字会法》的修订贡献一己之力。

创新是引领红十字事业发展的第一动力，对红十字人而言，首要的就是牢固树立"创新是引领发展的第一动力"理念；其次是创新行动，作者指出，红十字事业的创新发展可从理论、制度、科技、文化四个维度入手，以开创红十字事业发展的新局面。

创新能力建设关乎红十字事业的长久发展，作者通过"盘点"近年来各地红十字会创新能力建设的经验及成就，强调以下几个方面可资借鉴：创新品牌建设，打造具有影响力的特色品牌；创新动员方式，提升红十字会的社会参与度；创新传播方式，展现红十字会的成绩和亮点；创新奖励机制，为志愿者服务创新提供平台。

针对红十字会能力建设的议题，作者还积极组织学生进行课堂讨论，就中国红十字会如何适应"新常态"和人道需求、中国红十字会能力建设等议题畅所欲言，群策群力，为红十字会的能力建设出谋划策。

志愿服务是国际红十字运动的七项基本原则之一，新时期如何推进志愿服务工作显得尤为重要。作者一针见血地指出，新时期志愿服务应着眼于精准化，突出"五有"(正确的轨道、主动的意识、鲜明的特色、高质量的服务、健全的机制)，为新时期红十字会的志愿服务指明了发展方向。

二、文化研究以"传播"为宗，彰显理论研究和文化传播的良性互动

2009年，作者撰文呼吁"文化工程"应成为红十字会总体建设目标之一。此后，作者将打造红十字会的"文化工程"作为核心理念躬行践履。

该书“文化研究”板块，作者聚焦传播，重点关注新媒体在红十字会公信力建设、《红十字会法》传播及红十字文化传播方面所扮演的独特角色，并积极倡言红十字文化传播教育基地建设，推动红十字文化传播走出“体内循环”，走近公众。

以《红十字会法》传播为例，作者考察了新媒体在《红十字会法》传播中的优势，呼吁红十字会系统善用新媒体助推普法宣传，并对《红十字会法》的传播渠道做了理性思考，建议《红十字会法》在传播过程中找准“结合点”，开辟“新渠道”。具体而言，《红十字会法》传播可以与习近平总书记系列重要讲话精神及重要文件的宣传活动相结合，与世界红十字日活动相结合，与“两微一端”相结合，与业务工作相结合，与文化传播相结合，与典型案例相结合。

建设红十字文化传播教育基地是推动红十字文化传播健康可持续发展的“大手笔”，作者对此殚精竭虑，积极推动。在《润物细无声》一文中，作者探讨了红十字文化传播教育基地集传播与教育为一体的“双核”功能，继而对基地的遴选与认定条件、建设模式、管理与运行等一一解说，为基地的打造和建设导引了方向。

与学界理论研究相得益彰的是来自业界的积极呼应。中国红十字会总会“十三五”期间确立重点建设上海、辽宁营口、贵州图云关、陕西延安四个文化传播教育基地。这些举措高瞻远瞩，为传播红十字文化、弘扬人道主义精神注入了强劲的动力。红十字会以生动鲜活的文化传播实践，有力地印证了理论研究在红十字事业发展中的引领和指导作用，扮演着文化传播“轻骑兵”的角色。在这个意义上，理论研究和文化传播的良性互动是增强红十字会“软实力”建设、推进红十字文化传播的有效利器。

三、历史研究凸显红十字会的功绩，并倾注问题意识和强烈的现实关怀意识

历史是现实的一面镜子，要了解今日之现实，必须扎根昨日之历史。作为一名史学工作者，作者在重点关注红十字运动“今生”的基础上，孜孜探源红十字运动的“前世”。

“历史研究”板块大体以时间为序，内容涵盖红十字会在中国的诞生、发展和壮大等史实，重点凸显红十字会的功绩。作者紧紧围绕红十字会的业务活动展开相关研究，如在战地救护领域，截取第一次江浙战

争、抗日战争等场景浓墨重彩地叙写；在灾害救济方面，作者聚焦1918年浙江时疫、1923年日本关东大地震和30年代水旱灾害救济等事件集中考察。除铺陈红十字会的业务活动以彰显红十字会的功绩外，作者的其他关注焦点颇能予人启迪，尤其体现在历史研究的选题来源上。

其一，刨根究底的问题意识。作者从问题出发，抱持“打破砂锅问到底”的探究精神，考察了“中国红十字会”称谓的由来及其演变、中国红十字会何以首先诞生于上海及中国红十字会第一分会何以设在营口、中国红十字会工作重心何以从战地救护走向社会服务等议题，破解了中国红会发展史上的一些谜题。此外，作者尝试转换视角，突破单纯“叙述史”的束缚，以水旱灾害救济为例，剖析中国红十字会救灾机制的转变，重新建构史实和解释历史，令人耳目一新。

其二，强烈的现实关怀意识。强烈的现实关怀意识将历史与现实无缝链接。作者在审视《红十字会法》修订现实的基础上，相继撰写了《从〈红十字会条例〉到〈红十字会法〉——中国红十字事业的法制化进程》和《中国红十字会史上的“监事会”》及《红十字标志保护史》等文章，深入挖掘历史资源，希冀以史为鉴，启迪现实。

红十字会是一个历史悠久的国际性组织，研究红十字运动必然要关注国际红十字运动的新动态。“观察思考”板块体现了作者开放的国际意识。他山之石，可以攻玉。2015年、2016年、2017年国际红十字运动新动态的梳理有助于中国红十字事业与国际接轨，对推进中国红十字运动的深入开展不无裨益。

近几年来，学界积极参与红十字理论研究，业界重视和支持理论研究，并积极吸纳学界最新研究成果加以创造性转化。学界和业界联手举办了多场理论研讨会，共商红十字事业发展大计，突破了以往红十字会工作交流或理论研讨“体内循环”的痼疾，实现了“体外循环”。这一新气象也反映在本书中。“杂文随笔”板块收录了作者近几年在所出席的理论研讨会上的一些发言，集中体现了作者在红十字运动研究方面的心得体悟。通过公开场合的这些发言，红十字理论开始向社会广为传播、积极转化。

通览全书，作者弥漫于纸间的现实关怀意识尤令读者感触良多。作为一个史学工作者，作者以求真的精神埋首于故纸堆，探赜索隐，又以致用的治学观关照现实，在历史与现实之间不断穿梭、游走。作者一再强调现实是历史研究的源头活水，史学研究理应站在历史与现实的交汇点上，像关心历史那样关心现实。作者如是说，也如是践履。该书所汇编之论文凝聚着作者辛勤思索的结晶，是作者现实关怀意识和开拓创新精神之写照。诚如书名所昭示的，“历史传承与当代发展”，发展建立在传承的基础上，当代与历史更是紧密相连，难以割裂。该书字里行间都流露着作者的研究旨趣，在沟通历史和现实方面开展了积极的对话，余韵悠长，值得体味。

（作者单位：苏州幼儿师范高等专科学校）

《但闻人道絮语声——红十字人道工作笔记》简评

宗娇娇

湖北省红十字会事业发展部副部长涂文涛所著的《但闻人道絮语声——红十字人道工作笔记》（以下简称《但闻絮语声》）一书，作为中国红十字基金会支持的“红十字文化丛书”（池子华总主编）之一种，2017年12月由合肥工业大学出版社出版发行。全书共28万字，收录了近年来作者在各类报刊上发表的文章，尤其是其中对红十字会工作进行理论探索的专文，有许多思想火花，具有一定的理论价值和现实意义，值得学习借鉴。本文就此书做简要述评，以飨读者。

一

《但闻絮语声》一书是作者在湖北省红十字会工作之余所写的有关红十字工作的理论、体会文章的辑录，共39篇文稿。该书编排有序，结构合理，主要由理论探索、工作随笔、新闻通稿、发言摘录4个专题组成，既有对湖北省红十字会发展现状的客观呈现，也有工作之余的所思所感；既有理论探索的部分，又有实践经验的总结。作为一本红十字人道工作笔记，该书内容翔实，特色鲜明，主要表现在以下几个方面。

（一）浅显易懂，图文并茂

该书文字浅显易懂，文风简洁流畅。例如，作者在《红十字文化传播的八个关键词》一文中，将红十字文化传播的关键词总结概括为“展示、传递、示范、传承、升华、牵引、凝练、固化”，并结合湖北省红十字会工作实践对此进行了深入细致的分析，不仅对红十字理论研究有借鉴意义，而且有利于红十字文化的传播、红十字精神的弘扬。同时，作者在《打捞生命的希望》一文中以第一人称记述了胡林在中国造血干细胞捐献者资料库湖北分库管理中心工作中的真实经历与感受，向读者展现了身为一名红十字工作者的无私奉献与骄傲荣光。

此外，该书并不是简单的文字叙述，而是采用图文结合的方式，增强了可读性与趣味性。例如，作者在《陈竺深入武汉灾区慰问受灾群众》的一篇新闻稿中，选择了一幅陈竺会长与武汉市新洲区受灾安置点群众交流的图片，向读者直观地展现了陈竺会长慰问灾区群众的情形；另一篇《495 万元物资助灾民抗洪灾》则选择了一幅红十字志愿者在中国红十字会湖北备灾救灾中心连夜装卸救灾物资的现场图片，生动呈现了红十字志愿者在湖北救灾过程中的艰辛和付出。该书采用图文并茂的叙述方式，不仅使故事描述更加生动有趣，同时可以使读者深切感受广大红十字人的博爱与奉献精神。

（二）贴近现实，立足当下

《但闻絮语声》一书涉及湖北省红十字会工作的方方面面，但是这些都离不开广大人民群众的支持。作者在《践行群众路线　为幸福文明湖北建设凝聚人道力量》一文中提到，作为从事人道主义工作的社会救助团体，湖北省红十字会秉承“着力改善最易受损害群体境况”的宗旨，始终坚持把呼应广大民众的人道诉求作为努力方向，在保护人的生命健康、维护人的尊严、促进社会公正和谐等方面发挥了独特作用。同时，作者着力于对当今红十字事业的观察和思考，基于当前红十字会遇到的社会热点问题，提出了许多独特的见解。例如，作者针对习近平总书记在视察武汉市民之家时提出的“什么是作秀，什么是真正联系群众，老百姓一眼就能看出来”的讲话，在如何服务困难群众的问题上提出了自己的三大感悟，即在谋事上，顺应群众期盼，坚定不移解放思想抓发展；在做事上，回应群众关切，坚守本色为民清廉转作风；在推进上，呼应群众诉求，坚持不懈以人为本惠民生。除此之外，作者对于已经“行走”二十九载的“中山慈善万人行”，提出要从“根”“点”“线”“准”“面”5 个维度来看待，并结合实际活动对此进行深入分析，有利于广大群众进一步了解红十字工作，传播红十字文化。

纵览全书，我们可以看出作者立足本职，紧紧围绕人民群众的需求思考、开展红十字相关工作；同时立足当下，关注社会现实，将自己工作中的宝贵经验和理论探索记录下来，以期为红十字事业发展贡献一分力量。

（三）理论探索与实践经验相结合

《但闻絮语声》一书集结了作者对红十字工作的理论探索和实践审视。理论探索部分，作者在深入了解湖北省红十字会工作的基础上，勤于思考，善于总结，提出了一系列有利于湖北省红十字事业发展的意见和建议。其中，作者提出，为弘扬人道精神，要努力打造“四维”红十字会党员干部队伍，即打造“看得见、有感觉、敢放心、广传颂”的红十字会党员干部队伍。除此之外，作者针对省红十字会机关党组织的制度建设提出了要紧贴省情和会情，推进机关制度化和规范化建设，实现以制度凝聚共识、以制度规范行为、以制度促进工作的目标，以有力的组织保障和制度保障，努力推动形成红十字事业又好又快发展的新局面。除理论探索外，作者在平时的工作之余还善于记录所思所感，如在《关于促进我省红十字事业发展的建议》一文中，作者基于湖北省红十字事业发展的现实情况，不仅客观陈述了制约红十字事业科学发展的主要因素，同时还提出了加快红十字事业发展的几点建议：第一，加紧修订《红十字会法》和省《实施办法》；第二，全面实施“人才兴会”战略；第三，健全募捐筹资长效机制；第四，大力提升应急救护培训普及率；第五，进一步创新“三献”工作体制机制。这 5 条建议的提出对今后湖北省红十字事业的发展具有重要的现实意义。

二

该书内容丰富，特色鲜明，尤其是以下几点值得关注。

（一）蕴含了深沉的人道关怀理念

新时期，湖北省红十字人秉承“人道、博爱、奉献”的红十字精神，积极发挥红十字会在人道救助领域的重要作用。本书多处提到的湖北省红会活动，无一不彰显了人道、博爱精神，凸显了人文关怀。例如，近年来湖北省已初步建立红十字“博爱”“天使”“魔豆”等品牌，服务“一老一少”两个最需要关爱的群体；再如，省红十字会推出了一批知名度较高的先进典型，包括全国人体综合捐献第一人魏霞、“弃考捐髓大学生”田强、“异国捐髓”张宝、“断奶捐髓妈妈”黄丽丹等，努力打造红十字典型，传递“生命的种子”。在本书新闻通讯部分还着重记录了 2016 年洪灾期间，湖北省红十字会下拨价值 495 万元的物资帮助灾民抗洪，以及全国人大常委会副委员长、中国红十字会会长陈竺深入武汉灾区慰问受灾群众和奋战在一线的红十字会工作人员及志愿者。通过这两篇新闻报道，我们能清楚地看到湖北省各级红十字会始终关心人民群众的切身利益，把红十字工作扎根到群众中去，弘扬了“人道、博爱、奉献”的红十字精神，凸显了人文关怀。

（二）源于实践，具有较强的现实价值

《但闻絮语声》一书素材多源于湖北省红十字会的工作实践，真实可信。在进行总结和审视时，作为一名红十字人，作者不溢美、不隐恶，直面工作中出现的问题和不足，客观理性地予以剖析，使读者对红十字会工作多了几分了解。新闻通讯和发言摘录部分，多用于自媒体报道，与理论探索的理性思考相互映衬，避免了刻板空洞和平面化的说教，使之更为鲜活丰盈。以《平凡百姓书写博爱荆楚》报道为例，作者客观陈述了一个个湖北省人体器官捐献者的感人故事，是他们重新赋予了生命以力量，是他们将一颗颗“生命的种子”播撒在荆楚大地。新时期，面对新的形势，湖北省红十字人与时俱进，将红十字实践与理论紧密结合，不断探索红十字事业发展的新模式和新途径，以期为红十字事业发展添砖加瓦。

（三）有助于推进湖北省及各地红十字事业的发展

《但闻絮语声》一书中，作者针对红十字会面临的热点问题，提出了自己的见解。这些见解有的是针对湖北省红十字会提出来的，有的是针对全国各级红十字会所面临的共同问题提出的。例如，在理论探索部分，《弘扬人道精神，打造“四维”红十字会党员干部队伍》一文中，作者不仅分析了当前红十字会党员干部队伍建设面临的机遇，同时提出要努力打造“四维”红十字党员干部队伍，即打造“看得见”“有感觉”“敢放心”“广传颂”的红十字会党员干部队伍。这个问题的提出，不仅对湖北省红十字会党员干部队伍建设有借鉴意义，同时对于推动全国红十字事业的健康深入发展具有重要意义。

三

尽管《但闻絮语声》一书特色鲜明，价值突出，但亦有值得商榷的地方。比如，该书在内容选择上涉及理论探索、工作随笔、新闻通讯、

发言摘录等方面，但内容相对孤立，没有紧密联系起来。再者，该书在内容编排上，似无统筹规划，稍显杂乱，在“新闻通讯”部分表现得尤为明显。最后，本书是笔记类作品，除了探索理论问题外，还有进一步挖掘和提升的空间。

尽管有这些不足，但瑕不掩瑜，《但闻絮语声》一书收录的39篇文稿，充分展现了一名来自地方红十字会工作者的研究成果，难能可贵。同时，该书在区域红十字事业的研究方面做出了可贵的探索，是湖北省红十字人工作实践的经验总结和理论思考，对其他区域红十字事业的发展有着“示范”意义。该书的出版，不仅为红十字运动研究添砖加瓦，同时对推进红十字事业向纵深发展亦有重要意义。

（作者系苏州大学社会学院研究生）

珍稀史料

中国红十字会救护总队与“和平村”

汤章城

70多年前，在中华民族艰苦卓绝的抗日战争期间，贵州省的镇远县曾有一座国民政府军政部设置的第二俘虏收容所（又名“和平村”）。时至今日，镇远县“和平村”旧址保存得非常完好，整洁有序，已经成为日本军国主义疯狂侵略中国的生动历史见证；2006年，该地又被定为全国重点文物保护单位，更是贵州省的爱国主义教育基地。

镇远县处于贵州高原东部武陵山余脉的崇山峻岭之中，地处湘黔两省的怀化、铜仁和黔东南三地区五县的接壤交汇之处。自秦昭王三十年（公元前277年）置县起，至今已经有2290多年。历代王朝曾在这里设置州、府、道等建制长达700多年，悠久的历史在镇远地区积淀了丰厚的历史文化，留下了众多的文物和古迹。境内现有各级文物保护单位124处，其中国家级2处（青龙洞古建筑群和在华日本人民反同盟和平村工作队旧址），省级8处。1986年，镇远被定为中国历史文化古城，现在已经发展成为一座山青水秀、人文景观丰厚的古城，逐渐成为贵州旅游的胜地，“和平村”作为爱国主义教育基地的宣传教育意义就更加得以凸显。

1937年7月7日，卢沟桥事变发生后，在中国大地上抗日战争的烽火全面爆发，国民政府军政部于1938年2月先在湖南常德设立了第二俘虏收容所，主要收容中国南方战场上捕获的日军俘虏。随着战局的变化，1939年3月，第二俘虏收容所迁至贵州省镇远古城；1944年12月，当日军企图进攻贵阳时，又迁至重庆，直到抗战胜利后的1946年4月撤销。在镇远的5年多时间内，第二俘虏收容所先后收容日军俘虏600余人。收容所认真执行优待俘虏政策，对俘虏边管理、边教育，使俘虏们感受到了中国军民对他们的人格尊重和优待，许多日俘思想得到转变，自发组织反战组织，开展反战宣传活动，起到了积极作用。

战后，反战同盟的会员们回到日本，长期从事民主革命运动和日中友好工作。原反战同盟会员于1982年、1985年和1987年三次组团回访镇远“和平村”，称这里是他们的“再生之地”和“第二故乡”。本文要讲述的是抗日战争时期，中国红十字会救护总队部对“和平村”日俘实施人道主义救治行动的史事。

根据史料记载，基于人道主义原则和日内瓦公约，1942年5月，中国红十字会救护总队部曾派出一个医疗队，前往设立在贵州镇远的俘虏收容所，对该所收容的数百名战俘进行医防工作。1944年底，医疗队随同该所迁往重庆。

1943年7月，国际红十字会派遣一位瑞士籍驻华委员，由重庆专程抵达镇远视察俘虏收容所。在抵达的第二天上午，这位委员与“和平村”全体村民见面，听取了各方面的情况汇报；下午6时，全体村民集会欢迎国际红十字会驻华委员光临，先由所长介绍情况，继由村民代表致欢迎词，驻华委员致答谢词，晚上表演文艺节目。当该委员辞行时，得到了日俘亲手制作的木雕、竹雕和石刻等一批工艺品，如硬木制的汽车、火车、轮船、飞机、坦克、大炮的模型，提琴、月琴、夏威夷四弦琴等乐器，硬木背牛骨面麻将，篆刻印章，用两块石锤代替发条的硬木结构挂钟，用水牛角模拟照片雕刻成人头浮雕像等等。回到重庆后，这位国际红十字会瑞士籍驻华委员特意举办了“和平村工艺品展览会”。事后，这位驻华委员的评价是“世界上其他国家的俘虏收容所没有中国的这一所办得好”。

1944年6月15日，时任中国红十字会会长的蒋梦麟访视关押日军战俘的“和平村”，陪同访视的有救护总队部主持日常工作的副总队长汤蠡舟。由于汤蠡舟1917年留学日本，在日8年，因而亲任翻译。同行的还有救护总队部的科长马玉汝和视察袁松人等。在镇远，蒋梦麟会长一行受到日俘的欢迎，日俘并于当日举行欢迎会和游艺会，款待情殷。在欢迎会上，日俘代表村上致词：

今日为中国红十字会会长蒋先生和中国红十字会救护总队部副总队长汤先生举行欢迎会，我以年长的资格，代表我们全体村民敬致欢迎之词。蒋先生和汤先生带了视察各地队务的重大使命，百忙之中为了想要视察我们的卫生和生活情况，特地到和平村来，我们得亲聆教育，深为庆幸。

当此炎夏，有时候很热，有时候连续下雨，而且在这交通不便的地方，两先生连日跋涉一定异常辛劳。

我们第一不能不向中国红十字会致敬意，为什么呢？因为从前年5

月中国红十字会救护总队派医疗队陈队长，蒋医师以及各位队员驻在村里，专心致力于治疗和卫生方面，直接间接增进我们的健康的缘故。

人生最感不安和不幸的事情就是患病，我们现在的处境，尤觉病痛为最大之威胁，从前年起陈队长以及各位常常很热诚很亲切地来替我们治疗，尤其在恶疫流行的时候，替我们施行预防，还替我们请求其他适当的处置，使我们大感心安。此较各位救护员没驻此前，死亡率锐减，这完全要感谢中国红十字会所赐，我们特别对蒋先生和汤先生致满腔的感谢与敬意。另外我趁这个机会对陈队长以及各位队员和霍医官也表示谢意。

村上还表示，好像我们这“和平村”的村名一样，使全世界成为一个“和平乡”，使全人类都能享受安宁的幸福，深盼这一天能早日来临。

随后，蒋会长做了演讲。欢迎会后，安排与俘虏的个别谈话，谈话对象的原先身份各有不同，其中有和尚、公司职员、军医、特工和农民等。下面摘录蒋梦麟会长等人与其中一位名叫安田的军医战俘之间的谈话。

问：医生是相信科学的，你以科学的眼光，解剖时局如何？

答：日本果用帝国主义的办法必归失败。

问：日本科学进步甚快，且能以近世应用科学应用于战场，但只知道“应用科学”，而忽略了思想的科学化，故只知“物”而不知“心”，战胜未必可能，但也许我是看错了，你以为如何？

答：日本之大学政治教育颇不自由，先生当亦知道，故研究政治及经济，均在有色的镜头下面，当然不能正确。我来此处对政治经济的研究，倒反觉自由，且任何书籍都可以看，深觉安慰，且有兴趣，唯因中文基础差，四年来仅稍通门径。

问：经此战后，日本人的思想当可稍有进步。

答：战后日人之政治思想，必有改革，否则帝国主义的思想仍然抬头，第二次不幸事件又会发生！

问：日本的自然科学近五十年颇有进步，中国则思想颇有进步，精神极觉振奋，故能抗战七八年，仍然始终不气馁。

答：思想的力量甚大，但日本除军队以外，似无旁事，故陷国家于悲哀！

问：日军出发，携带神符，在科学兴盛的今日，日本军队是否还相信有神？

答：日军非尽相信而带神符，但此多为亲友所送，谈科学当然不能谈及。

问：历史会有记载忽必烈征日及日俄战役，确系神符保护。

答：以前确有人相信及此，政府亦常以此欺骗军民，甚至军部方面，有时出发之前发神符佩带，谓此可以致胜，藉作麻痹，实则带有此符打死的很多，不带也未见得打死。

问：曾听见说日人告诉外国人日本之胜利，确系神符保佑。

答：此为无知者的口吻，就像所谓千人针也是迷信和麻痹的代表物，有什么用？

问：你的家庭如何？

答：我弟亦学医，妻在家未通信，我被征任军医，初战时药材很多，现在听说也不行了。红十字会的工作，确实在战争上有光荣的贡献，日本方面，则红会没有参加前方工作，现在也许推进前方了。

安田是何许人？医疗队在“和平村”期间，从8名被俘的医生中，启用1名日籍医生到“和平村”医务室工作，这位日籍医生就是安田。安田毕业于日本东京帝国大学医学部，曾是日军里尉级军医官。医疗队给了安田一定范围的诊病和投药处方权，他主要帮助看耳鼻喉科。

当日上午，还举行了游艺会。日俘演出十分认真，《自由远东》是两幕话剧，表现日本军阀和财阀的压榨，以及各地派遣军的厌战情况，他们已经深深觉悟到只有打倒日本军阀和财阀，才能建立真正的自由远东。话剧的舞台技术甚佳，笠泽是日本四大舞蹈名家之一，在日本的声誉近似中国的梅兰芳，是东京舞蹈学校的教授，但这回却应征为上等兵而被俘。他也献了一次海军舞，台下的人又热烈地欢迎他再来一个，确是难得。

镇远“和平村”旧址能够成为国家重点文物保护单位，其重要的原因还在于，“和平村”中有在华日本人民反战革命同盟会和平村训练班，该训练班是由中国共产党组建的。国民政府军事委员会政治部第三厅厅长、文化工作委员会主任郭沫若，中共特别支部书记冯乃超派遣地下工作者廖体仁和康天顺以公开合法身份作掩护，协同日本共产党旅华作家鹿地亘对各战俘收容所的日军战俘进行深入细致的教育改造工作，取得了显著成绩，日俘中觉悟分子先后组建了在华日本人民反战革命同盟组织，和平村的在华日本人民反战革命同盟会和平村训练班就是其中之一。在华日本人民反战革命同盟会成员曾先后三次组织工作队赴前线，参加对日军的火线喊话和日语广播，并石印了日文反战季刊《东亚先锋》《和平先锋》《呼声》和《新日本》等。在镇远，在华日本人民反战革命同盟会成员则直接参加和帮助了中国军民的抗日战争。

中国红十字会救护总队部派出前往“和平村”的医疗队如同和平使者，使日军战俘们感受到了中国人民的人道主义精神和实际行动，对于这些战俘的改造起到了积极的促进作用，得到了国际红十字委员会和战俘们的一致认同。

中国红十字会救护总队部是遵照日内瓦公约而派出医疗队前往“和平村”救治日军战俘的。汤蠡舟深知日内瓦公约的作用、影响和意义，抗日战争胜利后的1947年，他作为政府专家被派往瑞士参加日内瓦公约修改会议。汤蠡舟在《欧美游踪》中写道：四月“十四日赴日内瓦出席会议，我国代表共三人，余二人由国防部与外交部就近在欧洲指派，故在会前三代表先行讨论一切，该会议共分三小组，第一组讨论各公约之原则问题，由外交部代表出席；第二小组讨论战俘待遇问题，由国防部代表出席；第三小组讨论平民保护问题，由笔者出席。最后二日开大会，修正各小组记录后，制成草案，送各国政府研究，约于三十七年八月间，开外交会议签订条约，遂于二十六日圆满散会”。修改日内瓦公约会议闭幕两年多以后，1949年4月21日至8月12日，签署公约的63国政府全权代表出席了在日内瓦举行的外交会议，订立了关于战时保护平民之日内瓦公约，将原来的两个公约扩充为四个公约：《改善战地武装部队伤者病者境遇之日内瓦公约》《改善海上武装部队伤者病者及遇船难者境遇之日内瓦公约》《关于战俘待遇之日内瓦公约》《关于战时保护平民之日内瓦公约》。日内瓦四公约于1950年10月21日生效。

（作者单位：中国科学院上海分院）

战地救护

——我的抗战之路

梅国桢[①]

甲　芜湖时期（1937年4月—1938年12月），证明人余志义，合肥和平医院院长[②]。

1937年4月，我带着妻子[③]，两个小儿子运鸿、运青和山东孤儿李继志到安徽芜湖弋矶山医院工作。这医院是美国教会设立的，院长是美人包亚伯（Robert Brown），医院设备齐备。医师中有我两个同学，一个是六十几岁的J. E. Morgan，另一个是我的级友阴毓璋（长春军医大学教授）。我除了担任肺科重任外，因医师少，我还要和实习医生余志义兼看内科。正当我们要规划肺科工作，计划疗养院，临床试验大蒜及金属药Sanocrysin的功效时，七七事变爆发了，接着上海打起来了，一切计划都只好停止了。

南京告急了，人们大批向内地撤退，有坐船的，有坐车的，但是一大部分是步行的。病的，伤的都来看病。在11月中入院治疗间日疟的死亡达3.92%，而297例恶性疟疾死亡率达8.08%。在路上日晒夜露，

① 本文是梅国桢先生的遗作，由梅国桢先生的女儿梅运滇女士提供，注释均为梅女士添加，特此说明。本文录自梅国桢先生写于1956年4月15日的自传中有关抗战的部分，未做任何改动。梅国桢（Wesley K. C. May M. D.），1906年5月21日出生于江西九江，祖籍湖北黄梅。1933年毕业于美国约翰·霍布金斯大学医学院。1934年回国，先后在上海、芜湖、南昌等地从医。抗日战争期间，担任新运第六医疗队队长和中国红十字会总会救护总队部名誉大队长，活跃在国内外抗战第一线。1947年11月，受教会委托，从美国返回上海主持伯特利医院的复建工作，使医院起死回生。后顺应国内形势的变化，医院由新中国接管改制成上海市第九人民医院，梅国桢任医务主任及第一任工会主席。但在之后的历次政治运动中，他受到不公正的待遇，1958年从上海调至宁夏银川工作，为宁夏的医学事业竭心尽力，曾任自治区九三学社名誉主委，政协常委。1990年12月5日，因心脏病在银川逝世，终年84岁。

② 此处机构名称系作者写自传时，有关人士所在的工作单位。

③ 作者第一任妻子是美国人、护士史维美，育有两子。

1939 年，作者自宁波出发到达安徽芜湖

未及治疗的，死的更不能计算了。肺病咯血的也多了，肺科从 20 张床因急症的需要扩充到 80 张病床，占了一大部分内科病床。一个大量咯血的病人，头次试用人工气腹，打了 2000 西西（毫升）的空气，他咯血就立刻停了。这也算是在 1937 年秋在国内很早试用人工气腹的例子。

芜湖被炸，英商德和轮船炸沉了。长江的血和浮在水面上的人在往下漂流，满江都是救命的呼声，伤亡不断地送上山来，我这肺科医师也就随机应变在手术室不停地开了 36 小时的刀，直等到我院消毒敷料用完为止。我去看手术后的伤患者，30 人中 8 个已进了太平间，这可见我的手术并不见得高明。敌机天天大批的轰炸、扫射和烧杀，我们赤手空拳在下面缝补，这种微乎其微的效果使我觉得我们的努力也是徒然的。

1938 年 5 月，芜湖没有射出一粒子弹的抵抗就沦陷了。这班从前作威作福的国民党军队到哪里去了，伪中央广播电台报告是战略上的撤退①，当时我们认为他们是吓跑了。晚上全城火光四出，枪声不止，有的说敌人的烧杀队出动了，见人就杀，见屋就烧，因为他们怕游击队。但是我听见女人叫救命，一夜之间有三千多女人、孩子们翻过医院围墙，第二天我们收治了好多被强奸的妇人。我开始了解了亡国奴的生活了。敌人常来医院检查，出外要带“良民证”，见了日本人要鞠躬，敌军的“慰劳队”、台湾及朝鲜的浪人要我们看病。我带来在芜湖中学念

① 由于写自传时的历史环境，此处“伪中央广播电台”系指国民党政府的广播电台，并非汪精卫汉奸政府的电台。

书的孤儿李继志不肯做“良民”就不辞而别参加游击队了。而我岂肯甘心做“良民”吗？我妻子同意我到后方去工作，但她自己不愿去，她就带了两个孩子到美国去了。最后一次肺科工休座谈会变成了欢送会，有茶点，有欢送辞，有的落下了泪，使我吃不进，说不出话来。一个学生患者叫起来了：“梅医生，你去是我们的损失，你若不去我们也不光荣。”的确做亡国奴有什么光荣。不久，我带了一个“良民证”，买了火车票回到上海去看我的老娘了。

乙　南昌时期（1938 年 12 月—1939 年），证明人陈琇瑾，上海市立第九人民医院护士。

南昌医院也是个教会医院，院长吴绍青生病到上海去休养，其他的医师不是去抗战就是离职他往。因为江西的前线正在活跃，院内的工作陷于停顿。芜湖的包院长找到上海来了，要动员我到南昌去工作。我拒绝了他，因为我不愿意再去做亡国奴。他体会我希望到后方地区工作，就请我一起到内地去，若愿意就留在南昌，不愿意再考虑到重庆去。

1938 年 12 月，我与包院长由沪启程到温州，同行的还有德籍犹太医师 Karl. Fisher 和他的爱人。到了南昌，我看见南昌医院设备完善，美人 Leland. Holland 做代理院长。病人很多，要做的事更多。城内已转入战时状态，老百姓一大部分已南迁。Dr. Fischer 是将毕业的医师，临床经验不够，我就不得不同意工作一个时期。医院医师有了，病人多了，护士却又少了，我请朋友代我在上海找护士，不久陈琇瑾及徐兴彤二护士来支援正在发展的工作。

南昌告急，赣江大桥炸断了。省立医院将不能撤退的慢性病人转给我了，最后一部车子离开南昌后撤时，对江的日本坦克已与我阵地开始炮战，天空上敌机又轰炸又扫射，不久南昌失守。战略上的撤退，这一次比较芜湖光荣，因为我们放了几发炮。芜湖的一套老经验又重演了，枪伤的、刀杀的、被强奸的都到医院来求治，一晚上难民又进来了几百人，以后我们天天忙治疗和给养。几个月我又与外界隔离了，在业余时间请了一位葆灵女中的萧先生教我中文，使我不觉得寂寞。

当时日本占领军待美侨还好，常常送报来看，日领事也转来占领南昌后第一批从美寄来的信。其中有我妻史维美来信，要求我让她离婚，这信好似晴天霹雳，我也无法回信，心里想自己牺牲了家庭的幸福，这到底是为了谁呢？在抗战中的奋斗，我至少要使我两个儿子不以我为耻，现在事已至此，我也无能为力了，只得听其自然。

不久又有一个电报问我生死如何，我对院长说：“他们既然问我，你说我要回上海到美国去。”当时日本正希望与美国继续签订即将期满的通商条约，所以样样迁就美人。他们不但准我即回上海，并且让三个护士同去，我们就由南昌经过九江而回上海了。

丙　江西、湖南时期（1939 年 12 月—1941 年 9 月），证明人汤蠡舟，安徽省卫生厅。

对日全面抗战在太平洋战争未爆发前，上海已形成孤岛。我由南昌返沪后，希望休息一时，再决定以后的行动。当时夏少平（前铝业公司经理）、陆梅僧（上海联合广告公司）、倪葆春（上海第二医学院副院长）等组织上海救护委员会①，一方面筹募捐款，一方面征聘志愿医师护士赴内地工作。上海曾送出五队，他们请我组织第六医疗队，人员薪水及往返旅费概由上海华商纱厂按纱锭捐款，所以在上海又叫“纱厂队”。因上海与内地联系不便，在重庆有“新运医务委员会”，由中国红十字总会秘书长潘小萼医师（已故）转发经费及指挥工作，在内地我队又名“新运第六医疗队”。

第六队成员很快就组成。在 1939 年 12 月由我带队和药品器材经宁波进入内地。1940 年 2 月，我们就在江西吉安第 14 后方医院开始工作。那时的后方医院，实际是个收容所，并无积极治疗。我们修理了手术室、化验室及病房后，就收容了病人，所需的药品及敷料全部由红会大队长汤蠡舟供应②。工作开展很迅速，幸喜病员是一批一批的来，使我们在忙时也有机会吐口气。吉安附近的乡村、学校、难民及保育院请求我们去帮助，我们只得组织小分队轮班出诊。虱和疥疮患者多，而我们队员因接触感染者竟以得虱和疥疮为光荣。以后，我们做了灭虱站及浴室，解决了广泛的传染，又加了一个营养室供给伤病员豆浆和特别营养。我们因事实需要改用木材和竹子做了又轻又廉价的多马氏夹（Thomas Splint）。当苏联专家和红会总队长林可胜③来视察时，他们曾表扬了这个办法。

因队务发展过速，供不应求，我又在 1940 年底由香港转道返沪。

---

① 1936 年 4 月，中国红十字会开始筹备，并于 6 月 1 日成立了中国红十字会（上海）救护委员会，主席王正廷，副主席杜月笙、刘鸿生，常务委员 7 人，执行委员 41 人。

② “红会大队长汤蠡舟”系中国红十字会总会救护总队部第三大队大队长汤蠡舟，随后担任过副总队长和总队长。

③ “红会总队长林可胜”系中国红十字会救护总队部总队长林可胜。

在港时，孙夫人曾邀请我在保卫中国同盟（China Defence League）和林可胜做了一次内地救护的报道。我集中了器材药品，补充了队员，其中有红会借用的英籍骨科大夫贝医师（Arthur Bryson）及协和医院的沈天爵医师（北京市立医院骨科），准备出发回大陆，但归路被敌人切断了，沙鱼涌被占领。当时在香港的新运医务委员会成员张蔼贞替我们买了飞机票，没有要我们的钱。据说飞机票是由宋美龄在抗日捐款中拨出来的。我们就由香港飞回广东南雄，再乘汽车回吉安。

第六医疗队经过四次的增援，队员已达 40 人。到了吉安后，因工作的需要及人员的增加，原来的第六队先后又分为 4 队。第六，第七队留吉安，第八队去赣州，以后第九队派到广东曲江。我带第六队，沈天爵带第七队，胡成带第八队，苗秀成带第九队。

1941 年夏季，我随第八队到赣州，在塔下寺筹备重伤医院。筹备完成后，我请胡成做队长，重伤手术治疗由贝医师负责，护士长为王淑真（市立第九人民医院）。

1941 年 7 月 7 日，为纪念卢沟桥事变国难日全队留影，后排左一为梅国桢

1941 年 9 月，长沙第二次会战以后，湖南的伤兵多，要求我队协助。于是我又带第六队到湖南邵阳第 41 后方医院工作一个多月。

在这个时期中，我有两个感想：一个是由国民党的动作中来初步的认识共产党，二是由工作中体会到我伤兵员的热情。

吉安青年会干事郑齐斋说国民党的暗探怀疑我是共产党，盯了我多日。他想从上海来了一个条件比较好的医师，肯甘心整天在伤病兵、难

当时医疗队的办公室

民和流亡学生中工作，而因此认为是可疑的。我听了就长叹一声，想着我们抱着爱国的热情，凭良心想减少人们在国难时所遭受的痛苦，他们不帮忙搞好工作，反在暗地里找谁是红，谁是白。我并不注意政治，若是共产党在做我所希望的事，那样共产党并不是像国民党所宣传的。

我队给伤病员的帮助是微乎其微的，他们对我们的爱护是一天深一天的。在运动会中，伤员与保安队冲突起来了，一边有枪，一边不怕死。两阵相逢时，机警的护士跑到两阵的中间，劝伤员不要动武，伤员说："不要打坏了医疗队的小姐们，我们改日再和保安队比比看。"伤员们如是鸣金收兵。当我们离开吉安时，伤员们带着拐杖，或跛着足，放着爆竹，又哭又啼如同送丧一样的走到江边，不能走的就写了信，送锦旗，这种兄弟般友爱的热情是钱买不到，物质换不来的。医疗队日夜工作虽然辛苦，但还不够偿还伤员们对保卫国家的牺牲。难过的是我们要离开他们，好过的是在湖南还有人在等着我们。

丁　云南、缅甸时期（1941 年 9 月—1944 年 8 月），证明人曾济仁，前上海市卫生局化验，现安徽医学院；沈克非，解放军医学科学研究院院长。

1941 年 9 月我带队到湖南邵阳后，我就到贵阳红十字会救护总队，准备调队至云南，候卫生材料的供应。林总队长当时委我为红会救护总队名誉大队长。我不但没有推辞，并反以此为荣，以为我现在也可以做新运医疗队大队长，这使我的虚荣心和个人英雄主义在这个时期达到最高峰。

我到了重庆以后，才知道调队到昆明是要为正在组织中的美国志愿空军队服务。当时我不同意，因为美人有自己的医护人员，再说我们全队从上海到内地来是专为受伤的军人服务的。商谈结果，新运医务委员会决定将队驻云南驿，成立一小型医院为军民服务。

1941 年 12 月，由邵阳转昆明的第六队到达云南驿，利用已搬走的航校事务部为队部，军民天天来看病，我们也分队到附近的村中做治疗沙眼的防疫工作。

太平洋战事爆发后，敌人在缅甸将要采取攻势。我军于 1942 年 3 月赴缅抗日，救护队纷纷随军出国。潘小萼秘书长同意我队出国，并拨红十字会救护车一辆。伪第五军医处长曾济仁邀请我队参加，我带着护士就去了。为了在前方伤兵医院进出方便，曾济仁就以军长名义宣布我为该伪军[①]“上校军医顾问”。当敌我在 Yedashe 发生遭遇战时，我即赶回云南急派全队赴缅。

当时英军右翼，伪六军左翼被迫退却，中锋伪五军不得不退。在前方敌人正面进攻，在后方敌机轰炸扫射，致造成全面的败退。50 天中，我队也沿着滇缅公路一面退却，一面工作。当时沈克非院长在缅甸 Hsipaw 视察，看见我队救护情况和撤退的混乱。

20 世纪 40 年代的梅国桢

1942 年 5 月，日寇由缅甸侵入滇西。我队到哪里，哪里就被炸。5 月 4 日，保山全城被炸起火。当晚守惠通桥的宪兵因炮伤来队急救，他说敌人在怒江边，有过江的模样，劝我们快走。当晚我们就动身，路上人山人海，

① 由于作者写自述时的历史环境，此处“伪军”（下同）系指国民党指挥的军队，并非汪精卫汉奸政府的军队。

车子爬行，救护车不能行动，于是我们就利用一辆卡车拖，经过两天两夜，我们回到了云南驿了。

沿路回国难民多，而卫生工作都停顿了。在整队时，我们又分成六小队，以应付当时迫切的防疫任务。充实了药品及防疫剂，这些小队就分发至滇缅公路各站：楚雄、云南驿、下关、永平、瓦窑和保山。当时霍乱和疟疾猖獗，下关一日霍乱死亡者约三百人，使当地无木料做棺材。成千上万的人都在路上走，汽车日夜的开，所以防疫注射也是日夜加班。

保山离前线近，我队在当时是地方上唯一的卫生机构，所以军民都看。伪卫生署所发给的药品（经过沈署长克非），现在也在为民众用。当时保山是伪十一集团军驻守，我又被委为"第十一集团军卫生顾问"。我队利用王官屯未完工的招待所为病房，与伪七十一军野战医院靠近，无形中我队变为似军非军、似民非民的机构。

怒江前线稳定后，红会医疗队、公谊救护队及卫生署医疗队都来了，与我队会师。我们就分了工，开展了新的方向。一部分人员到前方，一部分守保山，再一部分做巡回医疗工作。

1942 年 10 月，内地会[①]美籍教师 Mr. John Kuhn 请我队到怒江上游栗粟边区去。我与 Kuhn 本不相识，他们昆明办事处主任翻车死后，借我队救护车运送尸体至昆明，他知道我队的性质，就请了好几次。当时前线不准活动，我就带一小队由瓦窑起程，经过漕涧、六库到达栗粟山区。各区疟疾猖獗，死亡天天都有，尤其是恶性疟疾，滇西叫作"哑摆子"，每天病人以百计。

在六库（滇西的屏），我们会见过"土司"，他是世袭的土皇帝，在边民中他以征兵、征工、征粮的政权作威作福，使人敢怒而不敢言。六库只有一条小街，一到晚上人们都在吃鸦片，每一房间都是烟雾成壕，以为鸦片可以攻"瘴气"，使人不打摆子。

过六库我们就上山，在栗粟边民中巡回了一个月。他们沙眼多，内翻不少，需要实施手术，患者常常跟着我们从一村看到第二村。

片马是云南、缅甸交界的小村庄，以前英人占领了，到敌人攻缅时，英人老早就跑了。他们没有盐，没有布，更没有药，片马民众派了代表请我们去，并送了马代步，我们义不容辞地去了。

① 内地会是由英国人戴德生牧师于 1865 年创办的超宗派跨国家的基督教差会组织，1964 年更名为海外基督教使团。

1943 年，我回昆明去领药品材料时，又遇见从印度回来的伪第五军少将军医处长曾济仁，他说我们在缅甸辛苦了，他希望在反攻时，我仍然可以在一起工作，又给了我一个所谓的“少将军医顾问”头衔。当我到保山时，伪七十一军也给我一个所谓的“少将军医顾问”头衔。当时我觉得双层头衔是很光荣的，认为我是从一个队长升为大队长，从“上校”升为“少将”，由于我个人英雄主义的思想，我这个梯子爬的够高了。关于这一系列在军队里所谓的空头衔，我曾在 1949 年 11 月 7 日向上海市蓬莱公安分局做过交代，并有前上海市人民政府第二劳工医院副院长刘任涛，现任解放军科学研究院院长沈克非，及上海第二医学院副院长倪葆春书面的证明。

1943 年 10 月 21 日，我生命中起了一个大的变化，我和护士王淑真结了婚。在医疗队的 4 年中，她为人忠诚老实，待人和蔼，工作勤劳，引起了我的注意和器重。她性情耿直，说得到，做得到，使我怕惹她。她大公无私的帮助人，勇敢的执行任务，使我尊重她。例如在滇缅工作中，她做人家不敢做的，屡次自动的和我上前线，单独的和主动的工作，不慌不忙从炸毁起火的医院中救伤兵，以忘我的精神在前线枪林弹雨中一天换 300 人的药。她在我队里起了积极的带头作用，是我的好帮手，我们渐渐发生了感情。我觉得她比我所认得一切的中外护士都好，便谈起了家常。我告诉她我为国忘家，我美籍前妻护士史维美在 1939 年南昌沦陷后，来信要求离婚。美国法院判决了，我们生的两个儿子都归她了，而要我出他们的教养费。史维美以后又改嫁给一个 Mr. Lewis 了。王淑真表示了她的同情。我们就一起从保山回云南驿结了婚，住了几天，就仍然回到保山去照常工作了。

1943 年秋，是滇西战场反攻的前夕。美国空军在滇西活动，美国陆军又派了三个野战医院到滇西来，一设保山，一设由旺，一设漕涧。保山的美军医院与我队相连，院长来问我要病人，为了盟军的友谊，我请他来看我队的伤病员。我队队员不服，认为他们应当自己去找病员，不应当挑我队的病人。我队长既说出了口，队员也算服从，将所指定的伤员都转至美陆军医院。伤员的营养虽好，但他们不懂话，就想转回医疗队让中国护士照护。一个骨折伤员转去几天，就做了截肢术，以后伤员就不肯转院了。

在由旺有同样的情况，甚至伪八十七师请求将美军医院调走，让医疗队单独工作。在漕涧一个不同的情况发生了，美军的沙眼病少，美国医生根本没有看过沙眼的毛病。他们于是请我队驻漕涧分队长徐予冕在美军医院中做了示范手术。士兵们对于“友军”发生了怀疑，以为中国医生到底不错，加之话也说得通，所以一般的伤兵也不愿意到美军医院去了。

这些原因造成美陆军医院和我医疗队的对立，而他们以为我在当中挑拨离间。他们就正式要求新运第六队调出滇西战场，要我到成都为开辟飞行堡垒基地的工人服务。我不服，要知道调队理由，不知耻的答复是：“谁叫你与美国人比高低?”这样我才知道我队的命运不是掌握在中国人手里，而是在他们的主子美国人手中。我又气又恨，气的是中国人为何没有自尊心，样样要顺服洋主子，恨的是我白白在前方辛苦了这几年，沦陷区里的亡国奴和所谓“自由区”的洋奴生活，并没有什么大的分别。我不甘心做亡国奴，更不肯做洋奴，我就决心离队，自己去找精神比较愉快的工作。

1944 年 3 月，我队调回云南驿。我要辞职，队副朱志峰劝我不要辞职，以为我去了，队就会垮台。朱看我心已决，他就住在保山几个星期不归队。我着急了，一面请汤兆熊医师为队长，将队中一切物资点清移交给他，一面回昆明辞职。辞职及委任汤为队长批准后，潘小萼又叫我带队中经费乘便机回云南驿，我将经费和队务职权交给汤后，就准备执行我离队的计划。当时朱志峰也从保山赶到。队中医师余龙生因我不准他用救护车做买卖药品的生意，又不希望他的弟弟余逢生长久在队中吃

在医疗队期间梅国桢亲手拍了许多纪实影片，描述他们的救援活动

饭，就乘机挑拨离间，自己想做队长，以便为所欲为。我查出了这个情况，就要开除他，而事前也得了潘小萼的同意。他怀恨在心，唆使他弟弟用步枪来打我。我于1944年8月就带着我妻王淑真离队，到云南驿附近的龙洞村，等到长女运滇满月后，10月间，我就到重庆去拿护照出国。

在这时期中，突出的思想过程有二：一、我因爱祖国而参加前方工作，到家庭分裂时，我思想就起了波动，要评量得失，看见统治阶级铺张浪费，享乐至上的生活，只想发国难财，不关心伤病员和百姓的痛苦，我更怀疑这个仗是为谁打的。二、我做了“大队长”及所谓的“上校、顾问、少将”，出了风头，满足了我的虚荣心，就样样想做——又要做得先、做得好、做得多。当时并未觉得是那些祸国殃民的统治者利用这些空头衔来引我上钩，为他们服务。更未觉得因此我就自高自大，自由散漫的领导第六医疗队，以致发生最后的队中的纠纷，使该队在我离队后不久即解散了。现在看来，我严重的个人英雄主义是在作祟，这不仅不是光荣，而是我历史过程中的大污点。

戊　国外时期（1944年11月—1947年11月），证明人：印度时黄利，前香港中央航空公司医院；英国时吴兴恒，解放军科学研究院；美国时欧阳忠，前上海第一医院院长，现住北京。

我离队后有两条路：一放弃抗日工作回上海，二抗日到底。我要抗日到底，因为我不愿意做亡国奴。但7年的抗战，我渐渐不满意当时的统治和迁就美国人的政策。新运第四医疗队队长黄利亦有同样的感觉，他辞了职，参加了南洋一带的医务工作。这些地方中国人多，需要中国医生去工作。他要介绍我，我想既然在国内是这样迁就洋人，我不如出国去抗日，以为这也是统一战线的方法，环境一换，我可能在继续抗战的基本条件上学新的医学、看新的人物、做新的工作，何况出国工作的条件和待遇比国内好。因为南洋一带当时是在英国的统治下，我于是到昆明英国领事馆报了名，志愿参加了。

1944年11月，我到重庆拿到了出国护照，就飞往印度加尔各答（Calcutta）。我又找到我的老友黄利，一边待命出发，一边游玩，渐渐就脱离了战时紧张的空气。

1944年12月，我从印度乘船到澳洲墨尔本（Melbourne）城，居民听说我是中国人，都争先恐后的和我握手，说：“我们尊敬你，中国八年勇敢的抗战。”澳人本来的种族观念深，现在居然这样想，使我觉得中国也可以抬起头了。我在海德堡（Hedelberg）医院住了两个多月，一方面管理病房，试用新出来的药来治疟疾及感染，一方面学习青霉素新的使用方法。领导我的是英人 Nick Combs，战前他是英国一学校的老师，曾在英属北婆罗洲（British North Borneo）做过几年生意。他志愿参军后，被派为专员，计划该州善后处理的问题。他告诉我工作的地点是北婆罗洲的北部，靠近 Kudat 城。那里华侨多，病人也多，但是土人也不少，所以马来话是很有用处的。马来话本不难，我突击了几个星期，可以用马来话要东西吃，要水喝，又学了简单的医学名词，准备话不通时，我至少可以头痛医头、脚痛医脚来完成我的任务了。当时在南洋作战时，医师是比较少，而会英文的医师更少。Combs 希望我也帮助部队看病，为了工作的方便，他委我为“英军上尉，临时性”（Captain Temporary Rank），因为当时我的月薪是 50 金镑，这是等于或近于上尉薪水。

要到北婆罗洲去，我们需要穿过敌人的封锁线。第一次乘潜水艇的，被敌机打沉了，这一次，就改变计划要试用空运。领队的说这个任务有它的危险性，是志愿的，不愿去的可以不去。当时我想我岂能一事无成就退出计划，这样做，我这个中国人脸放在何处？我就志愿参加了。我硬着头去学跳伞。到学校时，我正遇一跳伞学生死后的丧事，吓得我满身大汗。第一次试跳时，我心里在发抖。当在飞机中，我假装镇静的替各学员扪脉，以我东跳西跃的行动遮蔽我惧怕的表现。第三次学跳时，在落地时头盔都碰碎了，医生将我送到医院去住了两天。教师以后问我再要试吗？当然我要试。他们以后告诉人说：中国人勇气足，怪不得抗战八年他们还是一样的有劲。

我在 Lokapas 降落时，迎接我的华侨都会国语，我白费时间学习马来话。当天我就看了二十几个病人，在两天内这些热心的华侨帮我搭好了一个草棚做诊所，病人也是天天增加，其中多半是雅司、疟疾和沙眼。我们渐渐按病人的多少分区治疗，以避免他们走几十里路来看病。医务人员增加之后，我就在五个诊所工作，我按期巡回看病，开刀，牙痛拔牙，眼痛滴药。有一个人因失恋引起疯狂，在没有办法时我用了水疗法，病人竟清醒了。不仅是病人家属惊奇，就是我这个医生也有同样的感觉。一到 Kudat 城解放以后，我的临时医院也就正规化，变成有二十张病床的小型医院了。

1945 年 8 月，日本无条件投降，八年的抗战已告终。我的遗憾是在我的志愿达到的时候我不是在中国。但是在统一战线上，我也尽了一份力量。Nick Combs 劝我留在婆罗洲，他说：“我们一起吃了苦，现在应当一起享受，我们相处得很好。”条件虽然是好，地位虽然很高，但我想我是中国人，不甘心去做一个殖民地的华侨。我就回答他：“我不能留下来。”他问：“回中国去吗?”我答：“到英国去。”他惊异地问我去英国的理由，我说：“八年的抗战使我与近代医学脱了节，我要到英国追上去。”几天以后，Combs 答复了我：“医生，你服务的时间虽然短，但起的作用大，我们同意并且保送你到英国去进修。”于是我才能免费到英国去。

1945 年 12 月，我由墨尔本（Melbourne）乘船到了英国。古老的伦敦在战时的破坏已在修建。我乘坐两层的公共汽车，从起点坐到终点参观，又快又多又便宜。伦敦的学校、医院、教堂及堡宫新旧不一，各有各的特点，各代表历史的阶段，从这些建筑上，我体会到英国保守的象征。

不久我的疟疾又重发了，在新建的 Royal Masonic 医院住院，打了一个摆子后，我如同好人一样。但疗程是三个星期。虽然不能出院，院方特别照顾了我，让我随意到手术室看开刀，头一次我就遇见 Sir Olgivie，他竟请我刷干净手做他的助手。出院后，我参观了一系列的医院，听了一系列的专科演讲，又在肺科医科医院住了一些时候，看 Sellarse Thompson 胸腔手术。专家中给我最深的印象是青霉素发现人、朴素的 Sir. Fleming 及肺科病理专家 Pagel。看见他们像平凡的人，用的是普通平凡的器具，而所得结果是举世皆知不平凡的事迹。

1946 年 4 月我进了爱丁堡（Edinburgh）大学进修外科，并在世界头一个肺科门诊部见习。同年 8 月到欧洲大陆游历，走马看花式地参观了法国、比利时和荷兰，因钱不够，我不敢多留恋各国的名胜，以后就到瑞士去了。我买了一个联票，经常在火车里过日子。看了瑞士最大的城市后，就重点地在 Leysin 及 Davos 学习他们治疗结核病的方法。当年 10 月带去的钱用光后，我又回伦敦，拜访了外科教授 G. Turner 后，又在伦敦大学 Hammer Smith 教学医院进修外科，在那里认识了吴兴恒医师（解放军科学研究院）。

在英国的这一年，我吸收了丰富的知识，学了许多的新事物，体会到英国人在本国是老实和蔼，刻苦耐劳，朴素勤恳的，这是他们大国民的气派。而在殖民地所见的骄傲自满，损人利己，唯利是图的殖民者也是英国人。头一种英国人我要学，第二种英国人我要防备，英国的科学和工业是值得我钦佩的。

1946年11月，由于我姨母的要求和我自己要进修肺科的愿望，我从英国第二次到了美国。十几年来美国的变化并不显著，但是生活程度是贵了一倍。我带了400镑入境，估计可以用一年的钱，只够用半年了。

（以上资料和注释由梅国桢先生的大女儿梅运滇女士提供和撰写。蒙汤章城先生所给予的热情鼓励和大力支持，特表示衷心感谢）

杂文随笔

一个美国人在马鞍山上建了一座小别墅

——记重庆市红十字会创始人马嘉礼先生

秦红梅

山城重庆，故事真多。南岸区龙门浩街道有一条老街叫上新街，沿上新街支路拾级而上，就是马鞍山片区。半山腰上矗立着一座跨越了一个多世纪的小洋楼，这里是马嘉礼夫妇的别墅旧址。

马嘉礼别墅位于马鞍山 68 号，马嘉礼去世后，重庆电影界著名人士夏云瑚于 1942 年从马嘉礼夫人手里买下这栋别墅，改名仁厚堂。《三

马鞍山 68 号马嘉礼别墅旧址

毛流浪记》《乌鸦与麻雀》《丽人行》等10多部影响广泛的影片，皆是夏云瑚居住在此期间所拍。

重庆开埠之初，外国人被限制在南岸居住，洋行、工厂、领事馆、俱乐部之类相继设立，南岸沿江一带逐渐繁荣起来。马鞍山是重庆最老、规模较大的“外企”聚集地，除了开埠风云，马鞍山第二个辉煌时期为抗战时期，又有大批工厂企业迁建于此，成为战火硝烟中民族产业的前沿阵地。后来德国大使馆、英国大使馆先后迁于此。

沿着石板路、一路青瓦房……这里离喧嚣的马路很近，但又像与城市隔绝。我和几个志愿者前去探访时，看到在树荫掩映下的一座依山而建的中西合璧的小洋楼。这座由马嘉礼修建的别墅，主打浪漫风，特别是环绕一周的悬空回廊，加上点缀其间的小卵石砌成的梯形露台。从破旧的外墙上，我们仍能明显感受到欧式建筑的浓郁风格，小楼的罗马柱、歇山顶，别有一番韵味。小楼上有一个宽大的露台，从露台往外看，可以看到长江和对岸的渝中区望龙门以及山下整个城市的风景。因小楼经过一个多世纪的风吹日晒已成了危房，居住在这里的居民都陆续迁出，我们去的时候楼内还住着一户没有搬走。大妈热情地给我们当向导，说她们家的新房还没有装修好，所以还住在这里，每天来这里参观的人几乎都会有一拨。感觉得出，能住在这里，这让他们全家觉得很荣幸。

小楼建于19世纪末，到如今已126年有余。一个美国人，为啥来到重庆修建教堂、开办医院，甚至还成为重庆红十字会的创始人？带着这个疑问，我查阅了大量的历史资料，拜访了一直也在潜心研究宽仁医院院史的胡怀东先生，得到了一些有据可查的珍贵的历史资料。

重庆得两江之便，形成一个内陆商埠。外国传教士的进入，比鸦片战争还要早二百年。伴随着西方教会的进入，不仅带来了西方的宗教，也带来了某些西方文明。不少传教士本身就是教师、医生，他们在中国推行西医，开办医院，还创办护士学校，办普通中小学。最早的如清康熙三十四年（1695），法国人梁宏仁、毕天祥等，在重庆定远坊杨家十字（今渝中区青年路体育馆）建立天主堂传教行医，但至清咸丰年间因驱教运动而被捣毁。

1882年，美国基督教新教美以美会来渝建立中国西部宣教站——重庆站。1890年11月30日，美国美以会派James Henry McCartney（中文名马嘉礼）和他的太太凯茜·马嘉礼来到重庆，创办医院。马嘉礼是美国俄亥俄州人，毕业于西储大学医学院。1891年3月，临时诊所开张，即后来的宽仁医院的前身。

1894 年，在现江北区江北城正街 164 号，马嘉礼派人在江北书院街买了一个铺面建基督教福音堂，他曾在这个教堂担当过第一任牧师。抗战时期，该堂曾进行过多样化的爱国抗日宣传活动，教会的图书阅览室扩充为“战时救亡图书室”，组织读书会。当时的国民参政员邓颖超、史良等在本堂做过演讲，新中国成立后曾任重庆市市长的任白戈年轻时曾参加过本堂的“爱国读书会”。在本堂活动的爱国团体还有救国会、学救会、学联、江北妇女慰劳分会、航训班抗日救亡团、战时书报供应社等。

建在江北城的基督教福音堂

当时在渝的教会医院，主要有美国美以美会开设的私立宽仁医院、英国伦敦面道会开设的私立仁济医院、法国天主教所开设的私立仁爱堂医院和一所德国医院等 4 家医院，使西医传播进入到一个新的时期。而其中存在时间较长、规模较大的是宽仁医院。

“凡愿看病或戒烟（鸦片）者，请至重庆府临江门戴家巷福音堂宽仁医院。大美马医生启。”宽仁医院为了在中国推行西医治病救人，帮

宽仁医院建在临江门的山顶上

助中国人戒烟，在医院张贴传单，还到大街上散发传单。

为了传教，为了救治疾患病人，马嘉礼夫妇婚后不久便不远万里，从美国来到重庆。凯茜·托马斯1869年5月12日出生于俄亥俄州吉拉德，1890年11月30日嫁给了马嘉礼医生。同年秋天，他们一起乘船来到重庆，一起度过了4年的时光。她在中国的大部分时间身体都很虚弱，但她仍然保持耐心，充满希望，没有一句怨言，哪怕生命的最后一

进入重庆的外国传教士、医生们的合影，马嘉礼在其中

刻。她的主要工作就是用她的热情给她丈夫提供一个真正的家，同时，她吃力地学习中文来告诉其他的女性这位伟大的医生的奇妙的爱。1895年1月4日，凯斯在中国宜昌因翻船不幸去世。

1892年，重庆第一座医院大楼落成，命名为重庆综合医院（Chungking General Hospital），中文称宽仁医院，这是四川第一所西医院，由马嘉礼任院长。这便是重庆第一家医院——重庆医科大学附属第二医院（以下简称“重医附二院”）的前身。从社会动荡、民生疾苦的晚清，到如今国富民强、和谐安康的新世纪，这家医院见证了重庆乃至中国西部现代医学和重庆市红十字会横跨3个世纪的沧桑与革新。

医院位于临江门戴家巷，毗邻城墙，俯瞰嘉陵江。大门为圆拱形，两旁为八字形照壁，院中掩映着4幢中西合璧式青砖楼房，主楼4层，临江两幢带有长廊。

1902年，宽仁女院建成。同年，中国第一例母子均存活的剖宫产在这里诞生，挽救了无法顺产分娩的孕妇及胎儿的生命。

中国第一例成功实施剖宫产的母子

外国传教士们在重庆城区行医和宣传西医治病的优点，免费为居民治病。而晚清官员保守顽固，对洋人既反感又畏惧，敬而远之。宽仁医院开业，马嘉礼向川东道、重庆府、巴县三级衙门主官发出请柬，居然

1903 年宽仁医院外科大楼建成

无一人敢于到场。市民则因封建思想、信息闭塞影响，对异域事物深感恐惧，多数人起初都不敢去看病。

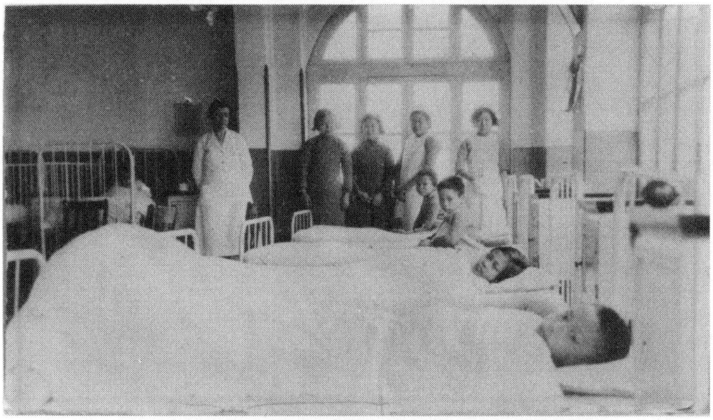

宽仁医院的妇孺病房专门收治贫困妇女儿童

为此，马嘉礼刻苦学习重庆话。突破语言关后，他首先与本埠官吏交往，取得好感，由官方动员绿营官兵来看病。有一位官兵暴食暴饮患上急腹症，肚子痛得要命，急症室替他灌肠洗胃，第二天就轻松了，逢人便说西医的好话。一些市民陆续前来就诊，马嘉礼又告诉他们，听诊器不是用于掏心摄魂，血压计并非吸血鬼，温度计仅仅为了量体温。开业当年，宽仁医院就收治男女病人 300 余名，做大手术上百例，还有不少人前来补牙、拔牙。

“大概有五千人来医院看病，这些病人的身份从官员到乞丐不等。

超过一千个病人是在他们的家里面看病的。进行了超过两百五十台大大小小的手术，住院病人有六十九人。”①

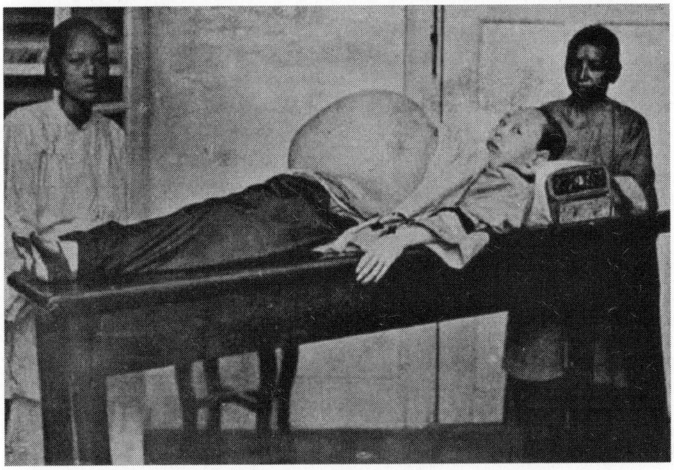

1903 年为中国患者做了第一例妇科肿瘤手术

宽仁医院此后又陆续派来外籍医护人员，包括内科、外科、妇科、牙科医师、教师。1894 年，马嘉礼医生开始培养中国医学生，首批培养了 5 名学生，到 1896 年扩大到 8 名。

大清红十字会成立后为壮大和发展组织，通过媒体和函电等形式，向全国各省及大城市号召和呼吁创建红十字会分会，各地闻讯后陆续酝酿筹建。1910 年，重庆市宽仁医院院长马嘉礼首先倡议筹建重庆市红十字会，由商界首领李湛阳（又名李觐枫）出面号召，巨绅魏国平以经营画社筹集资金，廖焕庭、温少鹤、杨沧白等热心公益事业的开明人士和社会名流负责具体筹备。

经过近一年的紧张积极筹备，筹备组认为成立重庆红十字会的准备工作已基本就绪，便向大清红十字会呈交了《关于成立大清红十字会重庆分会的报告》，同时向四川巴县地方政府递交了《关于成立大清红十字会重庆分会的备案录》。

1911 年 3 月，经巴县政府备案、大清红十字会核准，大清红十字会重庆分会（以下简称重庆分会）正式成立，挂牌于市区临江门外给孤寺，李湛阳当选为第一届会长，马嘉礼为常务委员，当时红会会员大概有 40 人。巴县政府划拨了给孤寺一带（临江门、北区干路至一号桥）

① 《华西教会新闻》1891 年卷，第 122 页。

马嘉礼和他培养的中国学生合影

地产1600平方米归红十字会所有，将临江门外天灯坡一带命名为“红十字街”，同时还捐助税银用于红十字会的办公和医疗救助。

给孤寺一号桥一带，桥下为红十字街

马嘉礼把西方红十字运动的理念传到了重庆，通过开办医院、学校，为中国人治疗疟疾、帮助麻风病人、为平民免费检查和医治疾病、给儿童上音乐课、收养残疾人和弃婴、帮助穷苦人民，等等。

1911 年 10 月 10 日，辛亥革命爆发。1912 年 1 月 1 日，中华民国成立。同年，“大清红十字会”改名为“中国红十字会”，“大清红十字会重庆分会”改名为“中国红十字会重庆分会”。

1920 年，马嘉礼医生在南岸马鞍山购地建房，于 1921 年开办万国医院，当时有病床 30 余张。万国医院为南岸区最早的西医院。马嘉礼还在附近建房作为马嘉礼夫妇的住所，上班地、居住地都离得很近，方便打理医院事务。

位于马鞍山 234 号的是拥有近百年历史的文物——万国医院，现已经过南岸区房管局修缮加固，是南岸区的文物保护单位。修复过的万国医院，仍能看到时光在这栋老洋楼上留下的印记。

修缮后的万国医院

重医附二院编撰的《宽仁大讲堂》介绍：1916 年秋，马嘉礼从布道团退休，之后与夫人一直在重庆行医和做红十字会的工作。1928 年 3 月 20 日，马嘉礼在龙门浩家中病逝，葬于重庆江北嘴。

在《华西教会新闻》里有一篇关于马嘉礼去世后的讣告：“随着马嘉礼医生的‘归家’，一位伟大的人去世了，这位伟大的传教士踏上归途。他精通汉语，心胸宽广，智力超群，责任心强。他也是世界性的。他关爱所有的人，在他眼中的世界的前景不是一个平凡的等级，他生命的所有热情贡献给服务所有人，不管有无回报，上帝的人道主义驱使他的身体和灵魂，他的每个目标，拯救灵魂是次要的，所有的力量都用尽直到生命的最后一刻，他持续不断的光彩，高超的医学技能，具备当地的常识，尖锐的意见，经久不衰的应用，没有一刻被忘怀。他甚至爱他们的敌人，他的三个孩子是他的骄傲，常言道，爱是奉献，马嘉礼医生将他的全部奉献给了贫穷的人，的确，没有人能够在精神和力量上比他更慷慨，他的感人事迹永存，我们追随马嘉礼医生的心孤独地留在重庆，'人类的句号'，一个伟大的传教士说'是上帝的逗号'，她和我们都因了解马嘉礼医生而满足，他被叫作大夫的时刻，他在中国工作的37年，不会消失，对这位伟大的工作者的赞美回荡在山城的每个角落。"

漫漫人道路，悠悠博爱情。红十字运动起源于19世纪中叶的欧洲，马嘉礼把"人道、博爱"的思想带到了重庆，成为重庆市红十字会的创始人，在巴渝大地开启了伟大而崇高的红十字人道事业。时光荏苒，弹指间已过去了一个多世纪，先行者筚路蓝缕，卓著业绩，传承者殚精竭虑，继往开来，其行可颂。

（作者单位：重庆市红十字会）

募捐要弘扬社会主义核心价值观

张春中

依法开展募捐，进行社会救灾救助工作，是《红十字会法》赋予各级红会的一项基本职责。在多年的募捐实践中，社会各界通过红会积极为灾区捐款捐物，体现了崇高的人道主义精神和博爱、奉献情怀。

在历次组织募捐工作中，除了企事业单位的善行义举、慷慨解囊让我们感佩之外，还有一些老弱病残和社会弱势群体的捐赠同样让我们印象深刻、难以忘却。在近年来的募捐工作中，低收入群体踊跃捐赠的场面不断撞击着我们绷紧的神经和心底最柔软的地方。以山东为例，云南鲁甸地震发生后两三天内，各级媒体便广泛报道了以下信息：淄博七旬老大爷为灾区捐出1000斤小麦；临沂贫困山区的孩子为灾区捐出零花钱、压岁钱；一位残疾人拄着拐杖送来了100元钱；还有一位衣衫褴褛、白发苍苍的老太太送来了自己的养老金……

面对这些画面，我们心里除了崇敬、感动之外，更多了一份沉甸甸的责任和无以言表的心痛。他们本身就是弱势群体，也是需要救助的人群，但现在，他们却义无反顾地选择站在道德制高点上，倾其所有去救济别人。应该说，他们的生命中也有太多不能承受之重。

毋庸置疑，每个人都有向社会表达爱心的权利，无论职位高低、富贵贫贱。但我们必须认真审视募捐的真正内涵。所谓“捐”，其内涵应指先富阶层、手头宽裕的群体，把自己富余部分的款物拿出来接济别人。《孟子·尽心上》有云：“穷则独善其身，达则兼善天下。”说的就是这个道理。一言以蔽之，募捐应该走“削峰填谷”的可持续发展的路子，“挖一个坑去填另一个坑”和依靠“弱势群体”救助“弱势群体”，绝非募捐的应有之义，也绝非我们的最优选项。

因此，在募捐工作中，我们要大力弘扬社会主义核心价值观。在大灾大难面前，要有针对性地呼吁、号召和动员党政机关、事业单位和大企业，为了国家的富强、民主、文明、和谐，带头为灾区捐赠，发挥他们在募捐救灾工作中的引领和导向作用，使之逐步成为主流捐赠群体。要大力开展劝募特别是上门劝募工作，让更多的企业和先富群体承担应有的社会责任，在回报社会中展示企业形象和实现自身价值，体现爱国、敬业、诚信、友善的精神，实现“双赢”。当然，我们没有理由、也不应该排斥弱势群体的捐赠。在他们捐赠的时候，我们应该告诉他们要力所能及、量力而行，在保障自己基本生活水平的前提下献爱心、做贡献。我们要大力开展社会宣传，在把镜头对准那些白发翁媪、生活窘迫的捐赠群体的同时，更要聚焦那些勇于担当、回馈社会、极富责任感的大企业和先富群体，播扬他们的大爱情怀、德行善举，引导社会捐赠。

“一方有难、八方支援”是中华民族最深沉的民族禀赋。在大灾面前，我们欢迎社会各界通过各种渠道为灾区献爱心。但我们更愿看到，在爱心涌动的人潮中，党政机关、企事业单位和先富群体成为主力军和急先锋。这样的场面，才是我们这个五千年文明古国应有的最美的画卷。

（作者系山东省红十字会办公室主任）

实现“红会梦”要树立“三观”

张春中

当前，全国人民都在为实现中华民族伟大复兴的“中国梦”而奋斗。作为红会人，也要为实现“红会梦”而奋斗。所谓“红会梦”，笔者以为应该归结为“四个更”，即红十字会作为党和政府人道工作领域的助手作用更加得力，促进社会和谐的力量更加强大，民间外交重要途径的作用更加凸显，精神文明建设生力军的作用更加突出。在当前形势下，实现“红会梦”，迫切需要我们树立“三观”。

一、加强基层组织建设，拓展红会触角，进一步树立“根基观”

基层组织建设是红会事业发展的“生命线”。基层组织建设我们喊了许多年，也出台了许多举措、做出了诸多努力，但基层组织建设薄弱的局面依然没有改变。目前，全国县级红会管理体制理顺率只有67.3%，乡镇红会建会率则更低。受政策和体制等因素影响，绝大部分县级红会只有3~5人的编制，有的还被卫生等部门占用。我国13亿人口中有一半住在农村，广大农民群众不了解红会或对红会工作一知半解的比比皆是，而农村基层没有红会组织、没有红会声音，“已经隔了一层可悲的厚障壁”。在这种情况下，红会的社会知晓率和认知度都较低，影响力和凝聚力自然也会大打折扣，根基不深，“枝叶参天”也便无从谈起。

因此，当前和今后一个时期，我们必须牢固树立“根基观”，继续加强基层组织建设，特别要重点加强省、市、县、乡、村五级红十字组织网络建设，继续坚持不懈地推动基层红会理顺管理体制工作，把红会触角进一步向基层延伸，使广大城乡基层有红会的人在做事、有红十字声音在传播、有红十字旗帜在飘扬。

二、加强干部队伍建设，促进对外交流，进一步树立“人才观”

事业发展，关键在人。红会事业发展尤其如此。目前，各级红会基本拥有了一支固定的专、兼职从事人道工作的干部队伍。但要看到，与新形势的要求和其他部门相比，红会系统的干部队伍在整体素质、开拓干事等方面还存在许多不足和不适应的问题。红会系统内干部与系统外干部交流不顺畅，没有建立良好的干部交流机制，有的干部在一个岗位上一干数十年，鲜有跳出红会到其他部门工作的机会，影响了工作积极性。与此相对应，其他部门也很少有干部交流到红会工作，红会干部交流“死胡同”现象比较突出，亟待解决。

要解决这些问题，首先，组织部门要进一步解放与拓宽用人视野和思路，既要选配红会系统外的干部充实到红会来工作，“走进来”为红会注入生机和活力，也要推动红会系统内的干部有机会向外部交流，“走出去”到其他部门任职，使红会干部享有和其他单位干部同等的交流机会，以此提高红会干部干事创业的积极性。其次，要加强基层干部的业务培训，提高培训的计划性、系统性，扩大培训覆盖面，使干部队伍的综合素质和专业能力得到系统训练和强化，真正发挥骨干作用。

三、加强整合能力建设，围绕中心工作，进一步树立“大局观”

红会目前正在开展的业务工作以“三救”“三献”为主，我们称之为“核心业务工作”。除此之外，各级红会还结合各自实际开展了一些“拓展业务工作”。与其他职能部门相比，红会的业务工作显得有些过多过杂，主题脉络不够清晰，红会的“标签”和“特色”不够明显，容易使社会公众对红会印象模糊和定位不清，使红会轻易地被解读为普通的慈善组织或者干脆就是又一个“民政部门”，红会的“人道特色”被不断淡化，内涵和外延被无端挤压。

要解决这一问题，一方面，总会要加强“顶层设计”，利用这次“修法”的良机，进一步对红会业务进行梳理和定位，彻底厘清红会的职责，把无偿献血等一些“我们栽树、别人摘桃”的工作界定好、明确好，或者干脆剔除出去，解决好“红会是干什么的”问题；另一方面，各级红会也要提高整合能力，攥紧一个拳头推进业务工作，不要“贪多嚼不烂”，更不要“四面出击”。要进一步树立“大局观”，不断增强敏锐性和洞察力，善于捕捉党和政府在改革发展中释放出的重要信号，提高长远规划能力和服务中心能力，围绕党委、政府中心工作，每年都策划和实施一批政府支持、群众认同、社会反响强烈的人道项目，持之以恒地做下去，红会影响力和认同感必将得到大幅得升，红会负责任的人道组织形象必将更加鲜亮，全体红会人的“红会梦”也必将实现。

（作者系山东省红十字会办公室主任）